幼児教育
知の探究 6

保育心理学の基底

石黒広昭 編著

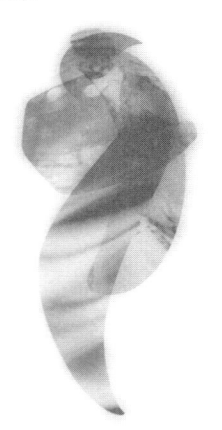

萌文書林

はしがき

　明治の近代国家建設を目指して学制を敷いた第一の教育改革，第二次世界大戦後の民主国家建設を目指した第二の教育改革は，教育によって国の未来を再建するという国家目的が明確にあったが，1980年以降，紆余曲折しながら模索している第三の教育改革は，今なお混沌とした状況にある。すでに四半世紀が経過しているが，過去の国家に依存してきた教育改革から，民意が改革を推進するだけの活力を有するようになるには，物質的・上昇的な価値から"人間の生"に基本をおいた問いへと価値の転換を図り，人々が志向する文化そのものの本質に光を当てていくことが必要であろう。
　しかし学校が社会から遊離し，子どもたちに合わなくなっていても民意が建設的に動いてこない。また行政が民意と対話し，民意を支えて施策化し，それを推進する機能が働かない。小学校の生活科や総合学習の導入，教育のプロセス・アプローチに対する第三者評価の導入等は，敗戦直後の民主化への教育が目指したものであったはずである。また，幼稚園・保育所・総合施設等の制度的見直しも，戦前からの就学前教育の課題がそのまま積み残されてきた結果といえよう。それは家族の時間やコミュニティの人々のつながり，豊かな地域文化の醸成，そこに生きる人間の本質の発展という方向より，少子化対策，経済の維持といった国の施策が先行するものとなっている。これは，半世紀の間に国家依存，体制依存の体質が招いた混沌であり，今まさに教育理念そのものの問い直しが求められている時が来ているといえよう。
　国による民主化から，民による民主化成熟への道のりには，人間が生き

ることの意味への問い，生きる価値のおきどころ，世代循環するトポスの文化の見直しが必要である。それは，幼稚園・保育所・小学校といった分断された施設区分から，コミュニティの中での就学前から学童期を経て生涯にわたって展開される学習を構成していく視点でもある。地域の子どもたちの生きる場としての総体を受け止め，地域社会の環境・文化と共生する教育への転換は，学校化された知の限界を越えて知の在所や知を構築する関係のありようを転換し，知そのものへの問いを新たにするだろう。

　生の根元にまでさかのぼろうとする本企画は，人間・学び・学校・社会という共同体のトポスに焦点を当てて，従来の就学前教育が子どもたちに当てた光を再考しつつ，あわせて抱えてきた課題も浮き彫りにして，これからの知を構築する視座を掘り起こしたいと思う。

　なお20巻にわたる本企画は，次の三つの特長をもっている。一つは，幼稚園や保育所，総合施設等の多様化に伴い，本来の就学前教育の理念も児童福祉の理念も曖昧になり，幼児教育界を混沌とさせている現状を踏まえ，3歳児から低学年までを見据えた就学前教育に光を当てて"人間の教育"の根元に迫る。二つに，従来の幼児教育に関連した書籍の感覚としては，難しいという批判を浴びることを覚悟の上で，専門性を高めることを願う幼児教育者養成大学やキャリアアップを図る現職者だけでなく，広く一般の人々にも読んでいただけるような知の在所を考える。三つに，現在の幼稚園教員養成カリキュラムの内容を基本においてはいるが，今後の教員養成で必要とされる内容を加えて全巻を構成している。

　本シリーズ刊行に当たっては，萌文書林の服部雅生社長の大英断をいただいた。社会体制転換をしたポーランドが5年制の大学で修士論文を書いて初めて教員の入り口に立ち，一人前の幼稚園教員として認められるには14

年の学習研鑽と実践を積んで国家試験を通るという厳しいものであることを思うと，まだ日本の就学前教育の先は長いという思いもする。しかし，このシリーズによって教科書内容の重複を避け，教師・保育士の専門性を高めるために一石を投じたいという，長年，幼児教育界の出版に携わってきた服部氏だからこその決断をいただいたことに深く感謝する。

　いつになってもこれで完成ということはない。多くの方々から忌憚のない意見を寄せていただき，次の時代への知の橋渡しができることを願っている。

2007年1月

　　　　　　　　　　　　シリーズ編者　青木久子・磯部裕子

本書まえがき

　本書は保育を心理学的に研究しようとする学生，院生，研究者，実践者に向けて書かれました。私は人の発達と学習に関心をもっています。それは人間の心理を知りたいという素朴な思いに支えられています。人の心理を捉えようとする時，二つの捉え方があります。一つは心を閉じたシステムとして見る立場です。この立場では「Ａさんの心」の研究，「大学生の就職心理」など，すでにＡさんや大学生という特定のまとまりをもった集団を想定し，それらに内在する心理を，統制を加えた設定状況の中で捉えようとします。もう一つの立場は心を社会的，歴史的文脈の中で可変的なものとみる立場です。言い換えれば，心は社会的に，そして歴史的に制約され，構成され，発達するものと捉える立場です。この立場では心は常に揺れ動き，人々を取り巻く環境や社会とともに変化するものと考えます。

　私が人の心理を知ろうとして，保育や教育に関心をもつのは，それらこそが，近代以降，最も影響力のある社会的文脈であると考えているからです。今や，人を取り巻く文脈として，制度としての保育や学校教育，そして多様な社会教育を無視することはできません。言うまでもなく発達は真空の中で生じるものではありません。多くの異なる他者との出会いの中で人は育つのです。そして人となっていくのです。この過程が発達と学習の過程です。文脈が変われば，人の発達や学習の過程も変わります。そこで創られる心もまた変わるのです。ある心的傾向はある行動傾向と対応し，他者との出会い方に影響を与えます。そうした積み重ねが社会や歴史を作ります。

ここに「保育心理学」と銘打った本を出すのは，私などには実は大それた試みです。しかし，人が保育という社会的な過程の中で発達し，学習するという事実を，閉じられたシステムとしての心という立場ではない所から語る場を欲したものが本書です。発達心理学，学習心理学，関連する心理学領域はすでにエスタブリッシュされた形で世に存在します。しかし，それらの多くが「閉じられたシステムとしての心」にその軸足を置いているような気がしています。本書はささやかですが，制度としての保育，さらにはもう少し広い意味で，いわば社会的構えとしての保育とでもいったような所から，人の発達と学習を捉えようとしたものです。

　さて，日本経済においてバブルとよばれ，多くの人に好景気が実感された時期がありました。そのバブルの興隆期から崩壊期に，人々を惹きつけたコトバの一つに「自分探し」というものがあります。経済的に豊かでも，必ずしも「心」は満たされないという感覚に応じるように，「今のあなたは本当の自分ではない」，「本当の自分を見つけよう」と多くの人がわけしり顔で語っていました。本書が出版される2008年度には，就職は「売り手市場」だそうです。しかし，この時期に「自分探し」というコトバが再び流行っているようです。就職先をどこにするのかというのは大学生にとっては悩みの種です。そこで「自分探し」のための就職本がどんどん売れるそうです。チェックリストというものがあり，自分が何に向いているのか，自分がどのようなセールスポイントを持っているのか知ることができるそうです。

　かつての「自分探し」と現在の「自分探し」を比較してみると，ちょっと違いがあるような気がします。かつては経済的に成功し，「上昇」した人達が，「上昇しても必ずしも幸せではない」という感覚から，内面の上昇を

求めた所に「自分探し」が位置づいていた気がします。エリートといわれる人々が簡単に非科学的な言説に巻き込まれ，普通であればありえないようなことをしたのも，それらの人が閉じられた社会や環境の中で「閉じた内面の充実」を求めていたことからすれば合点が行くところがあります。

　では，現在の「自分探し」はどうでしょうか。どうも「自分探し」のためのチェックリストを行う若者は「内面の豊かさ」を求めるのではなく，「外に出せる自分」を探しているような気がします。長い不況の中で「売れるもの」を確実に「外」に見せることができない者は「負け組」や「敗者」になってしまう。何とか売れる存在になりたいし，自分の中に売れるものを見つけたい。そんな悲壮な思いに就職戦略としての自分探しチェックリストが合致したような気がします。就職シートなどとよばれる企業へ提出する「私」を「見つける」という作業は，ある価値をもった他者の画一的な眼差しで自分を評価し，位置づけることを是とすることです。それは自らを他者のまなざしで捉えることを自らが肯定する，いやそれこそを希求するという意味で，能動的な奴隷化の営みなのかもしれません。

　「自分とは何者か？」，これは誰でもが一度は考える問いでしょう。しかし，その曖昧模糊とした問いが，「自分は誰にとってどうすれば一番高く売れるのか」という問いに置き換わってしまい，何とか売れる自分を探している人は実は「自分が何者であるのか」などと考えるゆとりはないはずです。こうした「自分の棄却」は怖いことです。確かに社会的な存在として生きるということは，他者の価値観に晒され，他者から肯定的な評価を得ることが必要であるという側面があることは否定できません。しかし，この社会で生きることはそうした他者のまなざしに誘惑されながらも，それに抵抗を繰り返し，出口のないような二律背反状況をやり遂げていくこと

でしかないのではないでしょうか。こうした状況は心理的にはとても居心地が悪いものです。でも，生きることは本来居心地が悪いものではないでしょうか。この居心地の悪さを抱えながら何とか生きながらえる力を支えるものが広い意味での保育ではないでしょうか。生きることは学ぶことです。何かを学ぶことはとても苦しいことです。楽しみだけでは学習は成立しません。その苦しみが楽しみと表裏一体であることを実感できることを底辺で支えるものが師や仲間との保育的なかかわりなのです。

　この序文を書いているころ，日本の多くの保育所では卒園式を迎えます。桜がすでに咲きはじめた所も，まだ咲かない所もありますが，4月からの小学校入学を前にして，多くの子どもたちが園を去ります。私も一つの園の卒園式に出席しました。この子たちはゼロ歳の時から継続的にかかわってきた子どもたちです。実に6年間私とともに過ごしてきた子どもたちです。友だちの中に入れず，いじけてオルガンの後ろに膝を抱えて座り続けていた子，その子も卒園のころには多くの仲間とともに笑いながら遊んでいました。男子の仲間に入れず，みなの後ろから保育者に声がけされていた子も，園庭で思いっきりボールを蹴っていました。その子の蹴ったボールを奪おうと息を切らせて追いかける保育者がいました。最初のころ，その保育を見た時は「大丈夫だろうか」と思ったものですが，今では我を忘れて遊ぶ力をつけたようです。もちろん誰もが順調に良い変化を見せるわけではありません。公にできないような理由で園を去っていく子もいます。5年とたたずに園を去っていく保育者もいます。しかし，やはりそこに参加する人は，多かれ少なかれ，人と人のかかわりの中で変わっていくような気がします。そういう私も保育所に行くことで心のバランスを取っているところがあります。そんな保育とはいったい何でしょう。

うまく生きることができなくても「ここに居ていい」という感覚が保育の場にはあります。これは制度としての保育所に限らず，幼稚園でも，学校でも，障害者施設や作業所にも共通する感覚です。内へ内へと穴を掘るように自分を探すのでも，外に向けて自分を売り渡すのでもなく，相互に支え合いながら，他者とかかわる中で自分を育てる所が保育の場であり，そうした場の中で他者への信頼を形成する所が保育の場ではないでしょうか。

　本書は第1部，第2部に分かれており，各章の語り方もそれぞれ違いがありますが，結局は上記のような保育に魅力を感じている研究者が自分の言葉で自分を惹きつけた保育を語っているような気がします。本書は保育心理学のスタンダードなどではありません。第1部では保育心理学の射程に入ること，関連する話題，領域，内容を書き連ねています。足りないものもあるでしょう。うまく語れていないものもあるでしょう。読者諸氏に訂正を含め，改訂をしていっていただければ幸いです。第2部では5名の研究者にそれぞれが温めている研究テーマについて書いて頂きました。「保育って魅力的なんだ。なぜなら……」とそれぞれの論者が語るつぶやきに耳を傾けて下さい。是非それぞれが感じている面白さを味わって頂き，積極的で建設的な批判をお願いします。制度としての保育も思想としての保育も今や危機にあります。しかし，危機を嘆くだけでなく，変革の契機を作っていかなければなりません。本書がそうした社会的な資源の一つになることを願っています。

2008年3月

石黒広昭

目　次

第1部　保育心理学の射程

第1章　保育心理学の構想 … 2
§1　心理学と保育 … 2
　1．保育との出会い … 2
　2．保育の中にある発達 … 4
　3．社会実践に埋め込まれた子どもの保育 … 6
§2　保育者であることの困難 … 10
　1．「問題行動」 … 11
　2．何が起こっているのか … 12
　3．保育者の視線 … 16
　4．保育者のジレンマ … 17
　5．ジレンマを越える … 18
§3　実践をみる … 20
　1．子どもを観る … 21
　　(1)　「気になる子」だけみない … 23
　　(2)　二つの観方の背後にあるまなざし … 24
　2．子どもを診る … 25
　　(1)　多様な場で診る … 26
　　(2)　長期的な時間の中で診る … 27
　3．子どもを看る … 28
　　(1)　「かかわること」としての看る … 28
　　(2)　二つの「看方」 … 28
　4．保育実践における「みる」 … 30
　　(1)　自らの実践を仲間と振り返る … 30

(2) 自らの実践の当事者として……………………………………… 31

第2章　保育心理学の問い ……………………………………… 33
　§1　保育心理学のまなざし ………………………………………… 33
　　1．保育心理学のまなざし ………………………………………… 33
　　　(1) 相互行為論的視座 …………………………………………… 33
　　　(2) 社会的実践としての知 ……………………………………… 34
　　　(3) 実践において学び直される知（unlearned knowledge）……… 36
　　　(4) 実践の中で「何者かになる」……………………………… 38
　　　(5) 保育の中での学び …………………………………………… 38
　　2．保育心理学の対象 ……………………………………………… 39
　　　(1) 保育者の成長 ………………………………………………… 40
　　　(2) 保育環境と子どもの育ち …………………………………… 41
　　　(3) 保育と教育 …………………………………………………… 43
　　　(4) 保育という思想 ……………………………………………… 46
　　　(5) 現代社会における保育力 …………………………………… 48
　§2　発達支援と保育 ………………………………………………… 50
　　1．支援的な出会いの場 …………………………………………… 50
　　2．発達支援システムとしての共同性 …………………………… 51
　　3．保育実践の中の緊張：かかわりとそれに対する抵抗 ……… 59
　§3　最後に …………………………………………………………… 62

メタアクト ………………………………………………………… 63
　メタアクト1：保育というかかわり（caring）—津守実践に学ぶ … 64
　　1．ストロー遊び場面 ……………………………………………… 64
　　2．何が起こっているのか？ ……………………………………… 66
　　3．問いの連鎖 ……………………………………………………… 69
　　4．信頼の醸成 ……………………………………………………… 71

5．保育の中で培われるもの ･････････････････････････････････ 72
　　6．ていねいな応答と固い応答 ･･････････････････････････････ 73
　　7．行為と思い ･･ 74
　　8．実践を検討する媒介的道具としてのトランスクリプト作成 ･･･ 76
　メタアクト2：シェアリング・ボイス（sharing voice）
　　　　　　　　　──保育心理学と発達心理学の交差･･････････････ 78
　　1．2歳児クラス ･･･ 78
　　2．どこで待っている？ ･･･････････････････････････････････ 79
　　3．何が起こっていたのか？ ･････････････････････････････････ 84
　　4．未来の声の先取り的模倣 ･･･････････････････････････････ 85

第2部　保育心理学の展開

第1章　人間関係の礎を築く保育：乳児期の保育課題 ･･････････････ 90
　はじめに ･･･ 90
　§1　アタッチメント理論と乳児保育 ････････････････････････････ 91
　　1．ボウルビィのアタッチメント理論 ･･････････････････････････ 91
　　2．アタッチメント関係の個人差 ･････････････････････････････ 93
　　3．保育所で育つ子どものアタッチメント ･･･････････････････ 95
　　　（1）乳児保育と親子のアタッチメント ･････････････････････ 96
　　　（2）アタッチメント対象としての保育者 ･････････････････････ 97
　§2　アタッチメント理論の反発性からの視座 ･･･････････････････ 99
　　1．〈子ども−養育者〉関係における反発性とアタッチメント ････ 99
　　　（1）自己主張・反抗行動 ････････････････････････････････ 100
　　　（2）情動制御 ･･ 102
　　2．食事場面における子どもと養育者の反発性 ･････････････ 103
　　　（1）食事場面に注目することの積極的意義 ･････････････････ 103
　　　（2）食事場面における反発性 ･････････････････････････････ 104

　　　　（3）保育所における子どもと保育者の反発性 …………………… 105
　　3．反発性の背後に育つもの ……………………………………… 113
　　4．おわりに ………………………………………………………… 115

第2章　遊びの心理学：幼児期の保育課題 ………………………… 116
　§1　子どもの遊びの本質とその発達的意義 ……………………… 117
　　1．子どもの遊びの本質は何か …………………………………… 117
　　2．遊びにおける虚構場面の創造 ………………………………… 118
　　3．「虚構場面の創造」と「ルール」の相補的関係 …………… 119
　　4．遊びにおけるルールと自己制御 ……………………………… 121
　　5．遊びは子どもの発達の源泉である …………………………… 122
　§2　保育心理学としての遊び研究 ………………………………… 124
　　1．遊びの「足場づくり（scaffolding）」
　　　　　　　　　　―家庭における養育者と子ども― ……… 124
　　2．なぜ集団保育における遊び研究は乏しいのか ……………… 125
　　3．遊びにおける保育者と子どもの関係の多様性 ……………… 127
　§3　大人と子どもによる「文化的共同遊び」を研究する ……… 130
　　1．「文化的共同遊び」とは何か ………………………………… 130
　　2．想像的探険遊び ………………………………………………… 133
　　3．方法 ……………………………………………………………… 134
　　　（1）研究のフィールド ………………………………………… 134
　　　（2）研究協力者 ………………………………………………… 134
　　　（3）観察および記録の方法 …………………………………… 134
　　　（4）遊びのプラン ……………………………………………… 135
　　4．結果と考察 ……………………………………………………… 136
　　　（1）"想像的探検遊び"の展開過程 …………………………… 136
　　　（2）"想像的探検遊び"における子どもと大人の関係 ……… 145
　§4　今後の課題　―まとめにかえて …………………………… 146

第3章　幼児期の子どもの育ちの支援者になる：保育者の育ちと課題 … 149
　はじめに …………………………………………………………… 149
　§1　実践研究について ………………………………………… 150
　　1．研究する立場 ……………………………………………… 151
　　2．事例研究について ………………………………………… 152
　§2　研究方法 …………………………………………………… 153
　　1．観察対象 …………………………………………………… 153
　　2．観察期間 …………………………………………………… 153
　　3．観察方法　―実践観察と実践参加観察― ……………… 154
　　4．資料 ………………………………………………………… 156
　　5．研究対象である現場 ……………………………………… 157
　§3　事例の検討 ………………………………………………… 159
　　1．事例1：A保育者にとっての子どもの育ちに「寄り添う」こと
　　　 ……………………………………………………………… 159
　　　（1）A保育者が抱えた問題 ………………………………… 159
　　　（2）保育を反省的に振り返るA保育者 …………………… 160
　　　（3）A保育者の課題 ………………………………………… 165
　　2．事例2：ヨシオとのかかわり方に悩むB保育者 ………… 167
　　　（1）B保育者の抱えた問題 ………………………………… 167
　　　（2）B保育者が「気になった」ヨシオの行動と保育者のかかわり … 167
　　　（3）実践・研修・実践の積み重ね ………………………… 171
　　3．事例3：「気になる」子どもの見方が変わったC保育者 …… 173
　　　（1）C保育者が抱えた問題 ………………………………… 173
　　　（2）「気になる」子どもの行動と保育者のかかわり …… 174
　　　（3）新たな視点を獲得する ………………………………… 182
　§4　まとめ：子どもの育ちの支援者になるために ………… 185
　　1．問題を立ち上げる ………………………………………… 186
　　2．学びの場・「トレーニング」の場 ……………………… 188

3．保育者の問題に寄り添う保育者集団のあり方 ………… 189
　　4．まとめ ……………………………………………………… 190
　§5　最後に ―保育実践と心理学について― …………………… 191

第4章　学童保育における協同性の発展と指導員の力量形成
　　　　　　：学童保育指導員の育ちと課題 ……… 193
　§1　援助者の学びの論理をめぐって …………………………… 193
　　1．問題の所在 ………………………………………………… 193
　　2．省察的実践家論の意義と課題 …………………………… 194
　　　(1)「省察的実践家」論の意義 …………………………… 194
　　　(2) 社会関係次元の問題性 ……………………………… 196
　　　(3) 活動理論の可能性 …………………………………… 198
　§2　対象と方法 …………………………………………………… 200
　　1．対象設定の論理―子育ての協同化としての学童保育 ……… 200
　　2．方法 ………………………………………………………… 202
　§3　協同的活動システムと指導員の力量 ……………………… 203
　　1．協同的活動システムとしての学童保育 ………………… 203
　　　(1) 助成金廃止から自主存続へ ………………………… 204
　　　(2) 活動システムの転換論理 …………………………… 206
　　　(3) 小括 …………………………………………………… 215
　　2．指導員の役割と力量形成 ………………………………… 216
　　　(1) 保育実践の展開過程 ………………………………… 216
　　　(2) 実践の論理 …………………………………………… 223
　　3．学童保育指導員の力量形成を捉える視点 ……………… 227
　　　(1) 媒介者としての指導員 ……………………………… 227
　　　(2) 二つの活動システム ………………………………… 229
　　　(3) 学習活動システムとしての保育会議 ……………… 230
　　　(4) 指導員の力量形成論への視座 ……………………… 231

補章　遊びと学習，就学前保育におけるその新しい関係
　　　　　—スウェーデンの幼児教育の新しい潮流— ………… 235
　〈監修者解説〉
　　はじめに …………………………………………………… 236
　　　スウェーデンの社会-政治的背景 ……………………… 237
　　　学習対象に対して目標志向的であること …………… 238
　　　遊びと学習に対する伝統的見解 ……………………… 241
　　　遊びについての最近の捉え方 ………………………… 243
　　　遊び研究からわかったこと …………………………… 244
　　　遊びながら学ぶ子ども ………………………………… 245
　　　バリエーションは遊びと学習の源泉である ………… 248
　　　遊びは学習と同じではない …………………………… 251
　　　では，目標（goals）はどこにあるのか？ …………… 253
　　　学習行為 ………………………………………………… 254
　　　結論 ……………………………………………………… 255

あとがき ……………………………………………………… 259

【文献】 ………………………………………………………… 263
【索引】 ………………………………………………………… 280

第 1 部

保育心理学の射程

　保育心理学は心理学を保育実践に応用することを目指してはいない。それは保育実践に根ざした独自の関心に支えられ，実践に動機づけられた研究を希求している。第1章では，保育心理学がどのように構想されたのかが論じられ，第2章ではその問いが示される。メタアクトでは保育心理学のまなざしから二つの保育実践が紹介される。メタアクトとは読者が保育心理学のイメージを作り上げる時，ある方向性を示唆する事例のことである。子どもと保育者のミクロなやりとりの中に保育実践に対する保育心理学のまなざしが透けて見えることだろう。

第1章

保育心理学の構想

§1　心理学と保育

1. 保育との出会い

　保育施設にはじめて行ったのは学部の4年生の時であった。大学の先生に紹介してもらって、都内にある保育所に行った。保育室としては広く、体育館としては狭い部屋が今でも頭に残っている。午後だったと思うが、マットが横にあり、遊具というよりも跳び箱のようなものが置かれていたのではないだろうか。誰に紹介していただいたのか、園の先生がどなたかだったのか、不遜なことに思いだせない。たぶん、紹介してくれた大学の先生がすべて手続き的なことはしてくれて、私は実験をすればよいという状況だったのだろう。今から思えば何とも親切な先生であった。

　その実験は、「衝立保存実験」であった。思考と言語の関係を知りたいと思っていた。保存といえばピアジェがすぐに思いだされるが、当時、それは視覚的な「見え」の影響が大きいことがいわれ、衝立によってその「見え」を遮ると非保存の子どもも保存ができるのではないかと仮定された。オボフ

ォーワ（1976）とブルーナー（1968）がその先行研究として言及された。結果はあまりはっきりしたものではなかったと思うが，衝立がある時とない時では保存実験の反応に違いがある子どもも少なからずいたと思う。子どもがどんな顔をして実験をやっていたのか，保育所の中で自分がどんな気持ちで実験をしていたのか，今ではちゃんと思いだせない。でも，そこから私の子どもにかかわる心理学が始まった。

　その後，大学院に行くことになるのだが，そこでもまた保育所とかかわることになる。その時には，子どもの自然発話を観察してみたいと思っていたと思う。学部とは異なり，自分で都内の公立保育所に連絡をとり，観察をお願いした。大らかな時代だったのだろうか。快く観察を引き受けていただき，週に何日か保育所に通うことになった。印象に残っているのはその保育所の散歩である。不思議なことに室内でも子どもたちと触れ合ったはずなのに園舎や保育室など何一つ覚えていない。印象深く刻まれているイメージは散歩中に子どもたちと線路越しに一緒に眺めた電車であった。1歳児の子どもたちと一緒に散歩をしながら，「てって　てって」と言われ，それに対して「てって　どうするのか？」と応答する。観察しながらメモをとり，後で，その会話を記録・整理する。そんなことをやって最初に報告したのが子どもの談話についての研究（Ishiguro, 1984）であった。これに続いて，修士課程のうちに修論を含め，いくつか自然言語の採録と構文理解の実験などをした。博士課程の初めには複数の文からなるテクスト産出について保育施設で実験をさせていただいた。

　こうして振り返ってみれば，私の子どもとの出会いは保育施設という場でのものであったのだ。だが，保育とは何かなど正直なところその頃考えたことがなかった。いや，考えるも何も，「保育」という概念さえ自分にはなかったのではないだろうか。そこには子どもたちがいて，子どもたちが仲間と，あるいは大人と会話をする場，それが保育の場であり，私にとっては言語データを収集する場にすぎなかったと思う。

2. 保育の中にある発達

　博士課程の中盤以降，私の関心が少し動くこともあり，しばらく保育の場を離れていた。私が再び保育施設とかかわりをもつようになったのは，仙台の大学に職を得てからである。仙台に赴任して最初に訪れた保育所は仙台市の公立保育所であった。何がきっかけだったのか思いだせないが，赴任したばかりの私を今は亡き久保田正人先生がご自宅の近くの保育所に案内してくれた。久保田先生は保育室に入ると子どもたちに向かって何やらポケットから出して―たぶんおはじきで数の保存実験をやっていたのではないか―「どうかな」などと子どもに質問していた。

　その後，大学での仕事の傍ら，私は自分の研究のためにいくつかの保育施設に通うようになった。1990年代初めの頃だ。当時私の関心は，ニューカマーとよばれる外国籍の人々が一緒に連れてきた子どもたちの日本の保育施設での生活にあった。その子たちの言語発達にももちろん関心があったが，日本語を母語としない子どもたちが参加することによって保育の中で子どもたちの関係がどのように変容するのか，異なる社会生活を歴史的に背負った子どもたちがどのように交わって新しい活動を作りだしていくのかに関心があった。幸いいくつか研究ファンドを得ることができ，外国籍の子どもたちが多く在籍しているといわれる保育所を毎年回るようになった。こうして私は定期的に週に一度は保育施設に行き，さらに保育現場で子どもたちと朝から一緒に活動することになったのだった。その結果，私は学生の頃とはまた違う感覚で保育を味わうようになったのである。

　日本語を話せない子ども，その子はすでに0歳から保育所に入っている子どもがほとんどのクラスにいきなり一人で参加する子どもである。こうした子どもたちがどのようにクラスに馴染んでいくのかみていると，みえてくるのはその子よりも保育者のかかわりの方であった。先生がどんなふうに子どもとかかわっているのか，先生がいつ声かけしているのか，先生はどの程度個別に子どもとかかわるのか。子どもをみているはずが，実はだんだん保育

者をみるようになっていったような気がする。新人の先生と5年ほどたった先生ではやはりクラスでの子どもの動きが違う。ベテランといわれる人の中にも子どもが苦手な人もいるし，保育経験の浅い人でもセンスのよい人がいる。何れにせよ，子どもをみればみるほど，みえてくるのは保育者であり，保育的かかわりの質であった。先生によって子どもたちがとても生き生きすることもあるし，その逆もある。しかも，保育施設では「先生」は一人でかかわるということはない。クラスの担当はたとえ一人であっても，先生方はみな施設全体の子どもたちを知っている。子どもたちも担任を中心にすることは当然だが，他の先生とも親しくかかわる。部屋で落ち着きがない子は「先生」の部屋（「職員室」や「事務室」ともいわれる）に来て「所長先生」に遊んでもらう。昼寝の時になかなか寝なくてほかの子を起こしてしまうものだから担任が業を煮やして「所長先生，○○ちゃん預かってくださーい」と子どもを置いていく。そんな保育をする先生方を日常のこととしてみるようになった。

　学部の時の実験もそうだが，心理学研究者としては人を知りたいと思う。「この子はいったいどんな考え方をするのだろうか」，「この子はどんな子なのだろうか」と「その子」を知りたくなる。だが保育の場で「この子」を知ろうとすれば，ほかの子どもがみえ，先生がみえ，その保育施設全体の雰囲気がみえてくる。子どもの発達の文脈として保育というものがいかに重要なのか，この時期味わわされた気がする。ブロンフェンブレンナー（1979）の有名な生態学的環境の図がある（次頁図1-1-1）。それによれば，子どもはその子の背後に多くの文脈をもち，その中で育つ。その文脈から子どもを引き剥がしてわかることにはおのずと限界がある。保育の中で子どもの発達をみる必然性が骨身にしみた時期であった。

　このことは子どもを知ろうとして行う実験や観察を否定しようとするものではない。また，保育活動から切り離された子どもの研究がまったく無意味だと言っているのでもない。そうではなく，その陰で見過ごされがちな子どもの日常の発達資源としての保育実践の重要性を指摘しているのだ。子ども

の発達を考える時，その子が生き，そして他者とともに作り変えていく文脈の中で子どもを捉えることによってこそ子どもの生きた発達がみえてくることを言いたいのである。

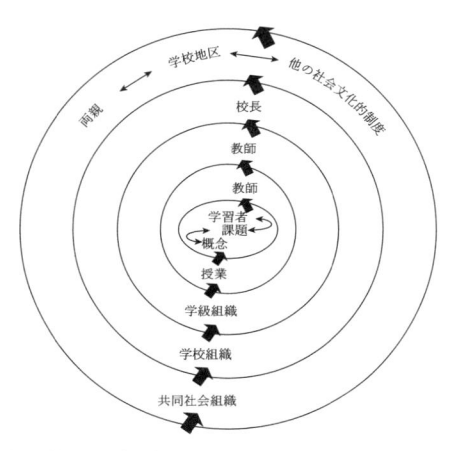

図1-1-1　子どもを取り囲む文脈（Bronfenbrenner, 1979）をコールが図化したもの（Cole, 1996/2002, p.185）
注：児童をその中心に置いた，「取り囲むもの」としての文脈の考えを表現する同心円図。

3. 社会実践に埋め込まれた子どもの保育

　子どもの発達がその子を取り巻く具体的な環境の中で生じることは自明のことであるが，大学関係者が保育関係者に語る言葉からは時にその自明な事実が抜け落ちてしまう。このことを考えるうえで示唆的なのは，識字教育を中心に教育学者として著名なパウロ・フレイレのエピソード（Freire, 1992）である。彼は，ブラジルで親の集会に出た時のことを振り返り，自らの学びとした出来事を語る。

　フレイレが親に伝えたかったのは，ピアジェの研究に基づいた子どもの道徳意識の発達過程と子どもに対する体罰の問題性であった。フレイレの書には自らが話したことについて詳しいことは書かれていないが，ピアジェの道

徳理論（1930）から彼が話したことを推測するならばおそらく次のようなことであろう。

1) 子どもは初め他律的な道徳的意識をもつが，やがてそれが自律的な道徳的意識に変わる。
2) 体罰や叱責は親の権威に基づいた他律的な道徳意識を子どもに強化するだけで，真の意味での自立的な道徳意識を育てる助けにはならない。
3) したがって，子どもが何か悪いことをした時には，体罰などにより叱って育てるのではなく，なぜそれが悪いのか十分な愛情をもって説明することが大切である。

そのような話をした帰路，フレイレは自分の話が住民に伝わらなかったことを嘆く。すると集会に同伴したエルザが「あの人たち，あなたの話はだいたいわかったと思うわ。あの労働者の発言からしても，それは明瞭よ。あなたの話はわかった。でも，あの人たちは，あなたが自分たちを理解することを求めているのよ。それが大問題なのよね」（Freire, 1992/2001, 邦訳p.34）とフレイレに告げる。フレイレは「あの労働者の発言」から自分の世界の見方と彼らの見方の違いに気づく。このエピソードは研究者と日常実践者の視点の違いを考えるうえで示唆的である。以下，少し引用が長くなるが，読んでいただきたい。

フレイレが話し終わると，ある労働者は手をあげて次のように述べたという。

> 「よい話を聞きました」，「ほんとうに上手な，よいお話でした。お話の一部は単純ですからわたしのようなものにもすっとわかりました。難しいところもありました。でも，話されたこと全体のいちばんの勘どころは理解できたと思います」。「そこで博士にぼくの感想を申し上げたいのですが，これはおそらく，ここにいるみんなの声だと思います」。……「パウ

ロ先生。先生は，ぼくがどんなところに住んでいるか，ご存じですか？ ぼくらのだれかの家を訪ねられたことがありますか？」。かれは家の略図を描きはじめた。部屋なんてない。からだをおし込む狭苦しい空間があるだけ。最低限度の生活の必要を満たす資力も，かれにはない。疲れたからだをかかえて家に帰っても，よりよい明日を夢見て眠るなどということはありえない。幸福であること，希望をもつこと，そんなことは彼にとっては禁句なのだ。………「先生。ぼくはあなたのお宅に伺ったことがありません。しかし，お宅の様子がどんなかをあなたに聞かせることができます。……」……「……先生のお宅は一戸建てでしょう。いわゆる『庭付きの家』というやつ。たぶん，夫婦の部屋がありますよね。それから，居間と三人のお嬢さんたちの部屋。先生方のなかには，お子さんの一人ひとりに部屋をあたえておいでのかたもいらっしゃいますが，先生はそういうタイプではありません。お二人の男のお子さんの部屋もありますね。シャワーがあって，温かいお湯が出ます。台所にはアルノー・ブランドの電気器具。家の外側には使用人の部屋があって，それはお子さんたちの部屋よりだいぶ狭いでしょう。庭には『イギリス』風の芝が植わっていますね。……」………「どうです。先生。ずいぶん違うでしょう。先生も疲れて家にお帰りになる。お仕事では，ずいぶんと頭をお使いになった。考えたり，書いたり，読んだり，話したり。今日のお話だって，そうですよね。ずいぶん，たいへんなことだったと思います。しかし」……「先生の場合は，たしかに疲れてご帰宅ではあっても，そこには湯上がりの，こざっぱりした身なりのお子さんたちがいらっしゃいます。おなかを空かせることもなく，すくすくと美しく育った子どもさんたちです。わたしらが家に帰って出っくわすガキたちは，飢えてうす汚く，のべつまくなしに騒ぎ立てているガキたちです。わたしらは朝の四時には眼をさまし，辛くて悲しい，希望とてない一日を，また今日も繰り返さなければなりません。わたしらが子どもを打ったとしても，そしてその打ち方が度を越したものであるとしても，それはわしらが子どもを愛していないからではないのです。

暮らしが酷くて，もう，どうしようもないのです」
(Freire, 1992/2001, 邦訳 p.30-32, ……部分は引用者省略)

　この男の発言はフレイレにとって生涯忘れることができなかったようだ。このコトバにより，フレイレは，自分の語ったことが彼らの現実に根ざした世界観にとっては何も意味のないものであったことを思い知るのである。
　このエピソードを語る時のフレイレの虚無感と深い反省は，自分にも思い当たるところがある。自分が教育・保育関係者に話をし始めた頃のことを思い起こさせる。現場の先生方を前に，教育のこと，保育のことを話すと聴衆は「面白かった」，「難しかった」などと言うが，何となく聞き流された感じがしていた。多くの場合，勤務先の「研修」として参加していることもあり，そこで話されている内容が，自分の職場や自分自身の保育にかかわることであるという実感もあまりなかったのではないだろうか。おそらくその頃の自分は，保育者が自分の語る言葉を理解できるような知識を身につけ，「もっと真摯に話を聞くべきだ」と思っていただろう。しかし，エルザが語るように，むしろ事実は逆で，「無知」だったのは自分であり，保育実践者が子どもたちを保育している環境を知らなかったのだ。
　「保育者の負担を考えると大変だが，経営を考えるとどうしても子どもたちを多く受け入れざるをえない」と言う園長の置かれた立場から子どもの保育をみる力が自分にはいったいあるのだろうか。「経営という視点からすれば，乳幼児を多く入れた方が補助金が効率よく入るので，そのようにしたいが，そうすれば保育者の負担が増すことは明らかだ。それでやっていけるのか」。園を維持することは保育を継続するための必須条件である。園長は経営と保育を天秤にかけ，実践を維持する努力の中で様々な資源の配置を試みる。それを保育の一場面だけみて評価することは，保育を改善するという点で示唆的なものとはならない。「大学の先生は現場のことなんてわからないんだよ」という声を引きだすだけだ。こうしたことに思いを巡らせることは，子どもの心理を研究することを目指す児童心理学者には要求されない

が，発達支援を目指す保育心理学者には切に求められる配慮である。

　「待機児童の解消」の名のもとに，保育施設における一人あたりの子どもの専有面積が減った。「子育て支援」ということで，朝早くから夜遅くまでの長時間の保育が当たり前になっていった。保育者の管理責任が厳しく問われるようになって，子どもあたりの保育者数が少なくなると「園外散歩」も大変になった。「民間活力の導入」のスローガンによって，時間を限定して勤務するパートの保育者が増えていった。保育が子どもの発達の培地であることは疑うまでもない。だが，そこは肥沃な土壌となっているのだろうか。

　発達心理学は人の心理を発達的な視点から研究することを志向する。それに対して，保育心理学は子どもたちが置かれた現状を分析的に捉え，その発達を促す条件を探るような保育理論（caring theory）を創造することを志向する。そのためには具体的な保育実践を知らなければならない。保育環境を知らなければならない。保育実践の個別具体を生みだす背後にある社会文化歴史的条件を把握することが求められる。子どもたちにとって発達が意味するものが何なのかという議論を重ねながら，保育の現状が子どもたちや保育者，養育者の発達にどのような影響を与えているのか批判的に検討し，現状の個別具体性に根ざした保育理論の構築を保育心理学は希求する。

§2　保育者であることの困難

　保育心理学は保育実践を研究対象とする。その時，保育という実践をどのように捉えることができるのかが重要な課題となる。その実践に参加する保育者がどのようなかかわりを実践に対して向けているのか，その視点から実践をみる糸口が拓かれる。本節では，私がかつて観察した一つの事例を通して，保育者の側に身を置いて実践を眺めてみたい。

1. 「問題行動」

　保育実践の中に生きるのは子どもたちだけではない。大人もいる。保育者は実践の中で子どもたちとともに育つ。保育所でこれまで何度も目にしてきた情景をここで描いてみたい。それは私が「保育者のジレンマ」（石黒, 1996）とよんでいるものだ。実践の場で保育者が苦しそうに子どもたちに接していることに気づくことがある。保育の場に一緒にいる時，保育者ではない自分がその息苦しさを一緒に感じてしまう場面である。保育者は子どもたちを前にして，自分の動きをうまくコントロールすることができない。

　それはいつものように保育者が紙芝居を読み終えて，子どもたちに向かってお話しをしていた場面である。ちょうどビデオにとってあったので時間を確認すると，主な場面は時間にして僅か22秒ほどにすぎなかった。映像のコマ数として658フレーム，そこによくある情景が映しだされていた。女性の保育者が紙芝居をちょうど読み終わり，昨日の保育について語り始めたところである。保育者は昨日都合により保育から外れ事務仕事をしていた。その時のことを子どもたちに話していた場面である。

図1-1-2　沙樹が民子の上に馬乗りになった真之介を突き飛ばす

保育者：そしてさ　ね　昨日さ　ほら先生さ　うんと　二階で　お仕事
　　　　していて　S先生　KJRさんに　入ってくれたでしょ　うん
　　　　休みに

　この後，保育者は一人の子どもの名前を呼ぶ。「しんちゃん」と保育者が叫ぶと，民子の隣にいた沙樹が真之介の身体を横から強く押し，真之介は突き飛ばされる。真之介は民子の背中にのしかかり，民子はすすり泣いていた。たったこれだけの場面である。

　保育者と子どもは紙芝居の配置をとっていたため，保育者が子どもたちよりも少し高い所で子どもたちに向き合う形で座り，そのまわりに子どもたちが扇型になって床に座っていた。絵本を読んでいる途中，真之介という男の子が隣に座っていた子ともめて，その場を離れた。上記の場面はその後に始まる。そこで起きたことを簡潔に示せば，真之介が急に，座っている民子という女の子の上を一回またぎ，そして再びまたいでのしかかり，泣かせたというものである。この短いエピソードをコマ送りしながら微細に分析してみると，人の行動がいかに相互に影響を与え合っているのか，また，非言語的なやりとりがいかに事態の理解に重要であるのかがわかってきた。

2．何が起こっているのか

　私はよく学生や保育者にこの場面をビデオで見せた後，「何が起こっていますか？」と質問する。するとある人は，「真之介は民子が好きなのに，民子が真之介のことを相手にしてくれないのでわざと意地悪をした」と答える。またある人は「真之介は民子が嫌いなので民子をいじめた」と答える人もいる。そうした応答がなされた時，私はさらに次のように問う。

　「真之介は民子を嫌い，民子に意地悪したのでしょうか？」

　そして，先ほどの22秒前後の様子を見せる。その「事件」の前には真之

介は子どもたちの誰かと軽く言い合いをして，その場を外れ，部屋の後ろの方に移動する。そして戻ってきてあのような行動をしたのである。後ろから民子にまたがり，クルッと姿勢を変えて，2回目の「襲撃」を行った。民子が泣いたのは2回目の「襲撃」の後である。沙樹に突き飛ばされた真之介は，すぐに床に両手をついて，下から民子の顔を覗き込み，「だいじょうぶ？」と問いかける。そしてまたそこを立ち去る。

　この前後の場面を見ると，ほとんどの人は，真之介が民子を嫌っていたのではないことを了解する。「襲撃」後，真之介は真剣な顔で民子に「だいじょうぶ？」と声をかけていたのである。だが，それだけではないだろう。自覚化されることはあまりなかったのかもしれないが，この場面をビデオ映像で振り返った時，どこがどうなのかということは言えないが，確かに真之介は民子を嫌っているように思えないとみなに見えるようだ。「なぜ？」，ではなぜ，嫌いではない民子は真之介に「襲われ」なくてはならなかったのだろうか，「なぜ民子は2回襲われた」のだろうか？

　直感的に感じられる二人の関係，それが嫌悪ではないことはどのようにその場面の視聴者に可視化されていたのか。このことを確認するために，私はビデオをスローでゆっくりと見てみた。するとそこで行われているコミュニケーションが誰と誰に起こっていたのかがわかった。真之介は，1回目の「襲撃」の時，民子に向かっていくが，実は視線は民子にはなかった。映像は後ろからのものなので目そのものがはっきりと見えるものではないが，首や姿勢から明らかに民子を注視していなかったことはわかる。では，どこを見ていたのか。真之介は民子に向かう時，民子の身体の上をまたぐ時，そしてまたぎ終わった時，ずっと見ていたのは保育者だったのである。真之介は民子にまたがっても，そのまままたいで歩くような感じで，さっと通り過ぎるだけであった。その後，保育者の方を，そしてその前にいる子ども集団を頭を掻きながらさっと見て再び民子に2回目の「襲撃」を試みたのである。

　これはおかしい。もしも民子が真之介のターゲットだったならば，真之介は民子めがけて進んだだろう。「獲物」を見ない「猛獣」はいない。しかし，

真之介は民子ではなく，保育者をじっと見ていたのである。民子は真之介の向かう道にたまたまあった障害物でしかなかった。トランスクリプト1を見てほしい。そこに書かれた括弧内の数字はフレーム番号である。だいたいの時間の目安と考えてほしい。そこには保育者と真之介の動きが平行して描かれている。これを見て興味深いことは，保育者が真之介の1回目の「襲撃」時には真之介を見ていないことである。真之介がずっと保育者を見続けてい

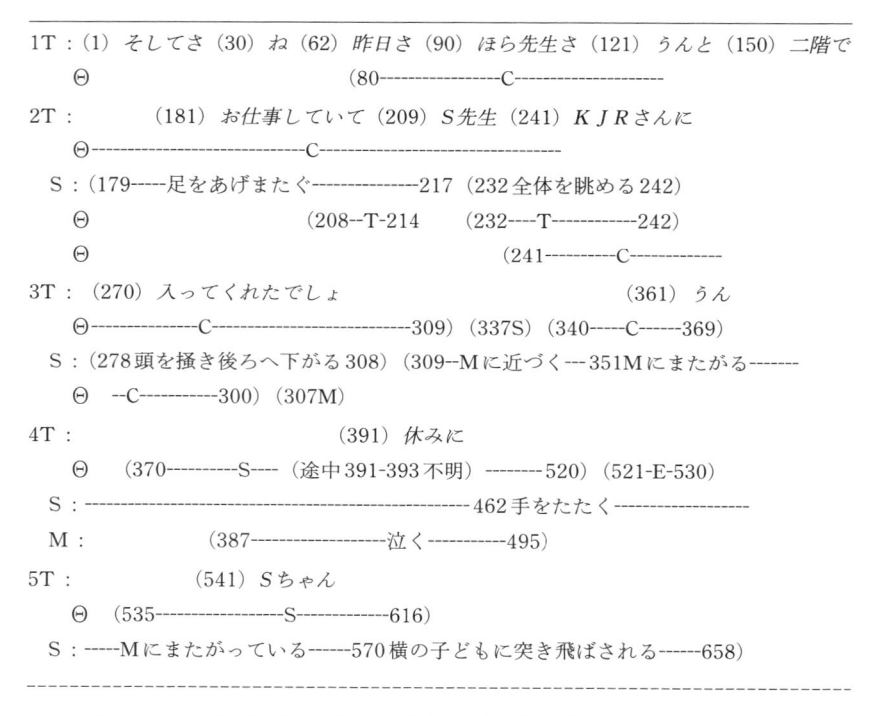

1T：(1) *そしてさ*（30）*ね*（62）*昨日さ*（90）*ほら先生さ*（121）*うんと*（150）*二階で*
　　Θ　　　　　　　　　　　　(80----------------C---------------------
2T：　　　　(181) *お仕事していて*（209）*S先生*（241）*KJRさんに*
　　Θ------------------------------C--------------------------------
　S：(179-----足をあげまたぐ-------------217（232全体を眺める242）
　　Θ　　　　　　　　　(208--T-214　　　(232----T------------242)
　　Θ　　　　　　　　　　　　　　　　　　　　(241----------C-------------
3T：（270）*入ってくれたでしょ*　　　　　　　　　　(361)　*うん*
　　Θ------------C----------------------309）(337S) (340-----C------369)
　S：(278頭を掻き後ろへ下がる308）(309--Mに近づく---351Mにまたがる-------
　　Θ　--C-----------300）(307M)
4T：　　　　　　　　　　　(391)　*休みに*
　　Θ　(370----------S----（途中391-393不明）--------520）(521-E-530)
　S：--462手をたたく------------------
　M：　　　　　(387------------------泣く----------495)
5T：　　　　　　(541) *Sちゃん*
　　Θ　(535-----------------S------------616)
　S：-----Mにまたがっている------570横の子どもに突き飛ばされる------658)

トランスクリプト1：Sと保育者とのインタラクション（石黒, 1996）

注：先頭の数字はトランスクリプト番号，Tは保育者，Sは真之介，Mは民子，Cは子どもたちを示す。括弧内の数字は分析フレーム先頭からのフレーム番号。各第1行は発言あるいは行為で，その下に表示されているΘの行は確認された注視対象を示す。保育者の発言は斜体で表示されている。Sの（208-214）のTに対する注視対象の確認は，カメラが背後からのものとなっているので，Sの眼によるものではない。頭を中心とした姿勢によって判断している。

たのに，保育者はまったく真之介を見ていなかった。真之介が1回目に民子にまたがった時に見ていたのは民子ではなく保育者であったにもかかわらず，その時点では保育者は子どもたち全体に話しながら，とくに真之介には視線を明示的に向けていなかった。そして，民子の身体の上を通り抜けた真之介が保育者と子どもたちの方を，身体をグルッとまわしながら見たときにも誰も真之介に注目せず，真之介は頭を掻きながら後ろに戻り，再び民子にまたがるのである。

　ここまで見るだけで不思議なことがこの場面にはあふれていることに気づく。保育者はなぜ真之介を見なかったのだろうか？子どもたちはなぜ真之介を見なかったのだろうか？「なぜ？」，この問いは保育者や子どもの内面の心理を問う疑問である。それには正確に答えることはできない。だが，そこで「何が起こっていたのか」，「そこでそうした事態がどのように達成されていたのか」には答えることができる。保育者は子どもたちに対して正対していた。したがって，たとえ紙芝居を読んでいたとはいえ，自分の正面側にいて，しかも多くの子どもが座っている時に，動いている一人の子ども，さらにほかの子どもにまたがる子どもが「見えなかった」はずはない。しかし，ビデオをコマ送りで見てみても，トランスクリプト1にあるように，保育者は真之介の方に視線を向けていないのである。したがって，「保育者には真之介が見えなかった」という説明をすることはできない。「見えたのに見なかった」と言わざるをえないだろう。保育者は自分の視野に入る真之介の動きにおそらく気を奪われながらも，一生懸命視線を真之介に向けないようにしていたのだ。

　ここで起こっていたことは保育者による真之介の「無視」であり，それが視線を真之介に向けないことで達成されるという場面だったのである。無視とは「見えない」ことではない。「見える」が「見えない」ことにするという行為である。真之介は，保育者に向かって，視線を送り続ける。それに対して保育者は真之介を「見ない」ことで「応答」し続けた。保育者は「見ない」ことを積極的に行った。そして，そのうえでさらに「自分はあなたを見

ていない」というサインを真之介の方に顔を向けないという行動によって「一生懸命」，そして「やむにやまれず」真之介に送り続けていたのである。

3．保育者の視線

　トランスクリプト1をみると，実は1回目の「襲撃」後，保育者は一瞬だけ真之介を見ていた（フレーム番号337）。しかし，すぐ視線を外し，その後，民子がのしかかられて頭を傾ける（370）まで真之介に視線を明示的に向けていない。そうなると真之介が民子を嫌っていたわけでもないのに「襲撃」を再び行った理由もわかる。それは保育者に対して，「自分を見てほしい」というメッセージだったのだ。だからこそ，保育者はそのメッセージに対応して，あえて「そんな悪さをするあなたは見ない」というメッセージを送り続けたと考えるべきだろう。

　「鳴かぬなら鳴かせてみようホトトギス」という句が豊臣秀吉の性格を示すものとして紹介されることがあるが，それと対応するかのように真之介は「見ないなら見させてやろう」と保育者に向けて悪さをしたのである。保育者は真之介が民子に再びのしかかると視線を真之介に向ける（フレーム番号370から520）。しかし，声かけをすることはなかった。今度は真之介はそのまま民子の背中をスルーするのではなく，上にのしかかり，ぐっと体重をかけ，さらに背中に馬乗りの姿勢になって両手をパンッと叩く（フレーム番号462）。その間，民子はすすり泣いているのだが，保育者は何も言わない。その後，フレーム番号541になって，ようやく保育者は「しんちゃん」と声をかけた。その声の後，隣の沙樹が真之介を突き倒したのであった。

　ここからわかることは，真之介はその場において自分にとってはきわめて「適切な行動」をとっていたということである。それは「反社会的な」行動を通して，保育者との間に自分なりの関係を作ろうとして他者を求める「社会的」な行動であったといえる。こうした場面はその程度の差はあれ保育の中ではよく見られる。教育場面でも同様であり，子ども同士がふざけている

のかと思えば，実はそれは先生に向けたやりとりの結果であったりする。「学級崩壊」といわれる，先生と子どもたちの関係の歪みも実はこうした変形したコミュニケーションが重層化しているものだったりする。

4．保育者のジレンマ

　この保育者はまだ保育経験2年目の保育者であった。その顔には焦りと苛立ちが見えた。継続的にこの保育にかかわってきた私にとって，この保育者が意地悪な人であったという印象はない。子どもと笑い，子どもの世話をする普通のやさしい保育者であった。では，なぜこうしたことが保育現場や教育現場で起こるのだろうか。私はこうした事態を保育者にとってのジレンマ状況とよんでいる。何がジレンマかといえば，自分が次にすべき行動の選択肢がなくなり，自分がとるべき次の行動が見えなくなるからである。真之介についていえば，この子はなかなか集団に入れず，個別に声かけしなくてはならない子である。先生は何かにつけ，この子に声をかける。声をかけられた時，この子はうれしそうに先生の指示に従う。2人はどちらもそれぞれ笑いながら話をする仲なのである。

　では，なぜあのような事態が訪れるのか。日本の保育所において，当時年長児を担当する先生はたいてい25名以上の子どもたちを1人で担任していたと思われる。したがって，子どもたちはある程度「集団」として扱われる。「バラ組のみんな」といわれたら，その集団を表す呼称（結城, 2001）が自分自身に向けられていることを子どもはわかっていなければならない。それがわからない子がいると，先生は個別に対応しなければならなくなる。でも，その子ばかりにかかわっていると集団を動かすことができない。先生は集団を管理することと一人の子どもに対応することとの間で悩む。真之介は集合保育中ちょくちょく部屋を抜けだし，廊下に行き，部屋の方を覗いている。保育者が迎えにいくとうれしそうに戻ってくるが，またいなくなってしまう。いつか保育者は集団の指示をする中で，その子を放っておくようにな

る。するとその子は隣の部屋に入り，年少の先生を困らせてしまう。保育者は仕方なく，年少の部屋に行き，真之介を連れ戻す。こんな毎日が続いたある日の出来事が先ほどの「事件」だったのである。それはそうした日々の実践を集約した事態であった。

　真之介は「これぐらいでどう？僕の方，見る？僕のことかまって」とでもいうように軽く民子にのしかかる。保育者はそんな「ジャブ」には応えない。すると真之介は「アッパーブロー」を出し，民子を泣かせてしまうのである。ここでいう保育者のジレンマとは，「子どものかかわり要求に応答すれば，それがその要求行動を繰り返させることになる」という思いと「子どものかかわり要求を無視すれば，子どもはさらにかかわらざるをえないようなより一層困った事態を引き起こす」という思いの間で動けなくなる状態を指す。

　保育現場に行くと新人を中心に多かれ少なかれ多くの保育者がこのジレンマを抱えているようにみえる。このジレンマ事態を保育者はどのように打開し，成長していくのであろうか。私は真之介の出来事を深く考えるようになってから何度となく保育者に「こんな時，どうしますか」と尋ねてきた。すると，多くのベテラン保育者は笑いながら，「そのうちやめるから」といい，「それまで相手してあげるしかない」という。保育者としての経験を積むということは多くの子どもを知ることである。どうしようもないと思える子どもも，気長に付き合っているといつか何かしら変化が起こることを経験した保育者は自分の眼の前にいる子どもを，その現在においてみるだけでなく，未来につながる時間の中に位置づける。その時間認識がもたらすゆとりが，子どもの「いたずら」を笑って叱るゆとりを作る。後に述べるメタアクト１の津守実践はこの点についてある見通しを与えてくれる。

5．ジレンマを越える

　さて，この真之介の出来事はどのように打開できるだろうか。保育心理学

の立場から考えてみよう。真之介は保育活動の中で，あのような行動をしたのであり，保育者やほかの子との関係を外した場であのような行動が起こったのではないことに注意しなければならない。人の発達を社会歴史的な場である保育実践に根づいたものと考える時，この子の個人としての内的問題だけをことさら取り上げることにはあまり意味がないであろう。むしろ，「問題となる出来事」がどのように生じていたのか検討する必要がある。

　真之介の行動はある意味でその達成目的に対して「合理的」であり，「状況適応的」であった。まさに彼にとってはもっともふさわしいやり方でその場で動いていたのである。だが，それは他者にとっては「嫌な事態」であるのだから，当然それは長く継続することが望まれない行動と認識され，彼自身は「問題児」として捉えられてしまうことになる。この事態を変えようとする時，真之介に「先生悲しい。どうしてそんなことするのかな」というだけではたぶん効果はない。そんな時，個別に自分にかかわってくれる先生に対して子どもはニヤッと笑い，「もうしない？」と問われれば，「うん」と首を縦に振るものだ。だが再びそれは起こるのである。これがジレンマとよぶ理由でもある。重要なのは，真之介にとっての「合理性」，「適応的」の意味を明らかにすることであろう。ここまで述べた分析がそれに当たる。そして，真之介や保育者に別な選択肢が生まれる環境を作りだすことだ。それには保育実践に対する理解が必要である。子どもたちが楽しめる保育活動を組み立てる知識が求められる。気づかないうちに，その場にふさわしい，他者にも望まれるような，「社会的な行動」をつい行ってしまうような場を準備することが必要だ。

　こうした保育者もまた悩んでいる。「自分は保育者として不適格ではないのか」，「自分が力がないからなのか」，「真之介は自分を嫌いなのだろうか」，「真之介は家庭環境が悪いからあんな嫌な性格になったんだ」，いろいろな思いが頭を巡ることであろう。だが，問題が子どもの中にあると考えるべきでないように，保育者の中にあると考えてもいけない。現在，日本では100名以上の定員の保育所が珍しくなくなってしまった。鉄筋の小学校を二回りほ

ど小さくした四角い建物の中に子どもたちがあふれるようにいる。だが，こうした環境は国ごとに異なる。私が訪れたフィンランドの保育施設は普通の家よりやや大きな建物に中に，やはり普通の家にあるリビングや食堂のような部屋が続き，子どもたちが数名ずつ分かれて自分の活動に没頭していた。日本の保育施設では声を張り上げて話している保育者が多いが，そこではささやくような声で手芸に熱中している子どもとそれを眺める先生がいた。年長クラスでもほとんど個別に対応している保育施設においては，集団指導を優先させるべきか，個別指導を優先させるべきかといった二極の間で揺れ動く保育者の悩みといったものは日本と同じような形式では存在しないのではないだろうか。その代わり，親子関係のような密なコミュニケーションが保育施設においても起こり，その中で何かしらジレンマが作られるのかもしれない。何れにせよ，真之介の「事件」は日本の保育状況の中にその文脈があり，その関係の歪みを維持するような（sustainable）装置があると考えられる。制度を含む，どんな社会歴史的資源がどのように日本の保育実践の中に，ある特定の苦しさを作りだすような装置を組み立てているのか，それは社会的であり，かつ心理学的な課題である。

§3 実践をみる

実践には「みる」力が必要である。保育実践においてもそこに参与する大人には「みる」力が求められる。保育心理学は保育実践という活動の中で生じる発達を捉えようとするものである。その意味で，保育心理学からみた保育実践の研究は参与する大人の「みる」力の研究でもある。では，いったいこの「みる」力とはどのようなものであろうか。私はかつて実践研究における「みる」ことの概念的整理を別論文（石黒, 2005）で行ったが，ここでは保育実践に焦点を当て，実践研究と「みる」との関係についての論考を深め

たい。

　そこでまず最初に石黒（2005）を要約する形で「みる」についての概念的整理を行うことにしよう。そこでは研究者の実践に対する態度として三つの「みる」を取り上げているが，その態度は実は実践者の心理的な構えとして捉え直すこともできる。自分の実践を振り返り，それを組み直そうとする時，実践者にもまた研究が求められ，その意味で研究者とならなければならない。そのように考えるならば，そこで述べられたことは研究者という職業的な役割について述べているのではなく，「研究する」という態度で実践とかかわる人のかかわり方を指すものであることがわかるだろう。その意味で，「研究」とは省察を含んだ実践に対する関与のあり方のことである。実践者は自分の実践を改善するためには「研究」が必要である。保育心理学が実践の中に息づく人々を対象とするとはそうした「研究」をする人々の研究を整理することや実践者と同じ問題関心の中で実践を「みて」，それを言語化可能な形に理論化することを意味する。

1．子どもを観る

　本章では，石黒（2005）を引き継ぐ形で，研究する人が実践に対してとる関係の様式を「実践を観る（observing）」，「実践を診る（diagnosing）」，「実践を看る（caring）」の三種に分けて考えたい。実践を「観る（observing）」とは実践を実践系の外から観察することである。研究者は，フィールドに参与していても，実践者とは別な世界にいるともいえる。保育者がトイレに行かず，「おもらし」してしまった子どもに注意をしている時，保育者はその子がトイレに行く習慣を形成することに関心がある。あるいは，そのような「失敗」を次はしないことを気にかけている。だが，その場面に居合わせた研究者は，それを保育所における子どもの社会化の場面として観るだろう。そのような研究者にとって，「おもらし」という「失敗」は，保育者の指導が示されたエピソードとして理解される。研究者は，たとえ保育中に保育者

と同じ子ども，同じエピソードをみていても，保育者が子どもの「世話をする（care）」かかわり方とは根本的に異なるまなざしで実践にかかわっている。

　とはいっても，保育者にも実は「観る」ことが重要である。保育所の1歳児を中心とした2歳児クラスで「かみつき」や「ひっかき」はよく起こることである。保育者は子どもが「いつかみつくか，いつかみつくか」とやきもきしながら自分の担当の子どもたちとかかわっている。そして，「かみつき」が起こる瞬間にさっと走っていって止める。それでも毎日毎日その繰り返しで，降園時に保護者に謝ることにも疲れる。

　こうしたエピソードは毎年聞くことである。この時，「どのような時に「かみつき」が起こるのか冷静に観てみましょう」と先輩の保育者がアドバイスすることがある。鬼のようになって「かみつき魔」を取り押さえて叱り，かみつかれた子をこれまたどうしたらよいものかと自らがかみつかれた以上に泣きそうな顔をしてなだめる保育者。それに対して，「ちょっとその気持ちから離れ，一歩後ろに下がってみたら」というアドバイスである。すると「かみつき」がランダムに生じていたわけではなく，ある特別なやりとりの中で生じていることに気づく。さらに先輩保育者の経験談などを聞いて部屋の様子を見ると，それが一部屋の子どもの専有面積とかかわりがあることに気づいたりする。今までその原因のすべてをある子どもの心理的なストレスとしてしか考えてこなかった「かみつき」がそれを引き起こしやすい環境条件の中で生じていることに気づき，個別指導の限界と空間的な環境の改善，さらには保育のデイリープログラムの改善を提案するようになる。このようになると，保護者にも「誰々がかみつきました」とか「止められなくてすみません」と謝るだけでなく，起きてしまった「かみつき」がどのような条件のもとで生じたのか説明し，今後の指導への理解と協力を仰ぐことができる。これらは実践者にとっての「研究」課題となる。

　さらに，そうした実践者の研究課題は，保育実践への関心を直接もたない研究者との協働によって深まる可能性もある。たとえば，「かみつく」とい

う行動によって他者との関係を表現している子どもたちの研究は心理学や社会学，コミュニケーション学等々の専門家の関心を十分引きつけるものである。生態学的に妥当な「適応行動」として「かみつき」が生じているその適応環境の研究は動物を研究している者にとってもきっと魅力的なテーマとなるはずだ。こうした関心の重なりのうえに保育実践者と保育実践系の外の研究者の共同研究が拓かれることが保育実践における学際的研究というものだろう。

(1)「気になる子」だけみない

　実践をみる時，注意しなくてはいけないことは，「気になる子どもだけを観ない」ということである。ある子どもが気になった時には，その子を見るのではなく，その子のまわりを見ることである。そして気になる子への注意が「気になる場面」への注意へと変化していくことが必要である。最近では「気になる子」という言葉が保育所でも，幼稚園でも流行語になっている。研修のテーマでも「気になる子」というテーマがつけられたものが人気である。その言葉は，障害をもっているために「気になる子」とされる事例から障害名をはっきりとつけることができないが，普段の行動から「気になる子」とよばれる事例まで，多様な事例が含まれる曖昧な言葉である。

　その言葉が使われる時に常に共通して強調されるのは「ある子どもが気になる」ということである。子どもたちがトイレに行かなければいけない時に一人で自分のロッカーの鞄をいじっていて，いつも保育者から「今は何をする時かな」と言われる子。保育者は「どうも指示が通らないみたいです」とその子の気になる点を報告する。でも，よく「観てみる」とその子はその後に始まる給食の時に座る場所がなかなか決められない子だったとしよう。その子は，トイレに行き，「お給食」の時間に移行して，自分がほかの子どもとうまくかかわれないことを気にしていたのかもしれない。その子と同じ班の男子がトイレに行く前から「今日は一緒に座ろう」と約束し，「気になる子」はいつも最後の空いた場所に行かざるをえなかったとしよう。そんな場

面で，保育者がそのことに気づいて「今日はくじで座る場所を決めます。どこに座るかはお楽しみです」と言ってみたらどうなるだろうか。

　もちろん，子どもが気になってくるというのは自然なことであるから，そうした見方をしてはいけないといっているわけではない。そうではなくて，ある子が気になりはじめたら，その子が置かれている状況の中でその子と他者とのかかわりに何か齟齬があるのではないかと考えてみるといった視点変更をここでは提案しているのである。「気になる子」への気づきを内因的な子どもの問題の発現としてではなく，「気になる場面」を探索するための観察を要求するサインとして捉え直すことが必要だといっているのである。先に例にあげた保育者のジレンマの中の真之介の気になる行動は彼が「問題を所有している」ために生じたのではなく，その子と保育者や他児を含むクラスコミュニケーション・システムの歪みとして捉えられたならば，次の実践が拓かれるのではないだろうか。

(2) 二つの観方の背後にあるまなざし

　「気になる子ども」に対して私たちはこのように二つの視点からそれを「観る」ことができる。その一方は「個体能力主義」（石黒, 1998）とよばれ「能力を生体の皮膚を境としたその内側にある」ものと想定する立場である。この立場では，「できる」ことも「できない」こともその個人の個体能力の発現として捉えられる。したがって，実践者がこの立場を知らず知らずのうちにとるならば，「気になる子ども」は問題をもった子どもでしかなく，その子の内面の「改良」を行わないかぎり，「気にならなくなる」ことはない。このような「問題の個人化」（石黒, 1998）を生みだす個体能力主義的な視座に対して，他方に「相互行為論的」（石黒, 2001a）な視座がある。前者では人の行動はその人の内的な心理の結果であると捉えられるが，後者では行動は実践に対する人々のかかわりの軌跡として捉えられる。

　　　相互行為的に見るということは，一見表面的にはやりとりが知覚されな

いような場面に対しても，そこに「何かが関わっている」という眼差しで見ることである。従って，詳細な分析をすすめていく内に，実際の「関わり」，つまりやりとりが明らかになることが求められる。このように考えると，相互行為分析とは，ある現象に対してその現象を「様々な関わりの織物」としてとりあえず見なす視点である。そしてその理論的前提を前提として不問にふすのではなく，実際のやりとりとして記述可能にする作業を通して，それを構成するリソース（……）やその絡み合い方（……），そして織りなされた全体の意味（……）を明らかにしていく研究方法であるといって良い。相互行為分析とはこのような点である実践を可能にするリソースの分析であると捉えることもできる。（石黒, 2001a, p.122, 括弧内引用者省略）

相互行為的視点を採用することによって，時には変更不能と思えるような問題であっても，その原因を個人や社会に帰属することなく，相互行為上の問題として基本認識を組み換えることが可能になる。

2. 子どもを診る

みるには「診る」という漢字を当てはめることもできる。実践を「診る」（diagnosing）というかかわり方は，実践を評価することを伴う。医者が患者の病気を診断するように，実践を診断する。ただし，ここでのそれは発達診断や乳幼児健診に特化したものではない。保育者は自分の実践を観て，そのうえで何がそこで起こっているのか，自分の実践を自覚的に捉え直す営み全般のことをここでは「診る」とよぶ。したがって，ここでの，「診る」は継続的な教育・保育施設とのかかわりの中で自然に営まれる関係としての「診る」である。発達診断や乳幼児健診では診断に当たる専門職が診断した子どもの日常実践に直接関与することはまれである。子どもとそうした職員の出会いは，子どもたちが日々過ごしている家庭や保育所ではなく，保健所や何

らかの診断のための心理系のセンターにおける単発的な，あるいは断続的な診断であることが多い。それらは子どもが生きる日常実践と切り離された特別な時間の中でなされるものであり，ここで強調している実践の中で「診る」という事態とは異なる。そうした施設における診断が「子ども個人を観て，そこからその個人の内的問題を診断する」という構えになりやすいのは，実際にその子を「問題状況」へと巻き込む現実からその子を引き剥がしてしまうために，その問題行動を生みだす文脈が見えなくなるからである。「問題」が起こる場から切り離された場所で子どもを診ることの危うさがそこにはある。

(1) 多様な場で診る

　子どもを実践の中で診る時には，子どもがどのような関係の網の中にいるのか観ることが必要である。「多様な場で診る」ことである。A君と一緒にいる時，先生と二人だけの時，先生を中心とした集団にいる時，等々多様な実践の中で一人の子どもを診ることで，複眼的な知覚が可能になる。子どもだけでなく，人は誰でも日々の他者との接触の中で不思議な行いをしてしまうこともある。時にそれはその場に居合わせた同伴者にとって「気になる」行いとなるだろう。

　ある子育てセミナーの中で「この子はほとんど自分から何かをやろうとしないのが気になります」という母親がいた。その母親はずっと話し続け，こちらが何を言っても「でも」，「でも」と同じ不安を別な言い方で繰り返していた。「一般的に親は自分の子どもが判断する前に先回りして何でもやってしまうことがよくあり，その結果子どもの自主性を観る機会を逸してしまうこともあるような気がします」と言ってもその母親は納得しない。セミナーに同伴した保育士にセミナー終了後，「実はいつも同じことを言っているのですがなかなか変わらないんですよ」と言われ，「では，とりあえずお母さんが直接かかわらない所でお子さんがどのように過ごしているのか，保育の中の友だち同士で遊んでいる姿を観てもらうことにしましょう」ということ

になった。

（2） 長期的な時間の中で診る

「診る」においてもう一つ強調しておきたいことは「時間の中で診る」ということである。それは長期的な軌跡の中に子どもを位置づけることであり，そこに至る過去の軌跡と今後予想される未来の軌跡の中に今自分が関心をもつ実践を置いてみることである。保育者のジレンマの例において，新人保育者は子どもたちの未来についての知識をあまりもっていなかったのかもしれない。自分の目の前で悪さをしている子どもが，3歳児クラスになってどうなるのか，4歳児クラスになってどうなるのか，さらには最年長や小学生になったときにどうなるのか，そうした予期ができない。そのため，今眼の前で生じている問題がずっとその子の中に永遠にあり続けるような気がしてくる。その結果，その「気になる子」の前で，無力な自分を嘆くしかなくなる。それに対してすでに何「世代」もの子どもを保育しているベテラン保育者は，「あ，あの子は卒園したAちゃんみたいな子だからきっと年長になったら変わるわね」とか「あの子は以前いたBちゃんにそっくり。でもちょっとCちゃん的な所もある」などと，複数の子どもの成長の記録を今自分が保育している子どもたちに当てはめて語ることが多い。これは何も「この子はCちゃんタイプ」だと決めて固定的にその子の未来を予測するということではない。自分が日々その子と接する中で，その子の未来に期待を込めながら，自分が「楽しんだ」その子とのかかわりの歴史を振り返り，目の前の現象に足をすくわれないで子どもを診るということである。そしてそれはあくまでも仮説でしかないことを了解したうえで，日々の接触に応じて仮説を柔軟に変えていくことが望まれる。仮説をもてることは保育に対して安心をもたらすが，その仮説が裏切られることは，その子の発達の独自性を知る喜びとなる。

3. 子どもを看る

「みる」には「看る」（caring）という字を当てはめることもできる。実践者の実践に対する関与の様式は基本的に「看る」である。保育者や教師は子どもたちを，「観る」のでも，「診る」のでもなく，まず「看る」。それは，過去を評価することではなく，むしろ未来への予期を作り出すような関与である。

(1)「かかわること」としての看る

「看る」について考える時，優れた教師の授業実践に対するかかわりは大いに参考になる。石黒（2005）でも取り上げた齋藤喜博の「授業」（1963）を再び取り上げてみよう。齋藤はここでほかの教師の授業をみて，それについて自分の思いを表現しているが，その表現形態には特徴がある。「私にはどう見えたのか」，「私はどう感じたのか」，「私はどう思ったのか」，それらは常に一人称で語られている。これは授業を客観的に観察して記録しようというまなざしでも，それがよい授業かどうか管理者として評価しようというものでもない。さらに，厳しい授業批評をした後，「私ならこうする」とはっきりと述べる。つまり，参観する齋藤は傍観者でも，授業を機械的に評価する者でもなく，その場にいる子どもたちに対峙する実践者として身構え，いわば心の中で授業を進めるのである。「看る」ことはこのように，実践を次に進めようとして「かかわろう（caring）」という志向に支えられた心的な身構えから生じる振る舞いである。保育者は日々，子どもたちを「看て」いる。保育と看護に同じ nursing という英語が使われるのはその意味で自然なことである。

(2) 二つの「看方」

「看る」手続き，すなわち，「看方には二種類ある。それは「観る」の所で取り上げた二つの視座に対応するものである。一つは「個人にかかわろう」

という看方であり，他方は「関心をもつこどもの置かれた状況にかかわろう」という看方である。個体能力主義（石黒, 1998）を無自覚的に前提とする時には，個人が問題となり，個人を変えようというかかわり方をとることになる。だが，相互行為論的視座をとるならば，それは「その子の置かれた状況に働きかける」という看方に変わる。授業中に急に立ち歩き，黒板にチョークで字を書いたり，ほかの子どもの筆箱を取って騒ぎだす小学校2年生の子どもがいた。その子が暴れだすと特殊学級の先生が「出動」し，「保護」して特別室に連れて行った。その部屋に入ると，その子は特殊学級の先生の「あんなことしちゃだめだよ」という指導に「はい」とかわいらしく答え，先生とうれしそうにやりとりをしたり，部屋の掃除をしたりした。ここにも「保育者のジレンマ」と同じ状況がある。この子は悪さという集団内における自分の「格下げ行動」を一生懸命に行うことで，なんとか個別に対応してもらうという特別な扱いを僅かな「報酬」としてせしめていたのである。

　このような状況で，この子の家庭環境やそれまでの素行をどんなに詳細に取り上げてもそれだけではこの子に対する指導はよいものとはならないだろう。重要なことは，その子が日々の授業の中で「悪い子になっていく」そのやりとりをよく「観」て，自分たちが何を問題として捉え，何を解決したいのかを「診」，そのうえで学級をどのように作り直していくのか「看る」手だてを考えることだ。「気になる子」を別室に呼びだして指導を続けるといった子どもに対する個別的処遇，仮にこれを「カウンセラー的看方」とよぶとすれば，他方こそが「実践者的看方」とよぶべきものであろう。当該児を含む集団に対する処遇を「気にかけ」，日常生活の流れを断ち切らない。表面に滲みでた乱れを問題とするのではなく，その背後にある文脈に思いを馳せ，その子を取り囲む人々や環境に働きかけることが必要だ。

　カウンセラー的な看方が不要だと述べることがここでの主張ではない。風邪をひいた時に熱を下げたり，のどの痛みを和らげる薬が有効であるようにそれが求められる時は確かにある。だが，それが単に薬への依存を身体に教えるだけであればそれは問題であり，重要なのはそうした薬の使用と同時に

日常の「健康づくり」という，その人と環境とのよりよい関係の再構築なのである。

4．保育実践における「みる」

　三様式の「みる」は当然実践の中では切り離すことができない。相互に関係しているものである。保育実践においては，一人の保育者が「観ること」と「診ること」と「看ること」を瞬時に行わなくてはいけないことになる。したがって，うまくできないことがあるのは当然である。失敗は問題ではない。重要なのは失敗を振り返り，改善への糸口を見つけることである。自分の保育に疑問を感じた時，その疑問は自分の保育への，いわゆる日常用語での「反省」や「ぼやき」であってはならない。改善への糸口を拓くためには，自分の保育実践を「研究する」ことが必要である。その研究によって無自覚的に行われている日々の「みる」に注意を集中し，それを自覚化する。そして自分が今日の保育で何を「みた」のか，その省察を深めることが何より大事である。そうした研究には自分一人で立ち向かうには限界がある。他者と語り合ったり，自分の言葉を記録して他者の視点から自らの実践を捉え直すなど，何らかの媒介物（mediating tool）が必要となる。

（1）自らの実践を仲間と振り返る

　保育者が自分の実践を研究するうえで参考になるのは北海道浦河にあるべてるの家で行われている「当事者研究」（浦河べてるの家, 2002；浦河べてるの家, 2005；向谷地, 2006）である。べてるの家は「安心してサボれる職場づくり」，「自分でつけよう自分の病気」，「弱さを絆に」，「手を動かすより口を動かせ」など，初めて聞いた人にはわけのわからないキャッチフレーズを量産している統合失調症の人々が中心となって就労や自助プログラムを共同運営している組織である。今では多くの研究者に紹介され，マスコミの取材も多いので日本全国に知られるようになっている。ここのユニークな実践の一つ

に「当事者研究」というものがある。当事者研究とは統合失調症で悩み，苦しむ当人が自分の病気を観て，診て，看方を検討するという研究である。

　当事者研究にもいろいろなものがあるが，たとえば，30代の統合失調症の女性は「電話をかけろ」，「受診しろ」といった幻聴によって，強迫的に電話をかけたり，病院を頻繁に受診してしまうことに悩んでいたという（向谷地，2006）。そこで彼女は仲間と一緒に自分の幻聴に名前をつけ，さらにどんな時に強迫的な行動を強いる声が聞こえるのか，その状況を記録し，研究した。その結果，空腹時や金欠，暇な時，薬を飲み忘れた時，寂しい時にそれは起きるのではないかと「仮説」を立て，その検証を日常生活で行い，その仮説を実証した。その結果，こうした状況に対応する方法を考えることで自分をコントロールすることができるようになったという。

　この時，忘れてはならないのは自分の研究をする時にその研究に付き合ってくれる他者がいることだ。べてるの家の当事者研究の特徴はそれが仲間とともに行われることである。そこには自分の研究成果を聞いてくれる仲間がいて，自分と一緒に自分の問題を「みて」くれるのである。この時，三種の「みる」のすべてに他者がかかわり，自分の振る舞いを共同的に反省することができる場がそこにはあるのである。「三度の飯よりミーティング」というキャッチフレーズにあるように相互の「みる」実践はミーティングによって共有されていく。

（2）自らの実践の当事者として

　向谷地氏は「『当事者』であるということは，単に医学的な病気や障害を抱えたことのみをもっていうのではなく，自分自身の『統治者』になろうとするプロセスであるということもできます」（向谷地，2006, p.68）という。このことはセラピストとクライアントの関係についてドライアー（Dreire, 1994）が主張することにつながる。通常クライアントは常にセラピストに「病気」を「みて」もらい，病名の判断も，処置もすべてセラピストに任せる存在でしかない。だが，彼はそうした枠づけの中でクライアントがますま

す「クライアントとして作られていく」ことを問題視する。

　ドライアー（Dreire, 1994）の主張は批判心理学者（critical psychologist）のホルツカンプ（Holtzkamp, 1980 ; Holzkamp, 1991 ; Teo, 1998）の主体性（subjectivity）の議論を引き継いだものである。ホルツカンプは心理学の中で被験者（subject）とは「何もしらない素人であること」が理想とされる生体であり，実験者の実験場面という文脈の中で実験者の意図の枠組みの中で動く受動的存在と仮定される人であるという。たとえば，実験者の設定した課題の意味を十分飲み込めず，「ランプがついたらAかBのボタンを押して下さい」と言われた時に，「それって何のことですか」と反論したり，何も押さないという行為をとる人は「課題を理解できなかった被験者」，つまり「誤差」を生みだした人として，実験結果となる被験者のデータからは省かれるのである。その時，この人は実験者によってその存在を抹殺されることになる。

　保育現場でこのことを考えてみると，それはその園の保育実践に直接かかわっていない外の研究者が保育の場に調査にくる時の状況に近い。それは仮に，保育者が自分で調査をする場合であっても，実はその保育者が大学院生であったりして，保育実践の中で生まれた問題意識を「研究する」のではなく，ピアジェ課題のように，保育実践系に直接かかわりのない研究課題を保育の場に持ち込んで実験するのであれば，それは誰が調査の実施者になっているのかが違うだけで，実践系の外からなされた研究という意味で同じことだ。こうした時，保育実践を行う保育者や子どもは先の被験者の立場に置かれていることに特別な配慮が必要である。

　保育心理学では研究課題は保育実践の中に埋め込まれており，子ども，保育者，親など，その実践に参加するすべての人々の発達への期待の中から生まれる。この時，その実践へ参加する人はみな自らの保育実践の当事者である。保育心理学の方法論上の理論的探求課題とは，このような意味での当事者として，自分たちの保育を振り返ることができるような適切な媒介手段を開発することである。

第2章

保育心理学の問い

§1 保育心理学のまなざし

1. 保育心理学のまなざし

　人をかかわりの中で捉える。これが相互行為論的視座の要点である。生物一般において生には環境との絶えざる相互作用がある。子どもが成長の中で多くの他者と出会うことは、子どもが多様なかかわりの中に自らの身をさらすことである。保育心理学はそうした出会いを関係論的に捉えるために相互行為論的な視座をとる。

(1) 相互行為論的視座

　子どもが他者とのかかわりの中にいるのは当たり前ではないかと言われる人もいるだろう。だが、実は心理学は多くの場合、他者とのかかわりの中にいる人を他者とのかかわりから切り離して捉えようとする。たとえば、授業中に歩き回る子どもがいるとしよう。その子は、ほかの子どもの筆箱を取ったり、チョークで黒板に落書きをしたりして、教室にある物や人と大いに

「かかわる」。その子に対して，その子はもはやいつでも「問題児」であり，障害が「原因として」そのような行動が生じるとか，家庭環境が「原因として」そのようなことになっているとか，その子をその子が「かかわるもの」から切り離して捉えようとする視点を個体能力主義的な視座（石黒, 1998）とよぶ。これに対して，それらは直接，間接の行動の「リソース（資源）」かもしれないが，重要なのは，そうした問題となる振る舞いが生じる場の関係のあり方そのものだと捉えるのが「相互行為論的視座」である。第1章で示した保育者のジレンマのやりとりを思い起こしてほしい。

　私（石黒, 2001a）は実体的に物体間や生体間，さらには物体と生体に実際に存在する相互作用のことを「やりとり」とよび，それに対して一見表面的にはやりとりが知覚されないような場面に対しても，そこに「何かがかかわっている」という分析的なまなざしのことを相互行為的視点とよんでいる。相互行為分析とは，ある現象を「様々なかかわりの織物」（McDermott, 1980）と見なす視点である。そしてそのやりとりを構成するリソースやその絡み合い方，そして織りなされた全体の意味を明らかにしていく研究方法が相互行為分析である。相互行為分析とはこのよう意味で，ある実践を可能にするリソース（資源）の分析である。

（2）社会的実践としての知

　リソース分析はエスノメソドロジー（たとえば，Suchman, 1987 ; 西阪, 1997）に負うところが大きい。発達や学習研究において，こうした方法論を用いる背景には「知識や行為はそれが用いられる活動や状況から分離不可能な過程」（Browm, Collins, & Duguid, 1988）であり，「状況に埋め込まれていない知識や行為は存在しない」（Lave & Wenger, 1991）という状況論的認識論がある。そこでは「知ること」や「行うこと」は社会的実践に埋め込まれている。

　「知ること」や「行うこと」が社会的実践としてある時，人の位置づけもまた変わる。通常，心理学において人は知識や技能を貯め込み，それを実践の中で使う存在として考えられている。そこで想定されているのは，人が知

識のない状態から知識のある状態へと変化していくことである。同じ人の中で知識や技能は加算されたり，減算されたりするものとして捉えられる。だが，知識や技能の獲得はそれ自体の変化に留まらない。ある知識や技能を使うことはその使用者に新しい自分に気づかせることでもある。あるいは，その知識や技能の意味は，新しい環境との接触の中でその使用者にとって更新されていくともいえる。今まで自分が知っていたはずの知識や技能が違う側面をその人に見せるのである。

　次のような場面を想像してみてほしい。友だちの輪に入ることができない子どもがぼんやりと砂場の隅に立っている。すると親が「入れてって言ってごらん」とか，ほかの子が使っている遊具を「貸してって言ったら」とその子にアドバイスする。でも，その度にその子は何も言うことができず，親をがっかりさせる。ところが，ある時，その子が砂場で遊んでいると自分がちょっと脇に置いたシャベルを隣で遊んでいた子が奪うように取って使ってしまった。するとその子は，その奪った子を睨み，「貸してでしょ」と言い放ち，シャベルを奪い返す。

　その子はすでに遊びの輪に入る決まり文句やその使い方を獲得していたことがその発言からわかる。だが，このような時，その子は自分が獲得した知識や技能を使っただけではないことに注意が必要である。それをその子の親がみていたならば，その親はそこに子どもの「成長」を感じ，喜ぶだろう。その発言はその子が単に知識を使えたことを示すだけでなく，それ以上のものを伝える。親はおそらく，そこにこの子の人格的な変化をみることになる。わが子が「大きくなった」と感じるとはそのようなことだ。そして，きっとその子自身も自分の行いに何か特別なものを感じることだろう。このように知識や技能を習得するということはその子の人格全体の変化と結びついているはずだ。そしてそれはその子が他者との関係を考え，その子を含む実践を変えることである。

(3) 実践において学び直される知 (unlearned knowledge)[1]

　人は毎日あまりにも多くの知識や技能を使用しているために，その特質について気づきにくくなっているのかもしれない。竹内（石黒・竹内, 2007）はカナダにある現地日本語学校において日系カナダ人高校生たちと一緒に第二次世界大戦当時，カナダに住んでいた日系カナダ人がどのような境遇であったのかが書かれている小説「おばさん（Obasan）」を読んだ。竹内はその小説の中に出てきた言葉として，高校生に「強制収容所を知っているか」と質問をした。すると一人の高校生が「concentration camp」と答えたという。このことからこの高校生は，すでに「concentration camp」という英語も「強制収容所」という日本語も知っており，両者が辞書的な意味で等価であるということも知っていたことがわかる。だが，このようなやりとりの中にも既有知識の確認以上のことがあることをみてみたい。

　concentration campとは英語圏では，通常ナチスによって設定されたユダヤ人強制収容所を指すものとして使われている言葉だ。したがって，捕虜収容所をconcentration campとよぶことは，それは「自分とは何の関係のない遠いドイツ」の出来事であるということを言っていると聞くことができる。つまり，その発言は，発言者をその小説の中に出てくる「強制収容所」とはなんの関係のない存在として位置づけたものと考えることができる。

　別な視点から，もう少し慎重にその声に耳を傾けたなら，その声は「自分とは関係のない他人事として扱いたい」という願望を示すメッセージとして聞くこともできよう。つまり，「自分とは関係ない」と思っていたことを暗に示したのではなく，むしろ「自分とは関係のないものとしたい」と宣言していたようにも聞けるということだ。もしそうであるとすれば，その高校生は「おばさん」の中にある「日系カナダ人」の悲惨な抑留生活を読んだことで，すでに自分が一般的なコトバとして知っていた「強制収容所」という言葉を，「おばさん」が設定した小説世界の文脈において「知り直し」(unlearn)ていたと考えることはできないだろうか。自分も日系人である。したがって，その話は自分の家族の，そして自分自身の「悲しい話」である。「カナダ人」

として生きる自分には「カナダ人である自分たち」を同じカナダ人が迫害することなどあってはならないはずである。それは「自分と同じカナダ人」が同じ集団に属しているカナダ人を日系人だからといって「カナダ人としての正統性」を否定することなのである。だからこそ，その時，その高校生は自分の居場所を作りだすために，そしてまた自分や自分の家族と小説で描かれたカナダに実在した「強制収容所」のつながりをあえて切るためにその子はそのような発言をしたと考えることができよう。つまり，「強制収容所」を時間的にも空間的にも彼が生きる「今ここ」から遠い世界の話にするための発言であったと聞くこともできる。彼自身が予めそのようなつもりで発言したのではなかったとしても，不用意に発した自分の「concentration camp」という発言を自ら聞いた時，彼自身がその言葉に上記のような差異を見いだし，自分がその言葉を使ったわけに気づいただろう可能性は十分あったのではないだろうか。自分は「日本人」なのか？「カナダ人」なのか？「日系人って何？」等々，多くの問いがわきでたのではないだろうか。もしもそうであるならば，それは「強制収容所」と「concentration camp」という自分にとってすでに知っているコトバとコトバがその場においてショートし，自分の社会歴史的な位置を考えさせる機会となったはずだ。

　ここでこのような発言の読み取りを行うことで述べたかったことは，ある知識や技能を日常実践の中で使うことは既有知識を単に適用することに留まるものではないことを例示したかったからである。知識獲得とは実はどのような場でそれが起こるのであれ，それはその知識が使われる実践の中で新たにその知識を学び直すこと（unlearn）ではないだろうか。知識を他者の前で使ってみるということは，その知識を通して自分の知識を作り直すことであり，それを通してさらに自分の他者に対する位置を組み替えることではないだろうか。そうした学び直しの連続的な生起の節目として人格発達が可視化されるということだろう。人は毎日生活する中で常に多くのことを学んでいく。何かしらの社会的実践に参加するということは，継続的に学び続けることを要求する。学校的学習でさえ連続的な学び直し（unlearn）でしかありえ

ないだろう。

(4) 実践の中で「何者かになる」

社会的実践への参加を通して人は継続的に学び，学び直し，そして何者かになっていく。「バーテンダーになる」(Beach, 1993)，「ウエイトレスになる」(Stevens, 1993)，「わざを習得する」(生田, 1987)，その過程はどれも人格変容の軌跡として描くことができる。この点に関して，レイヴとウェンガー (Lave & Wenger, 1991) は次のように説明する。

> 社会的実践の一側面として，学習は全人格を巻き込む。つまり，それは特定の活動だけでなく，社会的共同体への関係づけを意味している―すなわち，十全的参加者になること，成員になること，なにがしかの一人前になることを意味している。……活動，作業，機能，さらには理解は孤立して存在しているわけではない。むしろそれらはより広い諸関係の体系（その中でそれらが意味づけられているのだが）の部分なのである。これら諸関係の体系は，社会的実践共同体から生まれ，その中で再生産され発展させられるのだが，それらの一部は人間同士の関係の体系である。人間はこれらの関係によって定義づけられると同時に，これらの関係を定義づける。かくして学習は，これらの関係の体系によって可能になるものに関しては別の人格になる，ということを意味している。………私たちはアイデンティティというものを，人間と，実践共同体における場所およびそれへの参加との，長期にわたる生きた関係だと考える。かくして，アイデンティティ，知るということ，および社会成員性は，お互いに他を規定するものになる。
>
> （Lave & Wenger, 1991, 邦訳 p.29-30, ……部：引用者省略）

(5) 保育の中での学び

保育心理学はこうした学習観をとる。保育の中では教科学習は主たる対象

とはならないが，その基礎になるともいえる社会生活を営むうえでの知識や技能，日常生活的知識の学習が行われている。それぞれの社会的実践の場としての保育実践の中で子どもたちが生きる時，おのおのの子はその実践に埋め込まれながら「何者か」になっていく。当たり前だが，生物は時間経過に対して「同じ」であり続けることはできない。「あの子はいつになっても変わらない」と言われることがある。だが，これは「変わらない」のではなく，「変わらないように」見えているのである。鉄が酸化しないためには，塗装をしたりして，「同じ」であることを維持するための加工が必要である。同様に，ある子どもが「変わっていない」とすれば，その子が変わらない努力をその子を含む「誰か」が，あるいは「何か」がしているのである。

　保育者のジレンマの中の真之介は保育者やほかの子どもたちからいつもあのような振る舞いをする「困った子」であり続けた。だがそれは，その子の，保育環境の中で，彼が生き抜くための相互行為上の努力の結果であり，そうした学習の所産として「困った子」になっていったのである。それを個体能力主義的にみるのではなく，相互行為論的視座から捉え直し，再びそれに関係する人々がその「問題」を学び直す（unlearn）ことができたならばその子はまた違う子になっていくだろう。それによって，もはやどうしようもないと思われた問題（problem）でさえ，探求すべき研究課題としての問い（issue）に置き換わり，保育者に再考の機会を与えるものとなる。きっと，その再考の過程を通して，その保育者もまた別な人格になっていくはずである。

2．保育心理学の対象

　子どもを研究する心理学は，通常その生物としての個体発生上の時期によって区切られ，乳児心理学，幼児心理学，児童心理学などとよばれる。大まかには「子どもについての」あるいは「子どもに関する」心理学である。心理学的な方法論によって子どもを研究するのがいわばこうした「子どもの」

心理学である。通常科学的研究はその対象と方法論によって区別される。乳幼児心理学はその点では，乳幼児を対象とした心理学的研究と規定することができる。これに対して，保育心理学は「保育実践」全体を研究対象とする。ここで保育実践と述べているのは，保育者の保育現場における実践に限定されない。家庭や保育現場など多様な形態の保育に関する実践的な営みのすべてを広義の保育実践として捉え，その実践にかかわって成長していく人々である子どもたち，保護者，保育者等関係する人々の育ち，そのすべてが研究対象となる。

(1) 保育者の成長

　保育心理学の主要な焦点は保育実践の中に生きる人たちに向けられる。保育の対象となる子どもはもちろんだが，保育者の成長もまたその重要な研究対象となる。ここでの保育実践とは保育所や幼稚園などの就学前施設の実践に限定されない。家庭や児童養護施設，さらに学童保育も含む。要は保育的やりとりが行われる場であればその行政的な区分は問わない。

　子どもの育ちと保育者の育ちは切り離すことができない。倉橋（1976，序p.1）は「自ら育つものを育てようとする心。それが育ての心である」といい，「育ての心は相手を育てるばかりではない。それによって自分も育てられてゆくのである」という。こうした保育にかかわる人々が体験する，実践を通しての自らの育ちはどのような保育実践にもつきものであろう。私たちが幼稚園との共同研究として行っている放課後の遊びのワークショップである「プレイショップ」（石黒・内田・長谷川・池上・東・松本，2004）には多くの大学生や大学院生がボランティアとして参加している。毎週10名から20名の子どもたちと学生が出会い，その中で子どもたちに文字通り「育てられた」学生は少なくない。

　保育心理学にとって，保育者の「観て，診て，看る力」が育つということは，先に述べたように知識や技能の量的加算だけでなく，保育者自身の人格的育ちをも意味する。したがって，その実践者の保育のあり方には保育者と

してのその人が見えてくるものとなる。

　保育士は保育所の中だけでなく，保育所を取り囲む保育行政の中に生きている。したがって，保育実践には保育行政が大きな影響を与え，その中に生きる保育者の子どもに対する保育のあり方もそれぞれの園を取り囲む保育環境の影響を受けざるをえない。保育者はそのような意味で社会的実践の網の目の中で自らの実践を切り盛りしている。したがって，保育者の実践は単に保育者個人の意思に基づいたプランの実行と捉えることは適切ではない。それは保育者自身も気づかない多くの関連資源の絡み合いの中で行われているのである。

(2) 保育環境と子どもの育ち

　子どもの保育所での振る舞いには子どもの置かれた保育状況が重要な影響を与えている。たとえば，日本では待機児童の減少を目指し，収容児数規準が緩和されてきた。それによって，それ以前と以後では2割ほども収容定員が増えることにもなった。以前でもそれほど広いとは思えなかった部屋にさらに多くの子どもが収容されることになったのである。このことは，子ども一人ひとりの専有空間の減少をもたらすことになった。この環境変化に伴って，子どものひっかきについてのクレームが保護者から増えたと保育士から聞くことが多くなったような気がする。これはよくいわれるように「最近の」子どもが変わったからだろうか。むしろ，私は保育における物理的空間の劣悪さが大きな要因になっているのではないかと思う。こうした環境変化はかみつきやひっかきといった子ども同士のトラブルの発生とどんな関係をもつのか，保育空間の変化と子どもの行動のあり方について適切な研究がなされる必要がある。

　保護者の労働環境の変化に伴い，保育時間の延長が進められている。法律的にどのようになっているのか詳しく知らないが，中には24時間保育を銘打った場所もあると聞く。保育時間延長に対応するために，多くの園では通常の正規職員だけでは対応できなくなり，パートタイムで多様な形態の非常

勤職員を雇用している。そのため，一人の子どもが朝から夜まで預けられた場合，その子どもを担当する保育者が時間帯で変わっていくこともまれではなくなった。そうしたことは子どもにとってどんな意味をもつのだろうか。それによって心理的な不安が高まる子どもがいるかもしれないが，他方で多様な大人と触れ合うことによってかかわりの幅を拡げる子どももいることだろう。その影響は子どもの年齢や家庭環境，担任保育者のかかわり方の特質，また定時保育外の時間を担当する保育担当者の数や保育観によっても違うだろう。

　日本の幼稚園や保育所には男性保育士が少ない。一般に日本ではどこの地域でも就学前施設，小学校，中学校，高校と，子どもの年齢が上がるにつれて男性の割合が高くなる。逆にみれば，幼稚園や保育所の職員は必然的に女性が多数を占める職場となる。こうした女性が保育者の多数を占める施設に子どもたちが通う場合，男性の成人と触れ合う時間は圧倒的に少なくなる。唯一の男性が所長や園長であったりする。子どもの家庭において父親が留守がちであったり，母子家庭であるような場合，子どもは一方の性の成人としか付き合わないこともまれではないだろう。こうした事態は子どもの育ちにとってどのような影響を与えるのであろうか。このことも保育心理学は重要な研究テーマとしなくてはならない。

　「一人親であることが子どもの育ちに悪い影響を与える」といった社会通念が日本にはあるようだ。だが，それはあまりに短絡的な発想である。一人親であるという状態自体が問題ではない。それは社会的資源のあり方を示しているにすぎない。問題は，それを補完する環境がないために，そうした子どもに対する社会的資源が貧弱になることである。たとえば，一人親であることは親の就労状況に大きな影響を与える。とくに母親が働かざるをえない場合，その家庭の経済的な基盤は脆弱であるのが普通である。そのため，親は一日の多くの時間を仕事に向けざるをえず，子どもと触れ合う時間が少なくなることこそが問題なのである。子どもと一緒にいる時間を増やす社会政策的な支援がなされればそれは問題とはならない可能性がある。国家レベル

の経済的な支援によって、保護者がどのような状態であれ、子どもが通常必要とされる水準の社会生活に参加できる状態が確保されることが求められる。

白波瀬（2007）によれば日本の母子家庭の就労率は欧米に比べて高いが、母子家庭において母親が働くことは必ずしも貧困を回避することにはならず、その母親はいわゆるワーキングプア（working poor）の状態にあるという。そうした状況下では、当然母親の子どもと接触する量と質は限定される。このような状態にある親の抱えるストレスや問題の特質を丹念に探ることも保育実践という土壌開発のためには必要だ。本田（2007）がいうように現在の日本は「新自由主義の中ですべてを個人に帰属させようとするがそのソーシャルネットを家庭にしようとしている」ということであろう。こうした社会行政のあり方は個体能力主義的な子ども観を強化する環境を作りだす。それによって多くの保護者や保育者さえもが、「家庭環境の劣悪さによって、人格に歪みをもつ問題児が増えている」といった誤った物語を信じるようになり、その信念を再生産する動きに無自覚的に加担することになるのである。

「手がかかる子」、「気になる子」、「問題のある子」という名のもとにすべてを子どもとそれを「生み出す」家庭に帰属させてきた「問題児を枠づける認識論」を変更する時、何がみえてくるだろう。これまでこうした問題は心理学とは直接関係のない社会政策的な課題として扱われることが多かったのではないだろうか。しかし、人が生きる場をそれらが規定しているかぎり、その子どもが育つ保育実践の土壌を無視してそこに生きる子どもや保育者を理解することはできない。「先ずは土作りから」というのは農業の基本である。人についても同じことが問われるべきだ。保育心理学は当然こうした点も検討課題とする。

（3）保育と教育

教育という言葉が指し示すものが学校教育、さらにはそこで行われる授業

実践に限定されないように、保育も他者に対する思想的構えとして捉えられる必要がある。では、保育とはいったいどのような思想なのであろう。保育の語源を手元にある漢和辞典で引いたところ「小さい子どもをまもり育てること」（清水漢和辞典, p.54）とあった。しかし、「子ども」が大人と異なる特別な存在として捉えられるようになったのはそんなに昔のことではない（アリエス, 1960）し、何をもって大人と子どもの境目とするのかは議論のあるところである。したがって、その説明では年齢によって区分される実体としての子どもを「まもり育てる」という程度のことしかわからない。

　私は保育実践は特別に組織されたかかわり方であり、それは保育という思想に支えられていると考える。その点では、教育も似ている。教育実践も特別に組織されたかかわり方を示し、その背後に教育という思想をもっている。では、保育と教育はどのような関係にあるのだろうか。保育は教育と切り離せないが、両者は単純な相互依存関係にあるのではなく、特別な緊張感をもつ関係にある。

　精神療法家の神田橋（1990）はセラピストのクライアントに対する関係を「抱えと揺さぶり」と表現したが、概して言うならば、保育はその「抱え」に、教育は「揺さぶり」に対応するのではないだろうか。クライアントがセラピストに何事かを話しにくる。だが、当事者である自分がそもそも何を訴えたいのかがわからないことが通常一番の問題である。したがって、あれやこれやといったいその人の問題とどんな関係があるのかわからないことをクライアントは繰り返し話し続けることになる。その時、セラピストはクライアントの言葉に傾聴しながら、「ふむふむ」と聞き続ける。いわば主訴不明な語りをただ受けとめるのである。これが「抱え」という状態だ。クライアントは迷路を歩くかのような自らの語りをすべてセラピストに抱えてもらう。これに対して、「揺さぶり」はセラピストがクライアントの紆余曲折する語りから、ある線を見つけ、「あなたはこういうことが言いたかったのですか………」とその語りをある視点から言語的に整理する形で戻すような働きかけである。それまで主訴が見えなかったクライアントにセラピストは主

訴と思えるものを仮説的に返し，クライアントはその言葉を媒介にして自らを捉え直すことを余儀なくされる。ここでクライアントは新しい視点から自分を見つめ直すことを必然的に強要されることになり，大いに揺さぶられる。

　保育が「抱え」で，「揺さぶり」が教育であるというのは，直接上記のセラピストとクライアントの抱えと揺さぶりに完全に対応するものではない。共通点は，現状を受けとめるか，現状を否定するのかということだ。揺さぶりをかけるセラピストは，結果的にいえば「自分の主訴が見えない状態」のクライアントを否定し，次の悩みに向かうことを強いることになる。「何が問題なのかわからない」ことに悩む状態から「ある特定の方向に向けられた問題に向き合う」状態へと態度変更を求める。通常その新たに向き合わざるをえなくなった問題は出会ったその瞬間には絶対に自分に解決できないように思える難問である。

　抱えと揺さぶりは当事者にとっては現状肯定と現状否定として捉えられるものであろう。何かを「教える」ことは今のままの状態を否定して次に向かうことを強いることであり，その相手には学習が必要となる。だが，その「苦しい」学習の場に自らを参入させる力はそれまでどれぐらい自分が他者に「抱えられ」てきたかに関係しているのではないだろうか。

　教育は知識や技能を身につけることによって今現在の状態からの更新を願う所に成り立つ。現状否定をもってその役割となす。これに対して保育は先の倉橋の言葉にもあるように「自ら育つものを育てようとする」。その子の育ちに寄り添うことが保育である。子どもたちが家庭や就学前施設や学童保育の中でそれぞれ「自ら育つ」ことを前提にそれを見守り，その条件が欠けた時には補修をし，そして，とにかくもその子の「あるがまま」の成長を支援する。これは植物の育ちを見守ることに似ているかもしれない。土壌を豊かにし，水をやり，害虫を駆除するようなものだ。

　就学前の子どもには将来の「揺さぶり」に耐える地力をつけることが期待されているような気がする。その地力が十分育たないうちに，「揺さぶり」

の世界に入ることは子どもの発達にとってよいはずがない。しかし，現在ではそうした状態で自らを「揺さぶる社会」に入らざるをえない子どもたちが何と多いことか。その子たちが何かしらの社会的な問題を起こした時，その責任はその子たちだけにあるなどということを安易に言うことはできない。そうした子どもたちを「抱え」，育てることができるような社会的資源を私たちが整備してこなかったことを反省しなければならないだろう。この反省のための科学的な営みが保育心理学の構想へとつながるのである。

(4) 保育という思想

児童自立援助ホームという場所がある。そうした施設を訪問する機会があった。そこは三階建ての建物で，ホーム長と指導員，ボランティアが数名おり，5名ほどの子どもたちが生活していた。子どもたちは15歳から18歳ぐらいで，だいたい20歳ぐらいまでいることができるとのことであった。児童自立援助ホームは少年院，児童養護施設を出た後に社会に出るまでの停留点として考えられている施設であるが，施設に入る前の生活の過程で何らかの「被害を受けてきた」子どもたちがケアされていることが多いという。そこのホーム長は会社を退職した後にこうした事業にかかわるようになったそうだ。家は施設とは別にあるが，月のうちの多くをこの施設で過ごすという。子どもたちにはそれぞれ個別の部屋があるが，みなが集まれる共用空間もある。日中は学校や仕事に行き，夜戻ってくるといった生活である。訪問当時，こうした施設は全国に42ヶ所あるとのことであった。

ホームは子どもたちにとっては「居場所」であり，文字通り「家庭」としての機能をもっている。ホーム長は「パパさん」と子どもたちによばれているという。このようにみていくと家庭環境に恵まれなかった子どもたちに対して「家庭」が重要であることがわかる。だが，施設の方々と話をしていて感じたのは，実際に「家族」がいるかどうか，「家庭」があるかどうかということよりも，その子に対して「家族的な関係をもつ人々と場」があるかどうかがより重要であるということだ。その場の特徴を一言で述べれば，それ

は「何があっても関係が絶たれない」という人や場に対する信頼があるという点である。

　虐待は，通常「これをしなければ殴る」，「これをしたら殴る」と，被害者の行動に対する加害者の恣意的な解釈と応答によって特徴づけられる。虐待された側は多くの場合，指示に従うべきかどうかさえよくわからないような，曖昧で時には二律背反するようなダブルバインドの「命令」を受ける。そのため，自分がどのような行為を行うべきか確証をもてない状態で日々生活することになり，結局の所，繰り返し人格を否定されたという思いをもつことになってしまう。ホーム長は子どもたちに，朝ホームを出て学校や就労のために「外」に出たらたくさん「失敗をしてこい」と言うという。そして「何もなくなったらここに戻ればいい」と言うそうだ。外で何かがうまくいかなくても最後に戻れる所がある。何があっても関係が絶たれない人や場があるという信頼感，その感覚を子どもたちはこのホームで育てているのだろう。「外」の社会で体験する多くの裏切りや困難，挫折，「でも，その最後に一本紐がつながっている」という感覚がここで子どもたちが学んでいることなのではないだろうか。したがって，このような施設は，ホームに入る以前に家庭で「抱えられる」経験の少なかった子どもたちに対する「育て直し」の場であり，虐待を受け，苦しんできた子どもや反社会的行動をとることで自分と社会との接点を作るしかなかった子どもにとっては，自分と社会との関係のあり方を結び直す場となっているのだろう。

　思想としての保育を考えた時，このような自分と他者，さらには社会が確かにつながっているという感覚，人や社会システムに対する信頼感を育成することが保育にとって最も重要な課題となるだろう。第1章で示した保育者のジレンマを相互に作りだしていた子どももその保育者も残念ながらお互いに対してまだ確かな信頼感を築いていなかったようだ。このような視点から実践を捉えると，家庭，就学前保育，就学前教育，学校教育，学童保育，児童養護，障害児の療育，障害者作業所における作業等々，それらの表面的な実践の差異を越えて，共通の保育実践の課題が浮かび上がってくる。その課

題を探求し，明確にすることも保育心理学にとっては欠かすことができない仕事となる。

(5) 現代社会における保育力

現代は学校化された社会といわれる（Illich, 1971）が，学校化された監視社会というのは実は「保育力」がきわめて脆弱になっている社会ではないだろうか。このことは「抱え」と「揺さぶり」の議論にかかわる。保育所での子どもたちに対する大人の保護の厚さを思い起こすと，監視社会は「社会を保育所のように監視し，細かく手をかける過保護社会」のようにも思えるだろう。しかし，保育は「監視」や「干渉」によって特徴づけられる実践ではない。それらは，時に表面的に現れる特徴にすぎない。子どもの育ちを支援するためには，保育者は子どもの行いを「わざと見逃したり」，「放っておいたり」することの方が多いのではないか。見ているけど見ていないふりをすることはよくあることである。「みる」について行った第1章の議論をもう一度思い起こしてほしい。

保育現場で子どもたちの事故が問題となり，かつては日常的に当たり前のこととして行われていた園外散歩も今ではその回数は激減した。複数の保育者がつき，安全確保がなされないかぎり，散歩に行けないので子どもたちは狭い園内で一日を過ごすことが多くなったと多くの保育者が嘆く。O157による食中毒が増えると子どもたちが保育者と一緒に調理する機会はめっきり減ってしまったとも聞く。今では，「子どもの安全を守る」という保護意識が子どもたちに自然や実際の社会との接触の機会を減少させ，不自然な形での接触をもたらすことも多い。子どもは守られる存在として，常に監視される存在となってしまったようだ。かつては放っておかれるか，大人の手伝いをさせられる「小さな大人」でしかなかった者が，今や守られるべき「子ども」という地位に上り詰めたというのだろうか。

監視社会は，監視する人の視線の中に子どもたちを常に位置づけようとする社会である。監視は子どもの安全のために行われる。だが，その「安全」

は子どもの側から見たものではなく，大人の立場から想定されている「安全」である。これは言うまでもなく，子どもと一緒に通学路を歩いて危ない場所を判断させたというような表面的な子どもの参加について述べているのではない。いつまでも監視され，守られ続けるというかかわりをとられ続ける時，子どもたちはどのようにして「安全感覚」を学ぶのだろうか。その子どもたちが大人になるとき，今度は監視の門番の役割をとるということが大人になるということだろうか。学校や保育施設の門は以前は子どもたちが外に出ないために設置されていたのに，今では外から「変な人」が入ってこないためにあるといわれる。このように「安全」を確保するための「保護」は常に予め境界を設定し，安全な場所とそうでない場所，安全な人と安全でない人を分ける。その判断は当事者ではなく，それを監視する大人がし，子どもたちはその判断力をつける機会を奪われる。皮肉なことに，そのことが過剰に不安感を育てることになったり，逆に「門の外」に出た時，簡単に「危険な」世界に入ってしまう子どもを育てるということはないだろうか。子どもの安全感覚とはかかわりなく，大人の責任論として子どもの安全が議論される事態は子どもの発達にとってどんな影響を与えているのだろうか。

　子どもたちが「監視」され，「保護」されなければならないという社会は，大人の社会がお互いの成長を相互に支援できないような状況になっていることと連動している気がする。そのような状況では他者はいつでも自分にとって脅威でしかない。そうであるならば，自分と他者の間にはしっかりと線を引いて，「防衛」できる準備が必要となる。安全確保もそうした「防衛」戦略の一つにすぎない。こうしたいわば「相互脅威社会」は保育が必要としている信頼に軸を置いた相互支援環境とは明らかに異なる。それは「抱え」を可能にしない社会である。

　保育力の低下したいわば「相互脅威社会」は，人々の他者に対する社会的期待や信頼のもち方に大きな影響を与えるだろう。安全は信頼がもてない時に叫ばれ，両者はトレードオフの関係にある（山岸, 1999）。他者に対する信頼がもてないから，相手が裏切っても大丈夫なように安全弁を設定しようと

いうのである。信頼型の社会と安全型の社会では大人である親や保育士の子どもに対する振る舞いにも大きな違いが生まれる。それによって人々の子どもに寄せる発達期待も異なってくる。こうした大人が自分たちに向ける期待や信念といったものは、子どもにとっても語りややりとりとして可視化され、具体的に体験されることだろう。保育心理学研究は、こうした社会の保育力の変化についても重大な関心を寄せるべきだ。もちろんそれはむやみに現代を過去と比して嘆くことではない。むしろ、遠回りに思えるかもしれないが、保育力そのものの定義を確認する作業からはじめることが求められよう。

§2　発達支援と保育

1．支援的な出会いの場

　保育実践には価値が含まれる。親としての保育者、職業的保育者としての保育士、どちらも子どもとかかわる時、それぞれの価値をもってことに当たる。その価値は大人の期待として子どもに対する具体的なかかわり方に現れ、時には子ども自身の価値や期待と対立する。重要なのはこうした価値や期待が大人と子どもの間の具体的なやりとりの中でさりげなく表出されることだ。それは多くの場合、保育の当事者には無自覚的に遂行される。子どもの発達をその「無自覚的に成し遂げられる」保育実践の中に捉えようとする時、その実践をつかむ最小の単位が相互行為となる。通常、大人は子どもに対して価値観を含んだ様々な社会資源との出会い方を無自覚的にデザインする。そのデザインされた環境の中で子どもは育つ。日々、何度となく繰り返される相互的なかかわりの連鎖が人が生きる環境を構成し、他者との出会いの場を作りだす。無自覚的な「教え」や「学び」もそうした相互行為の中に

埋め込まれている。たとえ生まれたばかりの子どもであっても，その発達を促進させるような多数の構造が内包された能動的で，支援的な群棲環境に包囲されている（Reed, 1996）。

発達を産みだす場として常に言及されるのが最近接発達領域（Vygotskii, 1934/2001）である。最近接発達領域はヴィゴツキーの本の中では何度か言及されているが，どれも定義というには曖昧なもので，たとえば，「この知能年齢，あるいは自主的に回答する問題によって決定される現下の発達水準と，子どもが非自主的に共同のなかで問題を解く場合に到達する水準とのあいだの相違が，子どもの発達の最近接領域を決定する」（Vygotskii, 1934/2001, 邦訳p.298）」などと表現されているにすぎない。

それは通常，ある人の現状とその人がちょっと頑張れば手が届く状態との距離として説明される。その時の「ちょっと頑張れば手が届く地点」とは教えることができる地点のことである。赤ちゃんに微積分を教えてもそれを理解し，問題を解けるとは考えられない。その場合には，その知識は手の届く所にはないといえる。ヴィゴツキーによれば，手が届く所は模倣可能かどうかで確認できるという。つまり，他者に教えられたことを，まねして，いわば「自らに教えられる」ならば，それは模倣可能であるということになる。教える他者を自らの中に受け入れるという意味で，それは内化（internalization）（石黒, 2001b）と表現することもできる。自分に教える他者が自らの中に共在するのである。最近接発達領域を子どもの発達を生みだす媒地（medium）と考えるならば，子どもは模倣可能な他者の行いと出会うことが望ましい。保育実践ではそうした出会いのデザインが意図的になされる。

2. 発達支援システムとしての共同性

子どもの発達を考える時，発達心理学には多くの解かなければならない難問があるが，その中の一つに能力の発現に関するものがある。人があることを身につけるにはどうしたらいいのだろう。通常誰でも思いつくのは，その

あることの「練習」をすることだ。だが，そのあることをできない状態であるのだから，その行いはその「あることをやっているつもり」の練習にはなるかもしれないが，実際にその「あることそれ自体」の練習にはならないはずだ。ならば，いつまでたっても原理的に，その「あること」そのものの練習は可能にならず，せいぜい「あることのまねごと」の練習しかできないことになる。理屈っぽいが原理的にはそうなるだろう。要するに，まだできないことを練習することはできないはずだから，その練習もできないということだ。

ところが，何と人はいつの間にかその「あること」を身につけるのである。不思議なことではないか。練習できないことがどうして学習できるのだろうか。たとえ説明できなくても，日常感覚からすれば，何かやっているうちに，いろいろな能力がいつの間にか身につくような気がするのではないだろうか。こうした日常感覚に基づいて，人はちゃんとした練習をしなくても，いつの間にか様々な知識を使えるようになるのだから，それを可能にしているのは，そもそも生体に備わっている生得的な能力によるのだと考えたくなるのもわかる気がする。

かつてゲゼル（Gesell, 1940）が一卵性双生児の一方に対しては階段登りの訓練をし，他方にはそのような特別なことはさせないという比較条件で，練習の効果を調べたことがあった。しばらくたってから，2人の子どもの階段登り技能を比較するととくにそこに大きな差はなかったということで，遺伝的要因の重要性が叫ばれた。この研究は遺伝と環境という発達の古典的要因論を語るうえで，とても有名なものである。このような主張がなされる理論的な枠組みが構成されやすかったのも，先の「あること」についての練習をすることが本当はできないにもかかわらず，その「あること」ができるようになってしまうという事実をうまく説明できなかったからだろう。

「あること」が何なのかわからないのに，その「あること」を学ぶことができるという事実，発達と学習の心理学において，このことは，「能力に先立つ遂行（performance before competence）」（Bruner, 1983）として主題化され

ている。その主張は，私たちは何かの能力があるからその能力によって可能になると考えられる「あること」が遂行可能なのではなく，むしろ，先にその「あること」が遂行されることで，その「あること」を遂行可能にする能力が身につくと考える。おそらく多くの人はそのようなことを聞いたならば，「あること」をする能力があるからその能力がその「あること」の遂行を可能にするのだと考えるだろう。能力があるから「できる」のであって，「できる」が先にあって，その「できる」を実現可能にする能力が後から獲得されるなどとはあまり考えないだろう。

　だが，この「能力に先立つ遂行」は事実として生じている。もしも，それが事実ではないならば，私たちはあらゆる行為を遂行する完全な能力を初めからもたないかぎり，何もできないことになってしまう。しかし，乳児でさえ，多くの「あること」を成し遂げることで成長していくのである。ならば，問うべきは，「能力に先立つ遂行」という事実を争うことではなく，それがどのようにして成し遂げられるのかという獲得過程の謎を解くことである。実は先に述べた「最近接発達領域」という概念がヴィゴツキーの著作の中でのその不確かさにもかかわらず，発達と学習研究において今も重要な位置にあるのは，その遂行を説明する糸口を提供しているからである。

　ワーチら（Wertsch, NcNamee, McLane, & Budwig, 1980；石黒，出版準備中）の調査事例を通して，この過程を確認しよう。彼らは母子によるトラックの絵が描かれたパズル課題の遂行過程を調査した。そこでは，複数の就学前の子どもとその母親のペアに数ピースからなる組み合わせ課題を行わせ，年齢の異なる母子ペアのやりとりの差異が検討された。詳細は石黒（出版準備中）に書かれているのでそちらを見てほしい。ここではポイントのみを示す。まず，2歳半の女児とその母親の間でなされたパズルを完成する過程のやりとりのトランスクリプト（次頁）をみてみよう（トランスクリプト番号は石黒（出版準備中）に従う）。子どもが隣に置かれた同じ絵が描かれた完成されたパズルを参照しながら，バラバラになったパズルピースを組み立てていく。母親はそれに対して直接パズルを完成させることはないが，適宜アドバイス

を送るという役割をとっている。なお，トラックには車輪や窓，積荷部分がある。他のペアも同じ条件で実験が行われている。

(15) 子ども：おー（モデルパズルを見て，それからピースの山を見る）おー　じゃあ　これはどこだろう？（黒い積荷の四角いピースを拾い，コピーパズルを見て，それからピースの山を見る）

(16) 母親：こっちのではそれはどこかな？（子どもは黒い積荷の四角いピースをピースの山に置き，ピースの山を見る）

(17) 母親：もう一つのトラックを見て　そしたらわかるよ（子どもはモデルパズルを見る。それからピースの山をちょっと見て，モデルパズルを見る。そして，ピースの山を見る）

(………引用者　トランスクリプト一部省略)

(22) 子ども：黒いやつは…（ピースの山を見る）

(23) 母親：それであなたは黒いやつをこちらのパズルのどこに置きたいの？（子どもは黒い積荷の四角いピースをピースの山から拾い上げ，コピーパズルを見る）

(24) 子ども：よし　それをどこに置くかって？　このあたりかな？（黒い積荷の四角のピースを正しくコピーパズルに入れ込む）

(25) 母親：いいんじゃない

(石黒, 出版準備中より)

　この事例で確認したいことは，パズルを完成させるという課題に対して，子どもとその母親が対話する中で，それぞれどのような機能を果たしているのかという点である。(15)で子どもはトラックの積荷にあたる四角いピースを拾った後，モデルとなる絵の描かれたパズルを見て，「これはどこだろう？」と問う。すると，母親は(16)で「こっちのではそれはどこかな？」とヒントを出している。また，(24)で子どもが黒い積荷のピースを正しくコピーとなるパズル板に入れると，母親は(25)で「いいんじゃない」という。これは子どもの行動に対する評価である。母親は子どもの行動がパズル

を完成するという最終目標に対して下位目標を達成していることを確認し，そのフィードバック情報を子どもに返している。

　このやりとりからいくつか興味深いことがわかる。一つは，パズルの完成に向けて母子が共同して取り組むことでその遂行が可能になっていることである。言い換えれば，子どもは一人では遂行できないことを母親と二人で遂行している。子どもは，パズルのピースを動かすという「行動」を担当しているが，母親はどこに動かすべきかという指示を与えるという意味で「計画を立て」たり，その行動が正しかったかどうかという「評価」を担当している。このような状態では，「何が課題なのか」，そしてその課題を達成するためには「何を行えばよいのか」がハッキリとわかっているのは母親側だけである。子どもは，あるピースを動かすといった下位目標の遂行を自覚することはあるだろうが，それがパズルを完成させるという最終目標に対する下位目標になっているなどという明確な意識はもっていないだろう。子どもはその意味では何をやっているのかわからないのに，何かができているのである。こうした状態はまさに「能力に先立つ遂行」である。大人との共同性が「能力に先立つ遂行」の鍵だったのだ。

　この後，子どもは指示に従って，行動するだけでなく，自分で課題遂行のための「計画」を立てるようになる。それに基づいてつぶやくように指示を自分自身に出し，その指示に従う。以下のやりとりは4歳半の男児とその母親のやりとりの様子である。

　　(37) 子ども：*次は（黒い積荷の四角いピースを正しくコピーパズルにはめ込む）白*
　　(38) 子ども：*白はどこだろう？（ピースを見る，白い積荷の四角いピースを拾い，コピーパズルを見る，白い積荷の四角いピースを正しくコピーパズルにはめ込む）パズルの真ん中かな？*
　　(39) 子ども：*（ピースを見る）よし*
　　(40) 子ども：*（モデルを見る）次は…（コピーパズルを見る）…えっ*

と…（ピースを見る）むら…（ピースを見て，モデルパズルを見る）むらさき（ピースを見る，紫の積荷の四角いピースを拾い上げ，コピーパズルを見る，紫の積荷の四角いピースを正しくコピーパズルにはめ込む）

（41）子ども：（課題から目を逸らす）よし

　このような状態になると，子どもは課題をはっきりと意識し，その問題解決に対して先ほどの母親が行っていた役割をいわば自分で担っているという意味で，完全に課題達成上の責任を果たしているといえる。上記の2組は子どもが母親によって他者制御されていたペアと子どもが自分で自分の行動を自己制御していたペアだ。他者制御されている子どもの状態をブルーナー（1986）は意識の貸与（loan）を受けている状態であると表現している。子どもの課題意識がしだいに明確になっていき，その「借金」を返していくことが発達だというのだ。

　大人，あるいはより有能な他者が子ども，あるいはより有能ではない他者と共同することで，課題を遂行する。その結果，子どもはその遂行の意味に気づく機会を与えられ，しだいに一人でその課題を達成する能力を身につけていく。最近接発達領域は子どもがそうした大人との共同性を構成することができることを示唆する。

　実はワーチら（1980）が例示した母子ペアの中には，その指示の文脈を捉えることができなかったために母親の指示を理解できなかった2歳半の男子のやりとりも描かれている。そこでは子どもが1つのピースをつまみ上げたので，母親が「それは窓だと思うよ」と明示的に指示するのだが，子どもはモデルとなるトラックの窓ではなく，実験が行われていた部屋の窓を見てしまう。そこで母親は再びそれは「トラックの窓だ」と言ってそのピースをはめ込むべき場所を指さすが，子どもはそのピースを手から落としてしまうのである。この場合に，母親の指示は子どもとの共同注意を可能にしなかった。このようなやりとりでは，大人の指示は子どもにとっていわば理解可能

な指示とはならない。指示が理解できる状態というのが模倣可能である状態である。したがって、ここでのやりとりはその子の最近接発達領域には入っていなかったということになる。

このように「能力に先立つ遂行」が可能になるためには、より有能な他者との共同性が成立することによって学習が生じる必要がある。その結果、子どもの最近接発達領域が拓かれ、子どもはやがて共同で達成していた「あること」を独力で行うようになる。これが「能力に先立つ遂行」のパラドックスに対する「最近接発達領域」概念による回答である。

発達の原動力としてこのような既にそのあることをわかっている有能な他者と、それをわかっていない子どもという「垂直的」関係の間で行われる学習過程を過度に強調することには批判も多い（Griffin & Cole, 1984 ; Engeström, 1999）。あたかも子どもの発達が大人によってすべて事前に目標設定されているかのような誤解を与える可能性がある説明だからだ。それでは、子どもの能動性、創造性が低く見積もられてしまうという。その意味で、こうしたやりとりの創発的な側面がもっと研究されなくてはならないだろう。だが、文化的学習の基本的な様態として、学習というものが「周囲の人々との実践的な、または言語的なコミュニケーションにおいて、それらの人々との共同活動において形成される」（Leont'ev, 1965, p.111）という事実とその発達に対する根本的な重要性はとりあえずおさえておくべきだろう。保育実践というのはこのような意味で、子どもからみれば多くのことを学ぶことができる共同的な場を提供する活動であるということを確認しておきたい。

「能力に先立つ遂行」を問うことは古くから論じられてきた「探求のパラドックス」（Petrie, 1979 ; 田中, 2004）の問いにつながる。「探求のパラドックス」はソクラテスとメノンの間の「徳は教えることができるのかどうか」という対話の中に表現されている（プラトン, 藤沢訳, 1994）。その論争はここでは省くが、重要なのはソクラテスの次の指摘である。

　　「人間は、自分が知っているものも知らないものも、これを探求するこ

とはできない。というのは、まず、知っているものを探求するということはありえないだろう。なぜなら、知っているのだし、ひいてはその人には探求の必要がまったくないわけだから。また、知らないものを探求するということもありえないだろう。なぜならその場合は、何を探求すべきかということも知らないはずだから」（プラトン　藤沢訳, 1994, 邦訳 p.45-46）

ソクラテスのメノンの問いかけに対する応答は難問（aporia）である。この難問を構成するのが「知っていること」と「知らないこと」、あるいは「探求すること」と「探求できないこと」である。それは「能力」の有無と「遂行」の可能・不可能の組み合わせからなる発達心理学の難問である「能力に先立つ遂行」と同じ構造をなしている。

さて、発達とその支援を考える時、まず問われるべき問いであり、現象である「能力に先立つ遂行」が古くから哲学において問われてきた「探求のパラドックス」の亜種であることを確認することができた。だが、ここでのソクラテスのメノンに対する応答には、問う者と問われる者、あるいは支援を求める者とそれに応える者の間の関係を考えるうえで、もう一つ見逃せない面白い点があることを指摘したい。それはソクラテスがメノンの問いをいわば「ずらし」、メノンの問いを構成する枠組みを組み換えて応答していることである。メノンは「徳は教えられるものか」、それとも、「それは実践によって身につくのか」、あるいは「それは生まれつきの素質によるものか」などと質問する。すると、それに対してソクラテスは意表をつく応答をする。「自分は徳についてまったく知らないのでそれがどのようなものかなど、その特質について答えられるはずがない」と応答したのだ。

このように対話といっても、そこで相互に注意が向けられるもの、つまり、物的対象やこの事例の思想のような観念的対象は、先のパズル課題のように常に一致するわけではない。しかし、その不一致は回答したり、応答したりする側に対しても新しい視点を生みだす契機となることがある。大人の日常のやりとりを考えてみればわかるように、異なる視点をもつ二人の対話

過程では問いの枠組みの組み換えは頻繁に生じる。その組み換えの中で，メノンのように，最初の質問者もまた自分の問いの意味を新たに知り直す（unlearn）ことができる。

　保育実践はいうまでもなくコミュニケーション過程である。先にあげた保育者のジレンマの中の保育者と子どももそうした枠組みを巡るせめぎ合いをしていたと考えることができる。このような意味で，保育心理学にとって，保育者と子どもの間の共同性も不問の事柄ではない。保育実践を研究する心理学はそのコミュニケーションの質を問い，「共同性の成立」がおのおののやりとりの中で何を意味しているのか，それをていねいに検討する必要がある。その一つの事例分析としてメタアクト2（p.78）を参照されたい。

3. 保育実践の中の緊張：かかわりとそれに対する抵抗

　教育は通常学習者にとって「適切な出会い」としてデザインされることが望ましい。しかし，教えることは教えらえる者の現状を否定するという側面をもつ。ある人がその現状に満足している時，「それじゃ駄目だ」と叱咤するのが教育である。教えることはその意味で，今の状態を否定し，揺さぶる（神田橋，1990）ことだ。そして，ある実践を淡々とこなしていた人々を「未知のこと」を「学習しなければならない」存在にさせる。「学習者」になることが強要されるのである。たとえば，それまで英語が使われていなかった社会に住んでいた人々も世界経済の推移の中で，様々な形で英語が生活に入り込んでくると，人々は「英語を学ばなければいけない」と考えるようになり，自らを英語の「学習者」として認識する。

　この「学習者への転落」は無自覚的に推移し，通常その学習は未来に向けて，自らの最近接発達領域を拡張するうえで望ましいこととして扱われるようになる。しかし，考えてみれば，「学習者である」という自己認識は，現状の自分を「未学習者」あるいは「不完全な存在」として感じさせるだろう。たとえば，現在の日本では，英語を学校で学ばなくても，何の不足もな

く暮らしていけるのに，学校教育の中に英語という教科が設定されてしまったために，自分をいつも「英語ができない」社会集団の一人として位置づけることを強要される人々が生まれることになる。

　教える者は学ぶ者がいなければ成立しない。その意味で，教える者は学ぶ者を必要とする。だが，学ぶ者が教えられることを疑う時，あるいはその出会いを学習者が良きものとして受け入れない時，学習者は教授者に抵抗する。逆にいえば，教える者と教えられる者が共有の価値をもつことを前提とした時にのみ，教えることと学ぶことは知識の非対称をなす一対のパズルのように，形の整った「教授学習」という枠組みを構成する。

　しかし，子どもが大人と同じ価値を持った世界に出会い続けることを想定することはそもそも困難ではないだろうか。社会経済情勢が現在のように短い時間の中で変化する時はもちろん，そうでない時であっても，子どもは知らぬ間に大人の生きる社会的価値観に巻き込まれながらも，それに対して幾度となく違和感をもつことだろう。新しい社会を作りだそうとする人々は先行する世代に教えられたことをそのまま受け入れるのではなく，それに抵抗することによって新たな文化を創造してきた。

　このように考えるならば，先に述べた最近接発達領域という「出会い」の場は大人にとっては意図的かつ非意図的な「教授」の場であり，同時に，それに対する子どもたちの抵抗の場である。最近接発達領域という人々の出会いの場は，実は先行世代に所属する者たちの「侵略」と新世代に属する者たちのそれに対する「抵抗」という，二つの力がぶつかりあう闘争の場である。このような意味で，保育実践において大人が子どもの発達を支援しようとする時，そこには常に抵抗が伴うことを忘れてはならない。この矛盾を孕む関係として人々の出会いを捉えることこそが，大人と子どもの多様な出会いの場として，自覚的かつ無自覚的にデザインされることになる保育実践の理解には必要である。

　教える者が教えらえる者を必要とすると述べた。それは教えられる人がいなければ，教えることなどできず，そのため，教えるという行為そのものが

成り立たないという単純な事実を指摘したものだ。だが、実は教える者が教えられる者を一生懸命作りだすようなことをしてしまうと教えられる者は学べなくなる。先に述べた安全社会における監視する者とされるものとの関係もそれに似ているだろう。

　学びは抵抗を含む力動的な揺らぎの中でより拡がりをもち、与えられたものを越えて日常の様々な事態の見直しへとつながる、それはホルツカンプ（Holzkamp, 1995）のいうところの主体の「拡張的な学習」（手取, 1997）を可能にする。教えられたことを素直に受け入れることは貧困な学習でしかない。それは無自覚的に「学習者に転落」させられた焦りを解消しようとするような、言うならば、言われたことをやっていることをとりあえず先生に示して責めを受けないようにする、その場に閉じた「防衛的な学習」（手取, 1997）にすぎない。

　同様に、保育するものは保育される者を文字通りにいえば必要とするが、保育される者を求める保育をし続けるならば、そこで人が成長するのは困難となるだろう。保育者のジレンマで紹介した真之介の事例において怖さや甘やかしによって真之介を指示に従わせることもできたのかもしれない。しかし、それによって真之介は何を学ぶことになるのだろうか。保育者の意に沿おうとすることを善とし、保育者に認められることを望む「被保育者」だらけの子どもたちによって作られる未来にいったい希望がもてるだろうか。

　人が育つことを保育者が支援する時、支援をそのまま受け入れることを当たり前として求めてはならない。教える人も、保育する人も裏切られる覚悟が必要である。その裏切りが教える人、保育する人の学びの原資である。こうした保育と成長、支援と発達といった相互に依存し、そして同時に相互に反発しあうような不可思議な関係を問うことが保育心理学にとっては避けて通れない課題なのだ。これは子どもの側からみれば「自立」の過程にかかわるものとなるだろう。メタアクト1はそうした実態の実践分析である。

§3　最後に

　本章と前章で述べたことはまさに保育心理学の構想であり，問いである。これですべてを語り尽くしたなどとはいえない。どのようなわけで人間理解の方法論としての発達心理学や乳幼児を対象とした乳幼児心理学ではなく，保育心理学が必要とされたのか，そのわけに多少なりとも読者が共感してくれたならばそれで十分である。また，ここで述べた課題群で保育心理学の課題すべてが語り尽くされたわけでもない。それらは修正され，加除されていくべきものだ。ここで課題としてあげたものは課題の方向性を示しただけで，より精緻な議論や実証的な検討が必要となる。そのようなまだ課題が曖昧な未来の保育心理学を創る共同作業に多くの人を誘うためにこの書は営まれた。

注：
1)　本章で「知り直す」あるいは「学び直す」などと訳した Unlearn というコトバの理解を深める上で「鶴見俊輔さんと語る：生き死に学びほぐす」（朝日新聞　朝刊 2006年12月27日）と「定義集「学び返す」と「教え返す」：人はいかにまなびほぐすか　大江健三郎」（朝日新聞　朝刊 2007年1月23日）は大変参考になった。

メタアクト

　二つの事例を抽出し，保育心理学の立場から保育と発達を考えてみたい。これらの事例を通して，読者は第1部の中で論じられている重要なポイントを振り返ることができる。あるいは，先にこれらの事例を読み，第1章，第2章で論じられるであろうことを予期することもできる。

　メタアクト（metaact）とはmetaとactからなる造語である。actはリーダーズ英和辞書によれば，「行為の証拠として残す正式記録」であり，「演劇・戯曲などの幕，段」，あるいは「芝居，狂言」である。メタアクトに書かれているような，子どもと保育者のやりとり（アクト）はそれ自体が保育心理学が実践の中で取りだそうしている重要な主張を含んでおり，事例以上のものでもある。実践を識る時の方法としてそれを言葉で説明するというやり方があるが，実践の中では事例の例示によって，その事例を越えた一般性をもった内容を学ぶ機会となることが多い。ベイトソンはメタローグ（metalogue）というコトバに「あるプロブレマティックな問題について，単に議論がなされるだけでなく，議論の構造がその内容を映し出していく形で進行していく会話」という意味を与えたという（佐藤, 1985, p.102）。ここでは子どもと保育者のやりとりというアクトがそのようなものとして機能していることを強調するために，そのアクトをメタアクトとよぶことにした。

メタアクト１：保育というかかわり（caring）
―津守実践に学ぶ

1. ストロー遊び場面

　非常に興味深いビデオ記録がある。シリーズ授業「障害児教育」（稲垣・岩崎・牛山・河合・佐伯・佐藤・竹内・谷川・津守・野村・渡辺，1991）で取り上げている「愛育養護学校の一日」のビデオテープ（岩波書店）である。その中から，児童のあやこさんが同園の教員である津守真氏と「ストロー遊びをする場面」を紹介する。遊びといっても表面的にはただ単にあやこさんが束ねたストローを手をゆるめて下に落とすだけの場面である。学生にその場面をみせると何をしているのかすぐにはよくわからないので，「つまらない」という感想を漏らすような場面である。このやりとりの場面に登場するのは津守氏とあやこさんの２人だけである。

　津守氏はストローを拾い集め，それをあやこさんに渡す。あやこさんはそれを受け取り，地面にパラパラと落とす。時にイレギュラーな動きもあるが，基本的にはこうした動きが何度も繰り返される。ビデオの時間にして，全部で数分の短いクリップである。ここではそのうち，ストロー場面が開始されてから２回目の受け渡しからばらまきまでの様子を詳しく紹介したい。図１-メ-１はその時の２人のかかわりの流れを示したものである。時間にすれば僅かなものであるが，そこにこの２人の間の微妙なやりとりが観察可能である。私はそこにこの養護学校の保育のあり方が現れている気がした。

　私はエピソードを取り上げる時，その輪郭を問う。つまり，そこで起こっている出来事の構造がどのようになっているのかを考えてみるのである。そしてもしもそのエピソードがビデオで記録されているならば，それを何度も視聴し，その輪郭を取りだそうとする。輪郭を探索する手掛かりとなるのは「繰り返し」である。繰り返されるのは一つの構造化されたやりとりである。通常，出来事には始まりと終わりがあるが，一つの出来事の終わりは次の出

メタアクト1：保育というかかわり　65

津守氏がストローを
拾い集める

ストローの受け渡し

あやこさんがストローを
パラパラ落とす

図1-メ-1　ストロー遊び　2回目の受け渡しの映像クリップ
（稲垣他, 1991, 同対応ビデオより）

来事の始まりを表示し，次の出来事の始まりは前の出来事の終わりを可視化する。同じ内容の出来事が何度も繰り返されると，その出来事の基本的な輪郭が浮かび上がってくる。

2. 何が起こっているのか？

　このストロー遊びのやりとり場面では，津守氏があやこさんにストローを渡し，それをあやこさんが受け取る。しばらくして，あやこさんはそのストローを手から地面にこぼす。これが出来事の基本的単位である。「ストローの受け渡し」という同じタイプのやりとりが繰り返し行われていたのだ。同じタイプのやりとりが何度も繰り返されるのであるが，その一つひとつのやりとりの間にはどんな共通性と差異があるのか問うことによって，そのやりとりタイプの一般特性が明らかになる。
　私はその場面を繰り返し何度も見ているうちに一つのことが気になってきた。それは，あやこさんが先に津守氏にストローを要求しているのか，それとも津守氏が先にあやこさんにストローを渡そうと用意している所に，あやこさんが後からストローを取りに来ているのか，という疑問である。ビデオの中では津守氏がストローを地面から拾い集めてあやこさんに渡すのだが，それはあやこさんに求められたからそうしていたのか，それとも自分から先に差し出していたのか，という問いである。
　本（稲垣他，1991）の中では，この場面を見たこの授業の見学者は，「渡す―渡される」のやりとりのタイミングが合いすぎていることを指摘していた。「タイミングが合いすぎている」とはどのようなことだろう。通常タイミングが合うことは望ましいことだ。それを本の中に出てくる見学者はそれを「合いすぎている」と表現していた。それは良いのか悪いのかはともかく「普通ではない」状態であると評価していたことである。では，何が普通ではないのか。津守氏とあやこさんはほとんど直接顔を向き合わせずお互いに視線を向けない。にもかかわらず，2人は絶妙のタイミングでストローを受

け渡している。そうした関係はいったいどのようなものなのだろう。

　このストロー遊び場面を私は大学院のゼミで検討したことがある（石黒他，2003）。そこで，上記の問いを参加者に向けた。そのゼミでこの映像を取り上げたのは，それを使ってトランスクリプトを作成することの難しさを体験してもらうためだった。院生は初めそうした現象にあまり注目していないようだったが，その問いを出された後，そのことに注目し，その場面のトランスクリプト作成過程ではそれぞれその問いに関係した問いが生まれてきた。

　問いをもってある場面を注視する時，どのように検討が進むのか例を示そう。トランスクリプトを作るということは，そこで自分が知覚したものを表現してみることであり，自分の見たものと表現されたものを比較することで自分が今何をみているのか自覚化する機会となる。院生の田中さんは6回の繰り返しを津守氏の行為を基準に「ストローを拾う」，「ストローを持つ」，「ストローを差し出す」の三段階に図式化してみようとしたという（次頁トランスクリプト2）。さらにストローの受け渡しの3回目，4回目，6回目では，津守氏の行為として「ストローを持ったまま」というカテゴリーを作る必要を感じたという。これは，「ストローを持つ」のだが，「持った状態が比較的長く，次の動作に向けて一瞬持っただけではなく，「持つ」という状態を維持している状態があるように見えたことを意味する。また，6回目を除き，あやこさんがストローを受け取るために手を伸ばすのと，津守氏がストローを差しだす行為の間に時間的なずれがほとんど見られなかったという。そこで「タイミングが合っている」とは，ストローを受け取るための手の動きと渡すための手の動きの間の開始時点での時間的なずれが見られない状態であると考え，1回目から5回目までは受け渡しのタイミングが合っている状態，6回目ではタイミングがずれている状態と考えたという。

　さらに，トランスクリプト作成によって田中さんには新しい疑問が生じた。「3，4，6回目に津守氏はストローを持ったままいったい何をしているのか」，「なぜ単に『持つ』のではなく，『持ったまま』でいるように見えるのか」，「6回目ではなぜタイミングがずれているのか」，あるいは，「なぜそ

1回目
A　　　　　①　　②　うけとる

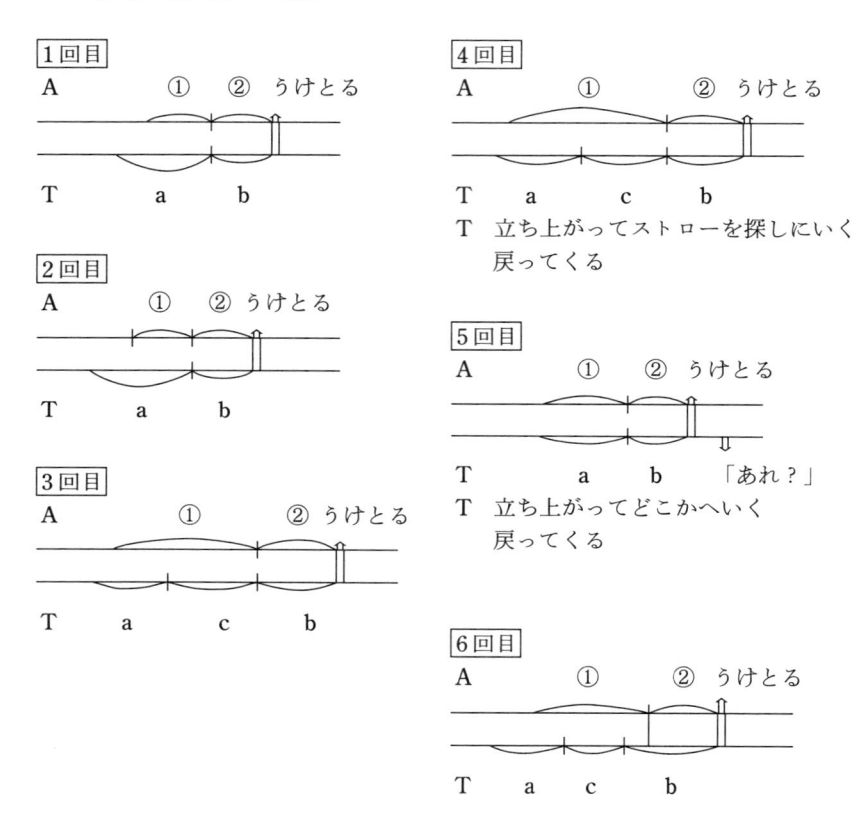

T　　　　a　　b

2回目
A　　　　①　　②　うけとる

T　　　a　　b

3回目
A　　　　　①　　　　②　うけとる

T　　　a　　c　　b

4回目
A　　　　①　　　　②　うけとる

T　　　a　　c　　b
T　立ち上がってストローを探しにいく
　　戻ってくる

5回目
A　　　　①　　②　うけとる

T　　　a　　b　　　「あれ？」
T　立ち上がってどこかへいく
　　戻ってくる

6回目
A　　　　　①　　②　うけとる

T　　　a　　c　　b

トランスクリプト2：田中さんの作成したトランスクリプト

(注)
＊あやこさんの行為（A）
・ストローを落とす，じっと見るなどストローを使って遊んでいるように見える行動→①
・ストローをつかもうと手を伸ばしている行為→②
＊津守氏の行為（T）
・ストローを拾う→a
・ストローを持ったまま→b
・ストローを差し出す→c
＊二重線は受け渡しが完了した状態を表す
＊区切りの幅は実時間に対応していない

のように見えるのか」という問いが生まれたという。

　他の参加者の海川さんは津守氏の「揃える」行為が気になったという。津守氏に注目してストロー場面を数回視聴し直し，2回目と3回目の受け渡しが明らかに違うことに気づいたという。2回目は，津守氏がストローを集めている間に，あやこさんが2本のストローの先を見終わってストローを捨ててしまい，津守氏はあやこさんにストローを渡すのが間に合わなかった。その後，3回目以降は受け渡しのタイミングがスムーズにいっていたように思えた。この「スムーズな受け渡し」は津守氏がストローを「揃える」ことによると考えたという。3回目以降は，ずっと「揃える」という動作が見られた。そして，「揃える」時に，津守氏は明らかにあやこさんを見ていたと感じられた。そこで，あやこさんが受け取るタイミングを確認する時間が津守氏の「揃える」という行為に対応していると解釈したという。したがって，「揃える」ことは，津守氏があやこさんがストローを受け取るのを「待っている」ことを示すものだと捉えることになったという。トランスクリプトを書いてみると，その一連の行為は，津守氏のストローを「拾う」，「揃える」，「渡す」とあやこさんのストローを「もらう」，「落とす」，「眺める」の組み合わせとして表現された。

3．問いの連鎖

　大学院ゼミへの参加者はこんなふうにある問いを起点として自分の解釈をトランスクリプトに書きだそうと，ビデオに映しだされた事実を見直し，結果的に解釈が更新されていく。こうしたことを繰り返していくと，いろいろなことに気づく。田中さんはトランスクリプトを書き直すうえで，津守氏がストローを「持ったまま」でいる状態が「待っている」として記述されるためには，どのような情報が記述資源として必要なのか考えながらストロー場面を再視聴したという。そこで気づいたことは，津守氏はあやこさんよりも，相手に視線を送ることが多い，さらに津守氏は，ストローを渡す前に，

何度かストローを揃えたり，持ち替えたりしているということであった。そうなると，「津守氏がすでにストローを渡す準備ができている時，あやこさんはまだ準備ができていないので，その間をもたせるために津守氏はストローを揃えたり，持ち替えたりしているのではないか」，また，「津守氏があやこさんに視線を送るのは，あやこさんが受け取る準備ができたかどうかを確認しているのではないか」と考えるようになったという。「待つ」という行為には，「待っている」側が相手の行為を見守り，相手の行為に自分の行為を合わせていくという側面がある。そうなると，こうした視線やストローをいじっている手の動きなど津守氏の行為全体が「待っている」ということを表示しているものとして解釈できると考えるようになったという。

議論の詳細は省くが，大学院ゼミへの参加者はみな次第に，津守氏があやこさんを待っていると考えるようになっていった。そうなるとまた新しい疑問が生じる。津守氏がストローを揃えて，あやこさんが取るのを待っている状態でいる時，「あやこさんはなぜすぐそれを取らないのか？」という疑問である。あやこさんは忙しかったわけではない。5回目の受け渡しまではあやこさんはストローをパラパラと落とし，最後に手に残ったストローが2本になったところで，その先を眺めるといった動作をしてから次のストローを津守氏から受け取っていた。6回目は，ストローが2本になった後，それをだいぶ眺めてから津守氏の渡すストローを受け取った。あやこさんは新しいストローを受け取るまで，確かに別のストローを持っていたが，その様子は手持ち無沙汰のようにみえた。

さらにもっと素朴な疑問もわいてくる。それは，ストローをあやこさんが地面に落とした後，「なぜあやこさんはそれを自分で拾わないのか」という疑問である。そのような疑問が生じると，あやこさんはストローそれ自体にこだわっているのではないのではないかという問いが生まれる。もしもストローに対して強いこだわりがあるのであれば，ストローを一度手に入れたらそれを離さないだろう。仮にあやこさんがストローを地面にばらまく時のその落ちる様子を楽しんでいたとしても，再びそのストローを自分で拾い上

げ，またパラパラと落とすという行為を繰り返してもよいはずだ。でも，あやこさんは決してビデオ映像の中では自分でストローを拾わない。ここからあや子さんはストローそれ自体に強い関心があるのではないと推察できる。そしてあやこさんがパラパラとストローをばらまくという自分の「楽しみ」を遂行するためには，常に津守氏からストローを渡されるという行程が含まれていることが重要であると思えてくる。もしも，ストローをパラパラとばらまくことに一番のこだわりがあるのであれば，そのために，他者の行為を「待たなければならない」のは我慢がならないはずだ。だが，あやこさんは彼女がストローをばらまくために，津守氏の「渡す」という行為をわざわざ待つのである。津守氏はあやこさんにストローを渡そうと待つ。あやこさんは津守氏からストローを渡されるのを待つ。この相互依存関係がここでの「待つ」という行為には必然なのである。

　このように考えてくると，あやこさんがこの遊びの中で最も関心を寄せていたのは津守氏の自分に対する関与のあり方ではなかったかと思えてくる。彼女が持っていたのはストローではなく，津守氏の「待つ」という行為であり，「渡す」という行為ではなかっただろうか。ストローが自らの手に戻ることよりも，津守氏にストローを拾ってもらい，さらに自分にそれを渡してもらうということを「じっくりと味わう」ことがこの場面のあやこさんにとっては重要なのだったのだろう。

4．信頼の醸成

　ストロー遊びは数か月続いたという。この子たちがこうしたこだわりをもつことは珍しいことではない。私たちがそこで確かにみなくてはいけないことは，この2人の間の関係であり，その関係の変化である。ストローの受け渡しを繰り返す中で，あやこさんには津守氏がかけがえのない人となり，自分にとって信頼できる他者がいることを身体で知る契機となっていたのではないか。自分に徹底的に付き合ってくれる他者がいることを学ぶ場面，それ

がこの場面ではなかっただろうか。自らに付き合う他者とは自分を信頼する他者でもある。そうした他者の存在を知ることによってあやこさんもまた他者が信頼できるものであることを学んでいったのではないだろうか。あやこさんの発達にとって，津守氏はその土壌を耕したのである。

　先に第1章で例示した真之介の事例において新人保育者は真之介と自分との間の「取り引き」として2人の間のやりとりを捉えていたのかもしれない。真之介が悪さをすることと自分が応答することとの間の不適切な結びつきをどうしたら断ち切れるのか，その2人の歪んだ関係を保育者は憂いていた。保育者のジレンマとは子どもと保育者との関係を効率的な取り引きとして捉えてしまう心的構えから生まれるのかもしれない。保育者が子どもを無視すればするほど，子どもは「今ここで」保育者の関心を惹くことに躍起になる。その時の保育者の応答によっては，その場はその子が他者との関係を効果と効率性を重視する取り引きとして捉えていくことを学ぶ場ともなってしまう。津守氏はあやこさんと取り引きをすることを選ばなかった。あやこさんに自らを委ねたのである。その場のやりとりの流れに自らの行為を置いたのである。

5. 保育の中で培われるもの

　保育の中で保育者は意図せずに多くのメタメッセージを与えていることだろう。津守氏の実践哲学が述べられている「保育者の地平」（津守, 1997）の第1章冒頭で，彼は保育の場の課題として，子どもの中に「存在感」，「能動性」，「相互性」，「自我」を育てることを挙げている。それらは，毎日を子どもとともに過ごす津守氏の実践の紹介を通して，その書全体で繰り返し語られているテーマであった。それらは，コトバとしては多くの保育・教育実践でスローガンとして頻繁に用いられているものだ。だが，その意味は必ずしも同じではない。そのような保育・教育の常識ともいえるスローガンを通して，しばしば無自覚的に仮定されてしまっている発達観がある。たとえば，

スローガンとしての「能動性を育てる」が通常仮定しているものは何なのだろうか。それは，受動から能動への直線的発達観である。この発達観において，人は発達することで「何かを自ら選ぶことができる存在」になっていくことが理想とされる。すると，そのような存在になる以前は「まだ何かを自ら選ぶことができない存在」，つまり，受動的な存在であると仮定される。そして，「無力で受動的な存在である子どもに対して，保育や教育はどのような働きかけをすべきなのか」という問いがそこには当然のように生まれる。

　だが，ここで紹介した津守氏の実践からは，そのようないわゆる常識で想定されている「能動性」とは別の解釈が読み取れる。あやこさんは津守氏とのやりとりにおいて受動から能動へと移行したわけではない。津守氏の「待つ」ことがあやこさんの能動性を可視化した。その意味で，能動性とは，ある一個体が表現できるものではない。それを可視化する文脈が作られた所でのみそれはみえてくる。「待つ」他者が一見受動的にみえるあやこさんを能動的な存在として「発見」可能にした。あやこさんはストローを取りに行くが，それは取りに行ける状況がそこにあったからである。6回目の受け渡しにはっきりと見られるように，あやこさんが手を伸ばすまで，じっとストローを揃えて待ち続ける津守氏の存在があやこさんの動きを引きだしたのである。津守氏の「待ち」はあやこさんの行いを引き出す契機となり，それによって津守氏はあやこさんの能動性を知り，そしてあやこさんもまたそれを知る機会となったのではないだろうか。

6．ていねいな応答と固い応答

　津守氏によれば，「ていねいな応答」によってはじめて，保育者と子どもは「充実した今」をともに生きることができるという。だが，私たちはトランスクリプトを作成する中で，この「応答」には，「必ずしも相手に対する理解が先行しない」ことを知った。私たちは通常，相手に対する理解があっ

てはじめて，応答が可能になると考えがちである。しかし実際には，他者の行為をある意味あるものとして解釈する前に，とりあえず同じ動作をしてみたり，同じものを見てみたりすることでその人が何に興味をもっているのか，何をしたがっているのかがわかる。「協働」しなければ，相手に対する先入観に基づいて「固い応答」しかできなくなってしまう。ストローの受け渡しの場面は，「ていねいな応答」の場面としてみることができる。津守氏は，あやこさんがストローに執着しているということに対して，「それがいったい何のためか」とその意味を解釈する前に，とりあえずあやこさんにストローを渡すという形で「応答」し，その行為の連鎖によって「充実した今」を2人で作っていたといえる。子どもの中に育てるべきものとしての相互性とは保育者の「ていねいな応答」によって支えられているのであろう。

「ていねいな応答」で示される，相手の行為を解釈する前にまずは相手の行為を見守るという姿勢は，「待つ」という行為の中にもみることができる。「待つ」という行為は，通常「何か」を「待っている」ものである。そこで，ストロー場面を繰り返し視聴することによって，トランスクリプト作成者は津守氏はいったい何を待っているのかを見つけだそうとした。しかし，繰り返し視聴して思ったのは，津守氏は自覚的に何かを待っていたのではないのではないかという疑問であった。津守氏はあやこさんがどのような応答をするのかにかかわらず，その行為のすべてを受け止め，見守ろうとしていたのではないか。それがここで「待っている」と知覚された状態ではないだろうか。

7．行為と思い

今回対象としたストローの受け渡し場面で起きていることは，端的にいえば，ストローが津守氏からあやこさんに移動しているだけのことだ。しかし，その場面を何度となく見る者に知覚されるのは，その物理的移動という事実を越えた現象の意味である。津守（1997）は，人間の「行為と思いにつ

いて」次のように記している。

> 人がある行為をするとき，そこには思いが込められている。私は行為から思いを読み取る。人がある言葉を語るとき，そこには思いが込められている。私は言葉から思いを読み取る。行為から読み取るときには，それを一度私の言葉にするから，彼が言葉にするときとは違う。言葉から思いを読み取るときには，思いは彼の言葉になっている。私は彼の言葉から，彼の思いをさらに読み取る。

　この津守の指摘は重要である。つまり，「思い」は必ず行為の中に「表現」されている。実践者はその「表現」を読めるかどうかで，その「力量」が問われることがある。だが，それは何も神業ではない。子どもの行為が位置づいている多重な文脈を実践者が共有する時，その文脈を構成する一つひとつの行為の意味が浮かび上がる。一つひとつの行為は，それ自体が文脈を構成する資源である。同時に，その文脈が一つひとつの行為を浮かび上がらせる。

　個々の行為は文脈から切り離されて意味をもつものではないし，そもそもそのように要素としては知覚されない。津守氏が実践者として示していたのは，こうした行為とそれが作りだす文脈の相互規定的な関係ではないだろうか。

　「思い」には注意も必要だ。それは当事者が意識的に「ある思い」を抱き，それを「表現」しているという意図の遠心性モデルで捉えられてはならない。当事者が「その思い」に気づいていない状態こそ通常の状態である。あやこさんは，自分にとって何か明確な「思い」を自覚して，それを行動として表現したわけではないだろう。だが，津守氏はその文脈の中で，ある行為の中にその思いを「読んだ」のである。その意味で，「思い」は子どもの中にあるものではない。では，津守氏が勝手にそのような「思い」をあやこさんの「行為」に恣意的に帰属させたのかといえばそうでもない。なぜならば，津守氏の汲み取った思いが，あやこさんのそれから大きくずれていたな

らば，あやこさんはたぶんその場を立ち去るなど，応答者としての津守氏に対して，不合格の応答を返していたはずだからだ。この意味で，あやこさんの思いもそれに対する津守氏の思いも2人のやりとりの中にあり，どちらか一方の内在的な意図に帰属させることはできない。その状況において相互行為的に達成されていた「思い」なのである。

　実践者が読み取った，あるいは汲み取ろうとしている子どもの「思い」がその場にあっているのかどうかは子どもの次の応答の中に示される。だから，保育者はその応答を「待て」ばよいのかもしれない。いや「待たなければならない」のかもしれない。保育者の「勘違い」は常に相手にその正誤を示される形で戻される。だから，常に，調整可能な余地を残しながら，実践者は子どもに対峙する必要がある。それがストロー場面の津守氏においては「待つ」という行為として表れていたのだろう。このように，津守氏の「思い」に対する見解は，一般的に御題目的に語られる「子どもの気持ちを尊重しましょう」などという精神訓として理解されてはならない。

8．実践を検討する媒介的道具としてのトランスクリプト作成

　ある出来事のトランスクリプトを作成することは「何がそこで生じているのか」という問いに対して，「それは○○です」と答えを用意するものではない。そうではなくて，むしろ，トランスクリプト作成はその問いをより実践的で具体的な意味をもつ問いへと置き換える作業なのである。私たちの協働作業の中では「何がそこで生じているのか」という問いは，「あやこさんが津守氏にストローを要求しているのか，津守氏があやこさんにストローを渡そうとしているのか」という問いへと置き換えられるところから始まり，「津守氏は待っているのか」等の様々な問いが生まれていった。どれもが，それがどのような視点から生みだされた問いなのか吟味することを通して，ビデオクリップの中に，そのような問いを抱かせた解釈資源をたぐる契機となった。常に，トランスクリプトは改変されていく。誰からみても「よい」

トランスクリプトが最終的にできあがると考えるのは幻想である。トランスクリプトは分析者の関心にユニークである。出来事に固有な関心がより一般的な問い（issue）に展開される過程を媒介していくところにトランスクリプト作成の意義がある。今回の私たちの分析では「待っている」ことを巡る様々な問い立てと，その記述の困難が，実践そのものの吟味へ誘ったのである。

メタアクト2：シェアリング・ボイス（sharing voice）
―保育心理学と発達心理学の交差

1．2歳児クラス

　保育所に毎週通っていると，偶然面白い場面に遭遇する。これから紹介する場面もそんな事例である。この頃，私はある保育所の2歳児クラスに通っていた。1人の外国籍の子どもを中心にクラス全体の様子を毎週観ていた。このクラスは俗称で「未満児」クラスとよばれ，1・2歳合同クラスであった。クラス全体では1歳児が10名，2歳児が8名の18名が在籍しており，最年少は年度当初（4月）で1歳7か月，最年長は2歳7か月である。美紀先生と佳子先生の2人が担任で，その日は私以外にボランティアの高校生が保育に参加していた。2人の保育者は，交替で「リーダー」と「サブ」に分かれ，1人が全体を統率し，1人がそれを補佐する役割を果たしていた。

　この日は佳子先生がリーダーで，美紀先生がサブであった。子どもたちは

図1-メ-2　絵本をみなで待つところ

昼食を終わり，部屋の後ろ半分を占めている畳の部分で遊んでいた。保育者から「お片づけコール」があったのだろう。ビッケは組み立てたブロックを一つひとつバラバラにして，箱の中に入れている。ビッケはまだブロックを持っているあきよしのそれを取ろうとして争う。美紀先生がそれを仲裁して，片づけが終わる。美紀先生が子どもたちと一緒におもちゃを片づけ終わった時，リーダーの佳子先生は部屋の入り口でまだ洗い物をしていた。このクラスではいつもリーダーの先生が「お昼寝」の前に子どもたちに絵本を読むことになっていた。

2. どこで待っている？

　美紀先生は畳の上にさっと座り，子どもたちに「どこで待っている？」という。そして「よしこ先生本持ってきて」と大声で叫び，数を数え始める。子どもたちもその声に合わせて復唱する。いや正確には数を数えているのかどうかわからないが，大きな声を美紀先生の声に合わせ，身体全体で叫んでいる。美紀先生と子どもたちは「もういいかい」と大きな声で廊下の方に向かって叫ぶ。ビッケも指を動かしながら大声で叫ぶ。しばらくすると，美紀先生は大声で子どもたちに向かって「来たー」と叫ぶ。美紀先生はすぐにその場から立ち上がる。代わりに，佳子先生が「ここ？」とぼそっと言いながら座った。そして持ってきた絵本を読み始める。

　面白いと直感的に感じたのは美紀先生と子どもたちの行動であった。その日のフィールドノーツには「どこで待っている？：イベント化（ビデオ記録11：55分から数分間）」と記され，それに対するその日の感想が記されていた。長いので抜粋し，その概略を次頁（表1-メ-1）に転載する。その感想の上には「重要」と書かれてあった。「（私）」は事実の記載とは別に，その日遭遇した出来事に対して自分なりの解釈や疑問など，私的な見解を書いたことを示すマークである。

表1-メ-1　フィールドノーツ内の私見欄

---------------------------------- 重要 ----------------------------------

　（私）この「どこで待っている」は「誰を」，「何のために」を前提としている発言として興味深い。また，なぜ，「よしこ先生を待ちましょう」とか「よしこ先生が今絵本持って来るからね」のように説明や提案ではなく，いきなり「どこで待っている？」と待つという行為の特定化を目指した質問になっているのであろうか？

1) この行為はルーチン化されている。
2) この発言は「片づけ」が終了し，次の「絵本の読み聞かせ」に入ることを宣言していた。これによって子どもたちには，待つことは当然であるという基本前提の共有が行われたと考えることができる。その意味で，これは子どもたち全員をその出来事に参加している存在として扱う参加前提発言であろう。
3) 場所が重要である。子どもたちを統率するとき，中心点を定めることによって子どもたちが凝集することを保育者は知っているのだろう。
4) この「どこで待っている？」という発言は言われた側からすれば「ここに座る」とか「あそこ」などと答えるような質問文であるが，その時は場所を尋ねていたのではなく，子どもたちに「さあ絵本を待っていましょう」と提案しているものと考えることができる。
5) 小さい子どもたちは気が散りやすいので，集中させるために急に子どもが「なんだろうか」と思うような発言をして子どもの注意を引こうとしたと考えられる。

＊意味の交渉としての「どこに座ろうか？」を考えてみよう。
・数を数えることはこの美紀先生によく見られる行動であるが，これはどこで学習したのであろうか？
・このような発言は集団場面の談話として特異なものであろうか？それとも個別対応の時にも見られるのであろうか？もしも集団に特異なものであるとすれば，それは小学校などにもつながる重要な統率手段としての発話行

為として理解することができよう。
- 会話分析では二者間のやりとりが多いが,このような対集団発話に対する分析はあるのであろうか?
- 今まで,そして次回はどのようになるのであろうか?

　私にとって,その日は非常に得した気分であった。なかなか見られないものが見られ,これからの観察の楽しみが増えたことが実感された。そして,その後この出来事を巡る分析が始まる。
　この約1分40秒の出来事は幸いにもビデオに記録されていた。その場面を何度もみてから,作成したものが次頁のトランスクリプト3である。トランスクリプトの書式は現象に対する理論的な構えと相互規定的な関係にある(Ochs, 1979)。今回は,保育者と子どもたちの間のやりとり,とくに,一人の保育者の行為に対する子どもの行為の対応関係を明らかにすることを目指したので,まず保育者の発話を線状的に並べ,そこに保育者の視線の方向と特徴的な行動を加えていった。次に,その保育者の行動に対応する子どもたちの発話,視線,特徴的な行動を付加した。視線はビデオで確認できる範囲で記載していったが,後ろ姿でも顔の方向から推測できる場合には,そのように記載した。行為は分析にかかわりのある特徴的な行動のみを記載した。子どもは複数おり,当然一度に複数の行動を行う。したがって,可能なかぎり,行動別に,視線別に画面内にいるすべての子どもの数とその行為をしている子どもの数がわかるように,「当該行動遂行者/画面内の子どもの数」として記載した。
　以上のように,1つの時間に6つの情報が記録されたことになる。本来,トランスクリプトは横に連続して記載されることが望ましいが,この書式では列数に制限があるため,適宜切り,縦方向につなげていった。縦につなげられたトランスクリプトの右には,声の韻律的特徴など付加的な情報を添付していった。アルファベットのRは保育者Uのいる廊下方向を指す。

1	N:	視線/ 行動/	もういいかなーどれ　どーこでまってる？ （畳部分中央に出る）（畳の入り口にバックで戻る）	[皆に呼びかけるような大きな声] [背中が映っているため確認不能]
	C:	視線/ 行動/	（6/6 名が別々の視線） （映っている 5 名全員別々の行動）	[母数は画面内の子ども数] [映っている全員]
2	N:	視線/ 行動/	ここでまってる　はい　おいでーおいで 　　　　　　　　（畳に座る）	[背中が映っているため確認不能]
	C:	視線/ 行動/	（6/6 が N に視線を合わせる） 　　　　　　　　（N の周りに 7/7 小走りで集まってくる）	[「はーい」と声を出したり，手を挙げてくる子もいる]
3	N:	視線/ 行動/	だいごおいでおいで　みみちゃんおいでおいでおいで out of view━━━━━━MM━━━━━━out of view 　　　　　　　（手を二回素早く下に振る）	[カメラ外：out of view]
	C:	視線/ 行動/	6/6N━━━━━━━━━━━━━━━━━━ 　　　　　（N の回りに 7/7 集まって来て立つ・座る）	[一部カメラ外] [順次畳に座っていく]
4	N:	視線/ 行動/	よしこせんせいーはやくもってきてー out of view　　　　　U━━━━━━━━━━ out of view　　　（両手を口　）	[高い裏声]　[よしこ先生（U）は N を見て，笑う応答]
	C:	視線/ 行動/	out of view　　　　　　　　　（7/9 が U・2/9 が N） out of view　　　　　　　　　（7/9 が座る・2/9 が立つ）	
5	N:	視線/ 行動/	よしこせんせいーまだかなー U━━━━━━━━━━━━━ （両手を口にあて，U の方を見ている）	
	C:	視線/ 行動/	4/10 が N・6/10 が U━10/10 が U	
6	N:	視線/ 行動/	まだかなーよしこせんせいー　せいのー C━━━━━━━━━━━━━━━━━━ （口に手　　　　手でリズムをとりながら，指を振る）	[大きな声] [笑顔]
	C:	視線/ 行動/	9/10 が N━━━━━━━━━━━━━━━ （3/10 が立つ・6/10 が座る・1/10 が四つ足）	[数名がちらっと U を見る]
7	N:	視線/ 行動/	いち にい さん しー ごー ろーく しーち はーち きゅー じゅっ C━━━━━━━━━━━━━━━━━━━━━━━━━━ （手を振ってリズムをとりながら，指を出していく　）	[最後は言い切る] [首を動かし，一人一人見るような感じ]
	C:	視線/ 行動/	11/11 が N （9/11 が N のリズムに合わせて指を振っている）	
8	N:	視線/ 行動/	もういいかーい C━━━━━━━━━R━━━━━ （両手を開いて前に出す形） 　　　　　まだだよー ━━━━━━━━	[R は U のいる廊下方向] [多くの子どもが声を揃えて言う]
	C:	視線/ 行動/	11/11 が N 　　　　　　（口に手をあてている子が数名いる）	
9	N:	視線/ 行動/	よしこせんせいもういいかーい R━━━━━━━━━━━━━━━━━ （口に手をあて首を乗り出すように） 　　　　　　　　　まだだよー ━━━━━━━━━━━	[前の発言よりも大きな声] [先ほどよりもゆっくりした調子]
	C:	視線/ 行動/	5/11 が U・6/11 が R （1/11 立ち上がり歩き出す・10/11 座っている）	

10	N: 視線/行動	まだだねーまだみたーい　せいのー R————————————————C 　　　　　　　　　　　　　　（手を振り出す）	
	C: 視線/行動	N———————————————— （1/11 が移動，10/11 は座っている）	[N か R を見る]
11	N: 視線/行動	いち　にい　さん　しー　ごー　ろーく　しーち　はーち　きゅー　じゅう C———————————————————————————— （リズムをつけて指を振る）	
	C: 視線/行動	いち　にい　さん　しー　ごー　ろーく　しーち　はーち　きゅー　じゅう N———————————————————————————— （8/10 がリズムをつけて指を振る）	[途中 1/10 がカメラの方を見る]
12	N: 視線/行動	もういいかい R———————— （両手を口にあてる　　　） もういいかい　　　　　まだだよー	[小さな声] [R と C が N に対して同じ側にいるので判別困難] [「まだだよ」は大きな声]
	C: 視線/行動	2/10 が N———————— （6/10 が口に手）（2/10 が耳を押さえる）	
13	N: 視線/行動	じゃ　こんどおっきいこえで　もういいかーい　まだみたい （両手を口にあてる） 　　　　　　　　　もういいかーい	[R と C は同じ方向なので判別不可能] [子ども達大きな声で叫ぶ] [C に対して N と R が同じ方向なので判別が困難な場所がある]
	C: 視線/行動	N————————R————————N （4/10 が口に手・1/10 が耳に手）	
14	N: 視線/行動	ちっちゃいこえで　もういいかーい R———————————————— （口の前に指を立てる） 　　　　　　　　　かーい	[呟きから小さな声] [R と C は同じ方向なので判別不可能]
	C: 視線/行動	8/10 が N————————1/10 が R （2/10 が口に手）	[2/10 がちらっと R を見た]
15	N: 視線/行動	こないね　じゃもういっかい　せーえの　あ　きたかも C————————————————R 　　　　　　　　（指を動かす）（口に手） 　　　　　　　　　　　　　ぱきんぱーん	[急に首が R の方向に動く] [少数者による不明発言][「きたかも」の発言で急に沈黙] [一斉に振り向く]
	C: 視線/行動	8/10 が N・2/10 が R————————9/10 が R	
16	N: 視線/行動	きたかもきたかもきたかも　やったー　きました　きました R————————C （口に手　　　）（手を叩く　）	[言い切って早口に][U が前の入り口から入ってくる]
	C: 視線/行動	9/10 が R————10/10 が R 　　　　　　　　　　（3/10 が手を叩く）	
17	N: 視線/行動	まってたぜー　まったたぜー　ふふふふふ （手を叩いて笑っている　）（立ち上がり，その場を去る）	[U が N の後ろから来て交替する]
	C: 視線/行動	9/10 が U———————— 　　　　（1/10 が U の方へ立っていく）	[うれしそうなキャッキャッという声を出す] [この後，U が N の位置に座る。子どもの視線は U に集中]

トランスクリプト3：シェアリング・ボイス使用場面

注：N.U は保育者美紀先生，佳子先生，C は子ども集団，R は U のいる廊下方向を示す。

3. 何が起こっていたのか？

　ここで何が起こっていたのだろうか。ここで起こっていたことはなぜ私にとって「重要」に思えたのか。その理由を述べてみたい。その第一の理由は保育者の発言であり，声であった。トランスクリプト3から保育者の発言を整理したものがトランスクリプト4である。トランスクリプト内の行番号はトランスクリプト3とトランスクリプト4で共通で，同じ番号である。そこでは保育者は二つの「声」を使い分けていた。一つは，「指導者」としての声であり，それは1行目のような「指導者」としての問いかけであったり，2行目や3行目のような「指導者」としての指示である。保育者がこのような「指導者」の声を使っていることは，その立場上当然である。保育者が子どもに対して指導者の立場から指示を出すのは言うまでもない。

1：もういいかなーどれ　どーこでまってる？
2：ここでまってる　はい　おいでーおいで
3：だいごおいでおいでおいで　　みみちゃんおいでおいでおいで
4：よしこせんせいー　はやくもってきてー
5：よしこせんせいー　まだかなー

トランスクリプト4：トランスクリプト3から美紀先生の発言だけ抜きだしたもの
　　注：行番号はトランスクリプト3と同じである。

　これに対して4行目，5行目のような声は本来子どもが発するはずの声である。絵本を待つ子どもが絵本を取りに事務室に向かった先生を待ちながら，「早くもってきてー」と叫ぶ声である。もしも絵本を取りにいった保育者を待つもう一人の保育者であるならば，4行目の発言の代わりに「指導者」として「よしこせんせい（U）はやくお願いします」などというのが自然であろう。しかし，実際にはそのような発言はなされなかった。また，さ

らに5行目では，自分あるいは自分の仲間に向けられた発言として「まだかなー」と発せられていた。その発言には，早く持ってきてほしいという気持ちが表れている。

　このように，美紀先生は子どもとともに佳子先生が絵本を持ってきてくれるのを待っている存在であった。この後，美紀先生は，佳子先生が来るのを待ちながら，数を数えたり（トランスクリプト3の7行目と11行目），トランスクリプト4の4行目や5行目のような発言を繰り返した。トランスクリプト3に示されているように，こうした美紀先生の行為に対して，子どもたちは発言は少ないものの，適宜姿勢や視線の移動を含め，応答していた。たとえば，トランスクリプト3の4行目の発言に対してその場にいた9人の子どものうち，7人の子どもが佳子先生が向かった部屋の外（R）へと視線を向け，発言者である美紀先生に視線を向けたのは2名だけであった。このことは，4行目の発言によって美紀先生と7名の子どもたちが佳子先生を美紀先生の発言の宛先とした振る舞いをしていたことを示す。言い換えれば，保育者を中心とする子ども集団において，美紀先生の発言は子どもたちにとっては「私たちの代表」としての美紀先生の発言であったことを示す。

4．未来の声の先取り的模倣

　要約的に述べれば，美紀先生の発言は子どもたちが出すべき声を代表していたといえる。しかし，重要なのはまだこの子どもたちが自ら自発的にそのような言語的な発言をすることはなかったという事実である。したがって，美紀先生の発言はその時「現在」の子どもたちの声を代表して，本来子どもたちが出すべき声を「代弁」したものではない。それは子どもたちが「その内にするはずの」未来の声を「先取り的に模倣」した発言であったのだ。それによって，多くの子どもたちは，佳子先生を待つという出来事にいつの間にか巻き込まれていったのである。

　このような子どもたちと出来事を共有することを可能にする声を「シェア

リング・ボイス（sharing voice）」（石黒, 1999 ; Ishiguro, 2002）とよぶ。それは言語習得初期の子どもたちをある出来事に誘い出し，同一の活動に参与することを可能にする有力な言語的リソースであると考えられる。このようなシェアリング・ボイスは年長児以上では3歳未満児ほどには使われないだろう。しかし，大人同士であっても，共通の活動を行っている時に，このような声が用いられることがあるはずだ。これはいわば「私たち」という集団がそこにいる誰にでも可視化される形で先にあって，「さあこれからこれを言おう」と示し合わせて発言するというものではなく，むしろ誰かが先にみなを代表した声を出し，他の仲間をその声が前提とする集団に自然に巻き込むような，誘いかけの声なのである。

　この場面は発達心理学の立場から見ても非常に興味深い。なぜなら，子どもたちはその時現在において自らができる以上のことを他者の助けを借りながら実行したからである。通常は，ある能力があってはじめてその能力に見合った行動ができると考えるだろう。しかし，事実は逆だ。ある行動が先に達成され，その後，その行動の社会的意味が自覚されていくのである。この事例では，子どもたちは無自覚的に待ってしまった。ヴィゴツキー（Vygotskii, 1934/1996）は近い将来，子どもが自らのものとする領域を最近接発達領域とよび，それは自分よりも有能な他者とのかかわりの中でアクセスできることを強調した。しかし，他者がいればよいというものではない。良い保育者とはこのようなかかわりができる人のことなのかもしれない。こうした現象は，「教える」という人間的行いを考察するうえでも示唆的である。美紀先生は「待つ」ことを言語的に説明したわけではない。彼女は子どもの近接未来を先取りした演技を行って「教えた」のである。

　実はこのエピソードには後日談がある。このエピソードの1週間後，1人の女児がベランダの窓の前に座り，さらにその周りを囲む形で，数名の子が座っていた。全員，口に手を当て，不明瞭な声で「まだかなー」と叫び，それに続けて数を数えていた。子どもたちは，1週間前に美紀先生が行った一連の流れを模倣していたのである。その「待つごっこ」はとても人気があ

り，先生役を巡って子どもたちはけんかをするほどであった。美紀先生の働きかけの中で，無自覚な「待つ」協働が生まれ，その後，こうして自覚的な「待つごっこ」に展開したのである。

　シェアリング・ボイスが様々な協働活動（concerted activity）においてどのように使われるのか，それが使われる時，それはどのような文脈を必要とするのか，その使用のバリエーションを探ることは興味深い。私は美紀先生は普段から子どもたちとの接し方が自然で，保育活動の流れにさっとのれる保育者だと思っていた。紹介した場面は彼女が保育経験5年目の時だったと思う。このビデオを美紀先生が所属している園の園内研修で本人の許可を得て使ったことがある。ビデオを見ながら，その場面の流れを解説した後，私は「みなさん，気づいていないと思いますが普段何気なく凄いことやってるんですよ」と言った。それは保育者が育った姿であったし，保育者と子どものかかわりの発達の過程を示すものでもあった。

　こうした何気ない保育実践の日常に埋め込まれた発達の契機となる出来事を捉え，その意味を解きほぐしていくことが保育心理学にとっては意味のある研究となる。その話を聞いた園長は「この子も最初はいろいろあったけど，こんな保育していたんだね」とうれしそうに笑みを浮かべ，感想を述べていた。保育者が慣習的に行っていることをていねいに記述しながら，その中に様々な技能を発見していく。そしてその発見が保育者を勇気づけることができる。科学的知識として流布している知識を現場に持ってきて，流し込むガソリンスタンド型の伝達（Freire, 1982）に対して，実践に学ぶ研究がある。保育実践を部外者が研究し，実践に学ぶことの意味を実感させてくれた場面であった。

第2部

保育心理学の展開

　第2部では，5名の研究者がそれぞれの保育実践研究を紹介する。第1章では，乳児期における子どもと養育者との関係のあり方に焦点があてられ，保育所における食事介助場面の分析事例が紹介されている。第2章では，幼児期において，他の活動を主導する活動といわれる「遊び」に焦点があてられ，保育実践における介入的ドラマ遊び研究が紹介されている。第3章では，幼稚園における保育者同士の保育カンファレンスに焦点が当てられ，保育者が保育実践の中で成長していく過程が論じられている。第4章では，学童保育活動における保育者，親，子ども相互の関係変化に焦点が当てられ，実践における学習の拡張過程が論じられている。補章ではスウェーデンの保育状況が紹介され，幼児期において遊びと学習は対立する活動ではなく，きわめて密接な活動であることが論じられている。読者はこれらを通して，保育実践がいかに人間発達の培地として豊かであるのか，そしてまた，そこに多くの研究課題があふれていることを知るであろう。

第 1 章

人間関係の礎を築く保育
：乳児期の保育課題

はじめに

　今日の子育てをめぐる状況では，密室育児や育児ノイローゼ，児童虐待など様々な困難さが指摘されている。3歳になるまでは親のもとで子育てを，といういわゆる「3歳児神話」は学問的には否定された（菅原, 2001ほか）[1]にもかかわらず，現在でも幅広く，そして根強く浸透している（金田, 2004）。したがって，3歳未満の子どもたちを対象とする乳児保育の課題を明らかにすることは，今日ますます重要となっている。

　この章では，乳児期の人間関係に関する代表的な理論であり，3歳児神話の理論的支柱ともなってきたボウルビィのアタッチメント理論とその後の展開について紹介し，それらと乳児保育との関連についてこれまで明らかにされてきたことを整理し，その中での問題点を指摘する。それを踏まえて，アタッチメント関係を含む子どもと養育者の関係を形成していくうえで重要となる新たな着目点を提示したい。

§1 アタッチメント理論と乳児保育

1. ボウルビィのアタッチメント理論

　アタッチメントとは，一般には，いろいろな対象に向けられている。広義には，人が特定の他者との間に築く緊密な情緒的結びつき（情緒的絆）として定義されることが多い（遠藤, 2005）。一方で，狭義には，危機的な場面や潜在的な危機に備えて，特定の対象（主な養育者）を安全基地として利用し，安心感を得ることができるような行動システム，ならびに，それに関する内的表象として，相対的に限定された定義もある（近藤, 2006）。

　ボウルビィ（1969/1976）によれば，養育者などのアタッチメント対象との接近の維持をもたらすアタッチメント行動には次のようなものがある。子どもをアタッチメント対象に向けさせる定位行動（養育者の動きを目で追ったり，耳で確かめたりすることによって養育者の所在を知る），母親を子どもの方へ引き寄せる発信行動[2]（泣き叫び，微笑，喃語など），子どもを母親へ近づける接近行動（探し求め，後追い，しがみつきなど）などである。これらのアタッチメント行動は，発達に伴って出現・変化するものであり，将来のアタッチメントの土台となるような原始的システムとして誕生直後から存在している。

　アタッチメント理論の特徴は，子どもの行動を特定の目標をもつシステムとして捉えている点である。それらの子どもの行動システムには，養育者への近接・接触を維持する「アタッチメント行動システム」，新奇な環境において恐れの対象の除去や回避・退去を目標とする「恐れ／警戒システム」，新奇な環境に向かう行動を解発する「探索行動システム」があげられる。これらの行動システムが場面の状況や子どもの状態によって，ダイナミックに関連し合い，子どもの行動を制御・組織化していると捉えられている。

これらのアタッチメント行動がどのような発達過程をたどるかについて，ボウルビィ（1969/1976）は4つの発達段階を設け，次のように説明している。

第1段階：人物の識別を伴わない定位と発信（出生から少なくとも生後8週ごろ，一般的には12週ごろまで）：この段階の乳児は人に対する行動は示すが，特定の養育者（母親，保育者）と他者を識別する能力は伴っていない。乳児は周囲の人に対し，定位と発信といったアタッチメント行動を示し，人の声を聞いたり顔を見たりすると泣きやむことがよくある。

第2段階：1人（または数人）の特定された対象に対する定位と発信（生後12週ごろから6か月ごろまで）：第1段階と同様に，乳児は人に対して親密な形で行動する。しかし，その行動は他人に対してよりも特定の対象に対してより顕著に向けられる。また，聴覚刺激と視覚刺激に対し，人物に応じて分化した反応が12週以後非常に明確になる。たとえば，養育者の声を聞いて泣きやんだり，養育者の顔を見ると声を出して微笑むなどである。

第3段階：ある特定の対象に対する接近の維持（6か月から2,3歳ごろまで）：この段階では，乳児は人の区別がさらに明確になり，家族などの見慣れた人たちは二次的なアタッチメント対象として選択されるが，見知らぬ人には警戒心をもったり，恐れを示し，かかわりを避けたりするようになる。また，この時期には，はいはいや歩行などによる移動が可能になり，反応の種類も急速に広がる。たとえば，養育者を後追いする，戻ってきた養育者を迎える，養育者を安全基地として探索行動を行うなどである。

この第3段階の間に，養育者に対する子どものアタッチメント行動が，徐々に目標修正的に組織化されるようになることが重要な特徴である。ただし，この段階の子どもにとって，養育者の背後にある意図や設定目標を推測することは難しい。

第4段階：目標修正的協調性の形成（3歳ごろから）：3歳前後から母親の行動やそれに影響を与える事柄を観察することによって，養育者の設定する目標のいくつかについて，また目標達成のためにしようとしている計画の一部

について推測できるようになる。つまり、子どもは養育者の感情や動機について洞察することができるようになる。このようになると、子どもと養育者の間に互いに協調性に基づく関係が形成される。この時期、子どものアタッチメント行動は大幅に減少する一方で、アタッチメント対象についての確信・イメージ（内的作業モデル）が子どもの中に内在化され、それが安心の拠り所として機能しはじめる。

以上のように、アタッチメントには実際の行動によって安心感を得る物理的近接から、イメージや主観的確信といった表象によって部分的にそれらを得ることへと漸次的に移行していくという変化がみられる。また、上記の発達段階は、好ましくない環境条件のもとではさらに継続することや、病気や環境の急激な変化、養育者の情緒的問題などによって後戻りすることもあるといわれている（久保田, 2003）。

2. アタッチメント関係の個人差

遠藤（2005）によれば、アタッチメントの発達には、上述したような種に共通した"基準的要素（normative component）"のほかに、"個別的要素（individual component）"がある（Goldberg, 2000）という。上述の3つの行動システム（①アタッチメント行動システム、②恐れ／警戒システム、③探索行動システム）は、アタッチメントの第3段階、およそ1歳ごろから活発に活性化しはじめる。ただし、これらの行動システムの活性化は、すべての子どもに同じような方略でなされるわけではないと考えられた。

このようなアタッチメントの個人差を把握するための実験的測定手法として、エインズワースら（Ainsworth, Blenhar, Waters, & Wall, 1978）はストレンジ・シチュエーション法（Strange Situation Procedure : SSP）を考案し、精力的に研究を行った。SSPとは、乳児を新奇な実験室に導き入れ、見知らぬ人に対面させたり、養育者と分離・再会させたりするなどの8つの場面から構成され、そこで乳児の反応を組織的に観察しようとするものである。SSPで

は，これら8つの場面での行動が全体としていかに"組織化（organize）されているか"という点が重視されている。とくに，分離・再会場面で養育者にどのような行動を向けるか，その行動の組み合わせパターンに組織化における個人差が現れるとみて，これらの違いによって，乳児のアタッチメントの質が当初，以下の3つに分類された。

Aタイプ（回避型）：養育者との分離時に，混乱・困惑した様子をほとんど示さず，再会時にも，養育者から目をそらしたり，養育者を無視・回避することが特徴である。また，養育者を安全基地として実験室内を探索することがあまりみられない。

Bタイプ（安定型）：養育者との分離時に，泣きや混乱を示すが，再会時には，容易に落ち着きを取り戻し，喜びと安堵の表情をみせながら，養育者に対し積極的に身体接触を求めていくことが特徴である。また，養育者を安全基地として積極的に探索行動を行うことができる。

Cタイプ（抵抗／アンビヴァレント型）：養育者との分離時に強い不安や混乱を示すことは，Bタイプと同様であるが，再会時に，容易に静穏化せず，養育者との身体接触を求める一方で，激しい怒りを伴った抵抗的態度を向けるなど，両価的な態度が顕著であることが特徴である。また，養育者に執拗にくっついていようとすることが相対的に多く，養育者を安全基地として探索行動を行うことがみられにくい。

これら3つのタイプはいずれもアタッチメント行動システムを何らかの形で活性化（もしくは活性化しないように）させ，整合的でかつ組織化されているという点が共通している。つまり，Aタイプはアタッチメント行動システムを極力活性化しないような方略をとることを特徴とし，Bタイプは危機に際して適切にアタッチメント行動システムを活性化させ，危機がない場面では探索行動システムを活性化する方略を，さらに，Cタイプはアタッチメント行動システムを過剰に活性化する方略をそれぞれ特徴とする（近藤，2006）。

このような個人差が生じる背景には，養育者の感受性（sensitivity）や子ど

もの気質的な要因の双方が関連しており，さらには親子の養育を支える社会的支援の要因とも関連しているといわれている（遠藤・田中, 2005；久保田, 2003ほか）。

　さらに，近年では，この3つのタイプのいずれにも当てはまらない子どもたちの存在が明らかにされ，新たにDタイプ（無秩序・無方向型）として捉えられるようになってきた（Crittenden, 1985；Main & Solomon, 1990など）。このタイプは，顔を背けながら養育者に近づいたり，養育者にしがみついた途端に床に倒れ込むなど，近接と回避が同時的・継時的にみられ，行動の一貫性が乏しく，個々の行動が秩序立っていないことが特徴である。また，先の3つのタイプと異なり，Dタイプに該当する子どもは，アタッチメント行動システムが組織化されておらず，それを活性化する方略がわからないことを特徴とする。このタイプは，とくにハイリスク児に多くみられ，虐待などの不適切な養育的背景があったり，アタッチメント対象である養育者が「安全基地」であると同時に，脅威の源となっているといった矛盾する状況を抱えていたりする（Main & Solomon, 1990）。

　このように，現在のアタッチメント研究では，エインズワースのA, B, Cの3つのタイプとDタイプのあわせて4つの分類からアタッチメントの個人差が捉えられている。

3．保育所で育つ子どものアタッチメント

　アタッチメントに関する研究では，主として母親と子どもの関係に焦点が当てられてきた。しかし，現代社会では，多くの子どもたちが保育所・幼稚園ないしは子育て支援センターなどの多様な養育形態や集団生活を体験し，家庭におけるものとは異なる他者との関係を経験している。そこで，家庭以外の養育の代表的な場の一つである，保育所で育つ乳児のアタッチメントについてどのように考えられてきたのかを次にみてみよう。

(1) 乳児保育と親子のアタッチメント

　1960-1970年代にかけて，日本ではボウルビィの母子関係論，ホスピタリズム論などを根拠として家庭での母親による養育が何よりも重要であり，乳児保育は子どもや母子関係に悪影響を及ぼすという考えが流布されてきた（鈴木，1999）。また，同時代に，アメリカにおいても乳児保育に関する議論が起こり，その後，1980年代に入って，乳児保育とアタッチメントとの関係について検討されるようになった（数井，2005）。そこでは，乳児期から施設で保育を受けると子どもは母親と一緒に過ごす時間が少ないので，家庭での母親による養育よりもアタッチメント関係を不安定（とくに，回避型）にすることが明らかにされた（Belsky, 1990）。数井（2005）によれば，上述のAタイプとCタイプが不安定なアタッチメント，Bタイプが安定したアタッチメントとして捉えられ，不安定なアタッチメントは，幼児期や児童期における対人関係における困難さを生じやすく（Sroufe & Walters, 1977ほか），攻撃性の増大や協調性の低さと関連していると当時は考えられていた（Schwarz, Strickland, & Krolick, 1974；Vaughn, Gove, & Egeland, 1980）という。つまり，Aタイプ（回避型）に分類された乳児は，のちに問題行動を発生させやすくなると認識されていたのである（数井，2005）。ここでは，母子がともに過ごす絶対的な時間の量が問題にされ，それが少ないと，母親との安定したアタッチメント関係が築けず，結果として母親をあてにしなくなり，Aタイプ（回避型）になると考えられていた。

　しかし，1990年代に入って，アメリカの大規模な乳幼児保育研究プロジェクトの知見から，生後15か月の時点で母親による養育のみの子どもたちと保育所経験のある子どもたちでは，母子間のアタッチメント関係に差がないということが明らかにされた。ただし，生後15か月以内に保育所を複数箇所変わったり，長時間保育を受けていてかつ母親の敏感性レベルが低い場合に，子どものアタッチメントが不安定化しやすいとのことであった（NICHD, 1997）。さらに，オーストラリアの研究では，母親の仕事復帰のタイミングと親子のアタッチメント関係とが関連していることがわかってきて

いる（Harrison & Ungerer, 2002）。そこでは，生後5か月以内に仕事に復帰した母親の子どもがSSPによる測定で最も多く安定型に分類され（71.7％），家庭にとどまった母親の子どもは安定型が最も少なく（44.7％），抵抗／アンビヴァレント型が最も多い（40.4％）という結果であった（Harrison & Ungerer, 2002）。

このように，乳児保育を受けることは必ずしも親子のアタッチメント関係を阻害するものではなく，それによって親の社会参加や自己実現が可能となり，仕事と子育て双方から得られる責任感や充実感が親子関係にも肯定的に作用するものと考えられている（Harrison & Ungerer, 2002；数井, 2005）。

(2) アタッチメント対象としての保育者

では，そもそも親以外の人が子どものアタッチメント対象となりうるのだろうか。それが成立する場合，親に対するアタッチメントとどのような関連があるのだろうか。

ハウ（1999）は，アタッチメント対象になりうる条件として，①身体的・情緒的な世話をしていること，②子どもの生活のある場面に常に存在し，首尾一貫した役割を果たしていること，③子どもに対し情緒的に入れ込んでいること，の3つをあげている。

実際，日本における研究では，保育者を最初のアタッチメント対象とした乳児や，保育者と母親へのアタッチメントを同時に形成していく乳児についても報告されている（繁多, 1987）。

では，親以外の人（保育者）とのアタッチメントと親とのアタッチメントには，どのような関連があるのだろうか。それに関して，数井（2005）は，以下のようなオランダとイスラエルおよびアメリカにおけるいくつかの縦断研究を紹介している。まず，オランダとイスラエルにおける縦断研究では，親と保育者のそれぞれと1-2歳児がSSPで調べられた結果，保育者は親よりもAタイプ（回避型）や分類不能の比率が高くないこと（Goossens & van IJzendoorn, 1990；Oppenheim, Sagi, & Lamb, 1988），また，子どもは保育者に対

し独自のアタッチメントを形成していること（Goossens & van IJzendoorn, 1990；Sagi, Lamb, Lewkowicz, Shoham, Dvir, & Estes, 1985），さらに，それらの子どもに対して3，4歳（オランダ）ないしは5歳（イスラエル）時点での幼稚園や保育所における社会情緒性を測定した結果から，保育者とのアタッチメント関係が子どもの後の社会情緒性の発達を予測することが明らかにされた（van IJzendoorn, Sagi, & Lambermon, 1992）。これらの結果は，ファン・アイゼンドーンら（1992）が提案したアタッチメントの安定性の発達に関する基準をほとんど満たしていることが示された。

　また，アメリカにおける縦断研究でも，保育者とのアタッチメント関係について様々な角度から分析されている。中でも，ハウら（Howes, Hamilton, & Philipsen, 1998）の研究では，乳幼児期における母親とのアタッチメント関係が9歳時点の母子関係についての認識と関連があったという子どもが全体の4分の3いることが明らかにされた。また，12か月と48か月時点の母子関係は，9歳時点の先生や仲間との関係についての認識とは関連がなく，乳児期における保育者とのアタッチメント関係が9歳時点での先生との関係と関連していることが明らかにされているという。

　これらの結果から，数井（2005）は，保育所というひとつの文脈における主要な大人（保育者）との関係は，同様な文脈（学校）における類似の役割を担う大人（先生）との関係と関連していること，したがって，母親との関係性における特徴がほかのすべての関係性において一般化するわけでないとしている。

　さらに，アーナートら（Ahnert, Pinquart, & Lamb, 2006）は，子どもと親以外の養育者（＝保育者）との安定的な関係性について，これまでの40の調査結果をもとにメタ分析を行い，保育形態（家庭型保育／保育所）と子ども—保育者のアタッチメント関係との関連などについて検討した。その結果，子どもの在所年数が長く，女児である場合に，安定したアタッチメント関係の割合が保育所より家庭型保育において多かった。さらに，保育所では，個々の子どもに対する保育者の感受性（sensitivity）よりも，むしろ保育者の集団と

しての感受性がその関係に影響を与えていることが新たにわかってきている（Ahnert, Pinquart, & Lamb, 2006）。このことは，これまでアタッチメント研究において検討されてこなかった要因が子どもと保育者の安定的な関係性に影響していることを示唆している。

以上のことから，保育所（あるいは，家庭型保育や幼稚園など）において，子どもは親とは異なる大人（＝保育者）との安定的なかかわりの中で，親とは異なる独自なアタッチメント関係を築くことが可能であり，保育の質や親との関係性および保育者の集団としての感受性などが安定したアタッチメント関係を支えていることが示された。したがって，乳児保育において，保育者との間で安定的なアタッチメント関係を形成することが改めて重要な課題であることが確認された。

§2　アタッチメント理論の反発性からの視座

1.〈子ども-養育者〉関係における反発性とアタッチメント

これまでみてきたように，アタッチメント理論では主として子どもと養育者（保育者も含む）の関係における親和的，協調的側面が注目されてきた（根ヶ山, 1999, 2002；坂上, 2005）。こういったアタッチメントの考え方は，子育てや乳児保育に大きな影響を与え，それまでの子どもと養育者の関係のあり方，保育の方法を見直すきっかけになった[3]という意味で非常に重要な役割を果たしてきた。

しかし，アタッチメントの特徴は果たして親和的，協調的側面だけなのだろうか。根ヶ山（2006）は，母子（親子）関係における反発性には，親和性を育む側面があると主張している。反発性とは，「攻撃や回避・拒否，あるいは単なる指向性の減少を要素として含むような，子どもと養育者の隔たり

の増大につながるやりとり」を指す（根ヶ山, 2002, p.399）。この視点に立つと，たとえば，アタッチメント行動の一つである泣きは，母親を子どもの方へ引き寄せるという親和性をもつと同時に，子ども自身の養育者に対する不満や拒否，不快の表現といった反発性の要素も含まれる。また，同様の特徴がアタッチメントの発達における第3段階から第4段階への移行過程にもみられる。第3段階（6か月〜2, 3歳ごろ）では，子どもと養育者の目標修正的協調性が形成される第4段階（3歳ごろから）への移行の準備がなされる。とりわけ，1〜2歳ごろはアタッチメント行動を始め，歩行の開始や言語の使用など子どもの行動が活発化するのに対し，養育者からは危険な行動の制限・禁止，身辺自立に向けてのしつけなどが開始される。そして，この時期に子どもと養育者の間で生じる様々な葛藤や対立・衝突を克服すること，それは，ボウルビィ自身も述べているように，相互の妥協によって関係を調整することであり，次の第4段階における子どもと養育者の目標修正的協調性の形成に向けて不可欠なことである。

このように，アタッチメントについて，親和性と反発性の要素がともに含まれているといった視点を導入することが子どもと養育者の関係を理解するうえで重要であると思われる。そこで，アタッチメント理論では十分に取り上げられていない，子どもと養育者の反発性の側面について，とくに，1歳〜2歳ごろを中心に，（1）自己主張・反抗行動および（2）情動制御，それぞれの研究についてみてみよう。

（1）自己主張・反抗行動

子どもの自己主張・反抗行動とは，子どもが養育者に対して，自分の要求や意図を言語的，非言語的に主張したり，親からの要求や指示等の働きかけを拒否したり，それに応じなかったりすることであり，そこには〈子ども―養育者〉関係における反発性が含まれている。

これまで自己主張・反抗行動について，いくつかの変化点とその特徴が明らかにされてきている。

まず，生後14，15か月ごろの変化に注目したもので，この時期，子どもは自分の"つもり"が達成されないことへのいらだちを露にしはじめる（Dunn, 1988）。また，0〜2歳までの拒否行動や要求行動における重要な変化として，14，15か月ごろから，自分の思ったとおりの手順で食べ物が与えられないと怒るといったことから，自分の「つもり」が現実の要求実現よりも優先するようになるという（山田, 1982）。

次に，1歳半から2歳ごろに新たな変化がみられることを指摘したいくつかの研究がある。1歳半ばごろになると，それ以前とは異なる拒否的・自己主張的な行動が出現しはじめる（Wenar, 1982）。1歳半以前にも拒否行動，目標達成行動はあるが，1歳半以降には，子どもの運動性，象徴性が伴いはじめる点に違いがある。その背景には，子どもの認知的スキル，客観的自己認識の獲得，歩行の開始，表象機能の獲得などが関連している（Wenar, 1982）。また，母親の行動に抗議したり，禁止されていることを繰り返すなどといった，子どもの反抗の回数が，18-24か月の間に上昇するという結果がある（Dunn, 1988）一方で，子どもの拒否の一つである，親からの禁止に対する子どもの不従順さ（noncompliance）が，生後2年目の終わりに上昇する（Emde & Bachsbaum, 1990）というもの，あるいは親の指示に対する従順・不従順行動は，18，24，30の各月齢を比較すると，加齢とともに直線的に増加するものでなく，とくに，24か月はどのような指示がなされたかその状況によって差が大きいともいわれている（Schneider-Rosen, & Wenz-Gross, 1990）。

一方，子どもの側の反抗・自己主張や不従順行動とそれに対する養育者の対応との関連を検討した研究もある。クチンスキーら（Kuczynski, Kochanska, Radke-Yarrow, & Girnius-Brown, 1987）は，生後15か月から44か月までの子どもとその母親のやりとりを横断的に検討し，子どもの不従順行動と母親が用いる統制方略との関連について発達的に検討した。その結果，子どもの不従順行動として，かんしゃくやぐずりなどの直接的抵抗は月齢とともに減少するが，取引や代替といった交渉は月齢とともに増加すること，また養育者の

統制方略のなかで,非言語的な統制(身体接触)や注意統制は月齢とともに減少し,説明,交換条件が月齢とともに増加することが明らかにされた。また,坂上(2003)は,生後18か月から30か月前後の子どもをもつ母親を対象とした質問紙調査により,子どもの反抗・自己主張に対する対応について検討した。その結果,子どもの月齢が上がるとともに,説明をする,交換条件をだすなど子どもの側に理解や譲歩を求める対応が増加するようになる。このように,この時期の自己主張・反抗行動を通して展開される子どもと養育者の反発性は発達的に変化するものと考えられる。

(2) 情動制御

はじめに,情動制御と反発性にはどのような関係があるのかについて考えてみたい。

情動制御という場合,制御・抑制される対象としての情動とは,たいていネガティブな(不快)情動である。情動制御に関する研究では,子どもの情動制御の特徴を捉えるために,子どもにとって魅力的なおもちゃや食べ物が手の届かないところに置かれているといった遅延課題や親が子どもから離れて部屋から出ていくといった分離課題などの実験的な場面が設定されることが多い。これらは,養育者との間で子どもが葛藤状況に置かれていることを意味している。このように,情動制御が求められる場面も,〈子ども─養育者〉関係における反発性として捉えることが可能である。

こういった葛藤場面において子どもが不快な情動を制御・調整する方略は,1〜2歳の間に精緻化されていく(Kopp, 1989)。つまり,母親との身体接触(抱っこを求めたり,ひざに座るなど)等により情動的苦痛を直接的に和らげることを試みる情動焦点型の対処は1歳前半にもみられるが,1歳半以降,苦痛をもたらしている原因自体に働きかけ,問題解決を試みるような問題焦点型の対処が可能になる(Kopp, 1989 ; Parritz, 1996)。また,1歳半以降,情動制御の有効な資源として養育者以外の大人を巻き込むようになる(坂上,1999)とともに,葛藤状況において母子の関係が相互調整的なやりとりに基

づく，より対等なものへ再編されるようになる（坂上，2002）。

　このように，情動制御の方略やそれをめぐるやりとりとしての子どもと養育者の反発性についても発達的変化を遂げることが示されている。

2．食事場面における子どもと養育者の反発性

（1）食事場面に注目することの積極的意義

　以上のことから，アタッチメント行動が活発化する1～2歳ごろ，子どもと養育者における反発性にも顕著な変化がみられるということが明らかになった。それらの子どもと養育者の反発性は，日常生活の様々な場面で生じている。とりわけ，食事という特定の場面において反発性をみることにはいくつかの重要な意義があると思われる。

　第一に，食べるという行動は，人間の生命と健康を支えるうえで不可欠であり，生涯を通して，人間生活の基礎となる行動であるということである。とりわけ，発達初期における食行動は人間発達の根幹を支えるものである。

　ボウルビィ（1969/1976）は，ハーロウ（1958）のアカゲザルにおける母親の代理模型を用いた実験から，身体接触による安心感が母子にとって一次的に重要であると位置づけたことは非常に重要なことであった。しかし，それとともに，生理的欲求の充足が母子の結びつきを契機とするという二次的動因説を退け，結果として，食行動の重要性を軽んじることとなってしまった。上述の食行動の意義を踏まえて，ここで改めて，生命維持に不可欠な食行動が子どもの発達にとって一次的に重要であると位置づけ直すことは非常に重要なことと思われる。

　また，食事場面では，養育者には，必要なものを必要なだけ，適切な仕方で食べさせたいという明確な意図があり，一方，子どもには，好きなものを好きなだけ，自分の思ったように食べたいという意図・能動性が存在する。そのため，子どもと養育者の間に対立や葛藤，調整や協力といった豊かな反発性が顕在化しやすい場面であるということが第二の意義としてあげられ

る。しかも，子どもと養育者の葛藤状況を，実験的な設定においてではなく，自然発生的に捉えることができ，生態学的妥当性が高い場面・行動である。

　第三に，食事場面には，他の場面（行動）と異なり，食べ物という焦点となる対象があり，かつ場所や時間が限定され，特定の姿勢や道具の使用が期待されるなど，一定の構造をもち，どの年齢でも毎日繰り返し行われるという特徴がある。場面・文脈が共通であれば，子どもと養育者の反発性の変化や特徴を捉えやすいということもあげられるだろう。次に，食事場面における反発性の研究についてみてみたい。

(2) 食事場面における反発性

　食事という場面は，養育者が食べさせようとするのに対し，子どもが食べることを拒否するなどといった子どもにとってしたくないことが強いられる状況や何か欲しいものがあるのに応じてもらえない，などの葛藤状況が日常的に生じる場面であり，先に紹介した自己主張・反抗行動や情動制御のどちらの要素をも含んだ場面といえる。食事場面に焦点化した子どもと養育者の反発性は，9-11か月ごろから，子どもは受動的摂食に対し頻繁に拒否をすることによって示される（Negayama, 1993；川田・塚田-城・川田, 2005）。また，母親の要求を拒否する一方で自己の要求を主張する，というような"こだわり"が11-14か月ごろからみられ始める（川田・塚田-城・川田, 2005）。食事場面における身体的および言語的拒否行動の量的変化について，7, 13, 25, 37の各月齢を比較すると，13か月児群でもっとも多く生起する（則松, 1999）。また，子どもの拒否行動の量的変化だけでなく，拒否行動のきっかけとなった養育者の行動は，13か月児群では「食べ物を口の前に提示する」ことが多く，25か月児群以降は他の身体的介入などの行動へと変化していく（則松, 2000）。このように，食事場面においても，1歳前後から2歳の頃は，子どもと養育者の反発性における特徴が変化する重要な時期といえるだろう。

(3) 保育所における子どもと保育者の反発性

 以上のことを踏まえて，食事場面における子どもと養育者の反発性についての具体的な研究事例（河原, 2004を加筆・修正）を紹介しよう。この研究では，保育所の食事場面における子どもと保育者の反発性について，次のような点から検討を行った。まず，子どもの拒否行動に注目し，それに対して保育者がどのような対応をとるのか，といったやりとりの経過と結末を含むやりとりのパターンについて検討し，さらに，子どもが拒否した後，保育者はどのように対応するか，子どもが拒否し続けると，保育者は次にどのように対応を変えるのか，そこで用いられる保育者の対処方略を詳細に捉えることを目的とした。

 そのために，保育所における6名の子どもの食事場面の様子を，12か月から24か月まで，毎月1回継続的に観察したデータを，次のような手続きで整理した。食べさせる，あるいは食べることに関する保育者からの働きかけ（以下，摂食促し行動と略す）に対し，子どもが顔を背ける，首を振る，保育者の手を払いのけるといった身体的拒否および「イヤ」などの言語的拒否を示した時点から，そのやりとりの開始まで遡り，拒否を含むそのやりとりの終了までをひとまとまりのエピソードとしてビデオ記録に沿って書きだしカード化した。エピソード総数は276であった。やりとりの連鎖の必要最小限の単位を切りだすことによって，これらのエピソードの意味を捉えようとする相互行為分析の考え方（石黒, 2001）を参考に，得られたエピソードを，子どもの拒否行動の前後にみられた保育者とのやりとりの継続性とその結末によって整理した。また，子どもの食行動の自律を捉える指標として，河原（2003, 2006）をもとに，スプーンで食べる行動の発達特徴から，観察期間を3つの時期（第1期：1歳前半頃，第2期：1歳半ば前後，第3期：1歳後半以降）に区分して検討を行った。

① やりとりのパターン

 得られたエピソードを，整理した結果，4つのパターンが見いだされた。1つ目は単発的拒否で，子どもの拒否行動の後，保育者が摂食促し行動をや

表2-1-1 各パターンのエピソード数(%)

	第1期	第2期	第3期
単発的拒否	52(26.4)	12(25.5)	6(18.2)
A児	3	2	0
B児	14	0	2
C児	25	6	0
D児	4	0	1
E児	2	1	―
F児	4	3	3
継続的拒否	52(26.4)	19(40.4)	6(18.2)
A児	4	4	1
B児	17	1	0
C児	20	10	0
D児	1	0	1
E児	4	3	―
F児	6	1	4
拒否後受容	44(22.3)	15(31.9)	16(48.5)
A児	11	7	7
B児	8	2	1
C児	13	2	0
D児	1	0	5
E児	9	2	―
F児	2	2	3
受容後拒否	49(24.9)	1(2.1)	5(15.2)
A児	11[3]	1[1]	2[2]
B児	11	0	0
C児	4[1]	0	0
D児	0	0	2
E児	19[2]	0	―
F児	4[1]	0	1[1]
合　計	197(100.0)	47(100.0)	33(100.0)

注）［　］内は拒否後受容と重複したエピソード数を示す
　　―：E児は第3期に該当する時期がなかったことを示す

めるもの，2つ目は，継続的拒否で，子どもの拒否行動の後，保育者の摂食促し行動が1回以上継続されるが，最終的に子どもが拒否を示したまま食べないで終わるもの，3つ目は，拒否後受容で，子どもの拒否行動の後，保育者の摂食促し行動が1回以上継続され，最終的に子どもが保育者の対応に応じる（食べる）もの，4つ目が，受容後拒否で，保育者の摂食促し行動を，子どもが一度は受け容れるが，その直後に口から食べ物を吐きだす，首を振るといった拒否行動を示すものである。これらを子どもの食行動の発達の時期ごとにみると，いくつかの特徴がみられた（表2-1-1参照）。

　第一に，拒否行動を含むエピソードの生起回数は，第1期に相対的に多く，第2，3期には減少する傾向がみられた。第二に，各やりとりパターンの割合は，子どもの食行動の自律に伴って変化することが示された。第1期は，どのパターンもほぼ同じ割合を示すとともに，受容後拒否が4分の1を占めていたが，第2期では継続的拒否が最も多く，次いで拒否後受容が多いが，第3期では拒否後受容がもっとも多いパターンであった。拒否後受容パターンは，子どもが妥協・譲歩・納得するやりとりであるのに対し，それ以外の3つのパターンは基本的に保育者側の受容・妥協・譲歩でやりとりが終結する。したがって，第3期，1歳後半から2歳ごろは，保育者の食べさせようという意図と，子どもの食べたくないという意図の対立が相互に調整さ

② 対処方略別にみる子どもと保育者の対立と調整の発達的変化

上述したやりとりの詳細を明らかにするために，4つのパターンのうち，継続的拒否および拒否後受容というやりとりの継続する2つのパターンに焦点を当てる。そして，少数事例ではあるが，子どもと保育者の反発性の発達的変化を捉えるうえで意味があると思われた子どもの拒否に対する保育者の4つの特徴的な対処方略とその他の摂食促し行動とを取り上げて，質的な検討を行う（表2-1-2参照）。

表2-1-2　子どもの拒否に対する保育者の対処方略

保育者の働きかけ	特徴	具体例
異なる食べ物	前回促したものと異なる食べ物を子どもに促す	保育者が1回目に野菜をすくって差しだすが，子どもが食べないので，次に汁を差しだす
見通し・交換条件	食事の終了・おかわりなどの見通し・交換条件について言及する	「これだけ食べたら，終わりにしよう」「これを食べたら，おかわりあげよう」
他者の視線	アンパンマンなどのキャラクターや他児（他者）などが対象児の食べる様子をみているからといって食べることを促す	「アンパンマンが見ているよー○○ちゃん食べるかなー」
ふり	動物やキャラクター等になったふりをさせて食べることを促す	「ライオンのお口でパックーン」「アンパンマンのお口で食べる？」
その他の摂食促し	上記以外の行動および言葉かけによって，食べることを促す	再度スプーンを差しだす，「アーンして」「ごはんも食べてね」

表2-1-3　やりとりのパターンごとにみた保育者の対処方略の出現回数（％）

	第1期		第2期		第3期	
	継続的拒否	拒否後受容	継続的拒否	拒否後受容	継続的拒否	拒否後受容
該当するエピソード数	52	44	19	15	6	16
異なる食べ物	8(15.4)	15(34.1)	5(26.3)	3(20.0)	1(16.7)	0(0.0)
見通し・交換条件	1(1.9)	5(11.4)	2(10.5)	5(33.3)	0(0.0)	2(12.5)
他者の視線	6(11.5)	4(9.1)	3(15.8)	6(40.0)	1(16.7)	5(31.3)
ふり	0(0.0)	0(0.0)	3(15.8)	1(6.7)	0(0.0)	4(25.0)
その他の摂食促し	51(98.1)	32(72.7)	19(100)	14(93.3)	6(100)	6(37.5)

注）エピソード内で出現した対処方略すべてをカウントした。

保育者の対処方略およびその他の摂食促し行動の出現回数を各時期およびやりとりのパターン別に前頁表2-1-3に示した。

a. 異なる食べ物
　〈異なる食べ物〉は，第1期の拒否後受容パターンで最も多い割合を示し，第3期ではほとんどみられなくなった。第1期では，保育者が食べさせることが多いため，子どもは食べ物の好みや食べるタイミングなどを拒否によって示していたものと考えられる。

b. 見通し・交換条件
　〈見通し・交換条件〉に対する子どもの反応は，第1期と第2期以降とで次のような違いがみられた。下記のエピソード1-1では，B児は汁を要求しているが，ご飯を食べるよう促す保育者の対応に拒否を示し続けていた。下線部のように，この時期は保育者が食べさせていることから，〈見通し・交換条件〉が子どもへの対応でありつつも保育者自身の状況説明として機能しているものと考えられる。それに対し，第2期になると，〈見通し・交換条件〉によって，子どもが保育者に譲歩・妥協・納得するきっかけとなることが特徴といえる。

　　エピソード1-1　見通し・交換条件：継続的拒否　B児：第1期（15か月）
　　　　B児が「エーエー」と言いながら手を差しだしていると，保育者が「うーん，あげる，あげる，ごはん食べて」とスプーンを差しだす。B児が保育者の手を払うようにすると，保育者は「ごはん，イヤイヤなん？」と言いながらスプーンを差しだす。B児が横を向くと，「お汁あげるから，B」と言ってスプーンを差しだすが，B児は保育者の手を払いのける。

　　エピソード1-2　見通し・交換条件：拒否後受容　B児　第2期（19か月）
　　　　B児が食べずにスプーンをごはんに突き刺したりしていると，保育者が「B，ごはん食べーやー」とB児の持ったスプーンに手を添える。B児がそのスプーンを押しやるようにすると，「あかん，お汁入れてきたげるし，

ごはん食べて」と言ってお汁を入れに行く。保育者が少ししてお汁のおかわりを持って戻り，「はい，これ食べて」とスプーンを差しだすと，B児は食べる。

c. 他者の視線

次に，第1期から第3期を通じて出現するが，子どもと保育者のやりとりの特徴に違いがみられた対処方略である〈他者の視線〉についてみてみよう。

これに対する子どもの反応は，第1期と第2期以降とで次のような違いがみられた。

下記のエピソード2-1や2-2では，保育者が言葉のうえではA児が見られていることを強調しているが，子ども自身はまだ自分の食べる行動が"見られる"という事態を共有していない。それよりも，保育者に「○○見ててねー」という言葉そのものを言ってもらいたくて，それを繰り返し求め，スプーンをキャラクターに差しださせている。この時期は，〈他者の視線〉の言葉を共有することに重点がある。それに対し，第3期のエピソード2-3や2-4では，キャラクター等に自分の食べる行動が"見られている"という事態が共有されるようになることが特徴である。ここで重要なことは，食べる行動を誰に，あるいは何に見ていてもらうかを子どもに選択させていることである。つまり，子どもが"食べさせられる"のではなく，子ども自らが食べることを促す状況設定へと変化していることが重要であると考えられる。

エピソード2-1　他者の視線 拒否後受容　A児：第1期（16か月）

　　A児が食べずにぼーっとしていると，保育者が「プープーさん（保育室内の壁面に飾られた猫）見ててネー」とスプーンを差しだす。A児は「ウー」と身体を後ろへ引いて食べず，壁面の猫の方へ手を伸ばすので，保育者は，「プープー猫ちゃん見ててネー，Aちゃん食べるからねー」とスプーンを差しだす。A児が「ウー」と身体を引いて食べず，また猫の方へ手を伸ばす。保育者が「見てるよってほら，見てるよーって」と，スプーンを

猫に見せるようにしてA児に差しだす。A児は横を向き，身を引く。保育者が「がんばれ」とスプーンを差しだすと，A児は食べ，保育者を見て壁面の猫の方へ手を伸ばすと，保育者は「おいしいねー」と言う。

エピソード2-2　他者の視線　拒否後受容　A児：第2期（17か月）
　　A児がスプーンで野菜をすくったりこぼしたりしている。保育者は，A児のスプーンを取り，野菜をすくってスプーンを差しだすが，A児は「イヤ」と首を振る。保育者が「あっ，誰？誰に見ててもらう？」と聞くと，A児が壁面のキャラクター（プープー猫）を指さす。保育者は「プープー猫さん？プープー猫さん見ててネー」とスプーンを差しだす。A児は天井から吊ってあるアンパンマンの人形を見て「アパー」と言う。保育者は「アンパンマン見ててネー」と言うと，A児はまた，プープー猫の方を指さす。保育者はまた「プープー猫さん見ててネー」と言ってスプーンを差しだすと，A児は食べる。保育者は「ハーイ」「ここ置いとくしな」と言いながらスプーンですくって皿に置く。

エピソード2-3　他者の視線　拒否後受容　A児：第3期（23か月）
　　保育者が「Aちゃん，お魚よ」「ちっちゃくしたげたよ」などと言って魚ののったスプーンを差しだすが，A児は横を向いて食べないというやりとりが2回，保育者が壁面構成を見ながら「アンパンマンする？おばけさんする？」「目玉おばけにする？一つ目小僧？見といてもらおうか？」などと言うと，A児はじっと壁面の方を見ていて，急に大きく口開けて，食べる。

エピソード2-4　他者の視線　拒否後受容　F児：第3期（24か月）
　　保育者が「あのなーFちゃん，ここになー，れんこんさん食べてみー，いい音するよ」と言うと，F児は保育者を見て首を振る。保育者は「1個だけ食べよ」と言うが，F児は体を反らして応じない。保育者が「1個だ

け見ててなーって，見てねーって」と言うが，まだF児は体を反らしている。保育者が「今度は一つ目小僧さんにしようかな」と言うと，F児は首を振り壁面の方を見るので，保育者が「傘お化けにする？」と言うと，F児は微笑しながら首を振る。保育者が「一つ目小僧？アンパンマンにする？」と言うと，F児は「アンパンマン」と応えるので，保育者が「アンパンマン見ててなーシャキシャキって音，するしねー」とスプーンを差しだす。F児は食べ，壁面の方を見ている。

d．ふり

〈ふり〉は，第1期にはみられず第2期から出現し始めた。それ以前にはみられなかったこの〈ふり〉という方略は，第2期のどのような文脈で出現したのだろうか。それについて，〈ふり〉が初出したC児のエピソード3-1についてみてみよう。

下記のエピソード3-1では，ごはんしか食べておらず，それ以前にも食べさせようとする保育者の促しをたびたび拒否していたC児に対し，保育者が何とかしておかず（ミートボール，野菜など）も食べさせようとする文脈で，〈ふり〉（下線部）が出現していた。このエピソード3-1では，C児は〈ふり〉以外に，〈他者の視線〉（斜体部）や〈見通し・交換条件〉（太字）などの対処方略を拒否し，いわばあらゆる方略を尽くした保育者が妥協・受容を迫られる結果となっていた。同時に，エピソード3-1は，ここまでして食べさせようとする保育者とそれを拒否する子どもとの反発性が，第2期ごろに顕著になってくることを示している。

エピソード3-1　ふり　継続的拒否　C児　第2期（18か月）

【補足説明】このエピソードが始まった時点で，C児はごはんしか食べておらず（肉料理が苦手なため），このエピソードは，保育者がおかずを食べさせようとするが食べないという継続的拒否のやりとりが2回あった後のやりとりである。

　　C児がスプーンでコップをコンコンつついていると，保育者がC児のス

プーンを取り上げ,「Cくんはどうすんねん,お肉全然食べてへんやん,ちょっと食べて」とスプーンを差しだす。C児は,身体を後ろへ引いて,目をつぶりながら,保育者の手を押し返す。保育者は,「ポッポッポッポー」(食器の側面に汽車の絵が描かれてある)とミートボールののったスプーンを差しだすが,C児は保育者の手を払いのける。保育者が「Cちゃん,大きなお口でアブしよー,<u>お馬ちゃんのお口でポッポッポッポー</u>」とスプーンを差しだすが,C児はまた保育者の手を払いのける。さらに,保育者は「見ててな,Eちゃん(他児)も見ててねーって,**Cちゃんこんだけ食べておしまいしようか**」と言うが,C児は嫌だという表情を示しながら軽く首を振り,コップを指さして「アー」と発声する。保育者は「**これ食べておしまいしようか**」とまたミートボールののったスプーンを差しだすと,C児は首をすくめて嫌がる。保育者は「お肉も,お野菜も何も食べてへん,何食べたいの？ **これ食べておしまいしよ**」とミートボールののったスプーンを差しだす(何食べたいのといわれたとき,C児は保育者を見てコップを指さす)。C児は,横を向き,嫌だという表情をして首をすくめる。この後も,保育者が異なる食べ物に替えるなどしてスプーンを再度差しだすが,C児がそれを拒否するというやりとりが3回続き,保育者はあきらめる。

　この〈ふり〉という方略は,第2期から出現し始めるが,第2期の初めと第2期の終わりから第3期とでは,子どもの反応が異なることが示された。このことは,第2期では継続的拒否および拒否後受容で〈ふり〉が出現するが,第3期では,拒否後受容でのみみられるようになることからもわかる。このような第2期の終わりから第3期の特徴について,エピソード3-2からみてみよう。

　次頁のエピソード3-2では,E児は保育者の摂食促しに何度も拒否を示していたが,保育者の「ぞうさんのお口で」という一言に,急に表情を変えて応じる姿勢を示した。そして,実際にE児は馬の口のふりをして食べるとい

う行動をみせている。ここでは，〈他者の視線〉と同様に，子どもにとって"食べさせられる"のではなく，子どもが自ら食べることを促す状況設定となっていることが重要であると考えられる。子どもは保育者の差しだされるままに食べることは拒否していても，「最後まで」「残さずに」「きちんと」食べたい，あるいは食べたことを「褒められたい」という思いをもっている。そこに，〈ふり〉方略が導入されることによって，子ども自身も望んで食べるということが可能になっていると思われる。

エピソード3-2 ふり 拒否後受容 E児 第2期（24か月）
　　食事の終盤，E児が何度かスプーンを机下に投げるので，保育者が近寄り，「もう，いらんの？」と言うが，E児は応えず。保育者がおかずをすくうと，E児は，「イヤイヤ」とぐずり，保育者の手を押さえる。保育者は「もう，いやなん？」と言うが，またおかずをすくい，「○○ちゃん（他児の名前），見ててや」と他児に言いながらスプーンを差しだすと，E児は顔を背ける。保育者が再度おかずをすくい，スプーンを差しだすと，E児は保育者の手を押し返す。保育者が<u>「ぞうさんのお口で」</u>と言うと，E児は急に表情を変えて<u>「Eチャン，オウマ」</u>と言う。保育者が「Eちゃん，お馬か？お馬のお口か？ぞうさんのお口？どっち？」と言うと，E児は<u>「チャウ，オンマ」</u>と言うので，保育者は<u>「ほんな，お馬のお口でぱくー」</u>と<u>スプーンを差しだすと，E児は食べる。</u>

3．反発性の背後に育つもの

　食事場面における子どもと保育者の反発性は，それ自体，子どもの食の自律化が進むにつれて変化していくものであった。両者のやりとりは，はじめは，食べ物の好みや食べるタイミングなど直接的な食をめぐって生じていたが，子どもが自分で食べるようになる，つまり食の主導性が明確になるにつれて，保育者は子どもの拒否に対して食事における時間的見通しを示した

り，他者の視線を強調したり，何かの「ふり」をさせながら，間接的に食べることを促すようになっていった。こういった変化の背景には，保育者の食べさせようという意図と，それに対しこれまでのように単純に応じる食べ方はしたくない，けれども食べたくないわけではなく，子ども自身が納得のいく食べ方であれば食べたいといったこの時期の子どもの意図や能動性が芽生えていることが感じられる。

〈他者の視線〉という保育者の対処方略でみられたように，子どもは誰か，何かに"見られている"ことが強調されると，なぜそれ以前には拒否していた保育者の要求に応じるようになるのだろうか。2歳ごろの子どもは，大人に「ミテテ」と頻繁に発話し，自分の"できる"姿をアピールし始める。つまり，"見られている"ことを意識化させる方略は，大人からの承認や賞賛を得たくなるような状況をつくるのではないかと思われる。また，何かの"ふり"をすることについても同様に非常に興味深い現象である。山本（2001）によれば，2歳ごろから子どもたち同士のやりとりにおいて，たとえば「闘いモード」と「仲良しモード」といった対比的なモードの切り換えが始まるようになるという。このことから，〈ふり〉という対処方略は，保育者の要求を拒否している"自分本位な"自己から，保育者の要求に応じる"社会的に望ましい"自己へのモード切り換えを生じさせるのではないかと考えられる。

さらに，何に見られたいか，何のふりをしたいかを，子ども自身に選択させている点もこの二つの方略に共通した重要な要素である。ここには，子どもの能動性が発揮できる関係構造があると思われる。この時期は，行動自体は保育者にスプーンを差しだされて食べるという受け身的なものであっても，それを決定・実行する状況は，子どもが主体となることが重要であると考えられる。

このように，子どもは拒否行動を通じて自己を主張し，保育者はその自己主張や拒否行動を契機として，子どもの能動性を尊重しつつも保育者自身の要求に応じることが可能であるような対応を巧みに，また試行錯誤しながら

創りだしているといえるだろう。子どもと保育者の反発性の背後には，今までとは異なる主体者として振る舞おうとする子どもの育ちがある。こうして，反発性が両者の関係性を見直すきっかけになると同時に，反発性の質の変化が両者の新たな親和的関係性への重要な契機となると思われる。

4．おわりに

　子どもと養育者の反発性はいつでもポジティブに作用するわけではない。健全なアタッチメントを欠いたところでは，それは子どもの孤立，虐待やネグレクトにつながってしまう（繁多，2002）。アタッチメントは子どもと養育者の関係に不可欠であり，子どもの自律を支える重要な要素である（高橋，1984）。しかし，アタッチメントは人間関係の一側面にすぎないということもまた事実である。アタッチメントが子どもの自律にとって不可欠であると同様に，子どもと養育者の反発性も子どもの自律，社会性を促す重要な要素である。アタッチメントの親和的要素に，反発性の要素を含めて拡張させることによって，子どもの自律を多面的に，また子どもと養育者の関係性をより包括的に捉えることが可能になるだろう。

注：
1）菅原ますみ．(2001)．3歳児神話を検証する「～育児の現場から～」
　　http://www.crn.or.jp/LABO/BABY/SCIENCE/SUGAWARA/index.html（2006年6月5日）
2）ただし，黒田・大羽・岡田は，「信号行動」と訳している。
3）たとえば，乳児保育において保育者が子どもに一対一でミルクを与えることや特定の保育者との関係を重視する「担当制」という方法などは，アタッチメント理論の影響を受けたものである（鈴木，1999）。

第2章

遊びの心理学：幼児期の保育課題

　子どもの発達にとってもっとも中心的な活動は遊びである。とくに就学前にあたる幼児期において遊びの重要性はしっかりと認識される必要がある。本章では，はじめに遊びとは何かについて概要を述べ，遊びの本質とその発達的意義を明らかにする。そのうえで，幼児期の遊びを研究するうえでどのような点に着目すべきか，そのポイントをまとめた後，「文化的共同遊び」の研究事例を紹介する。「文化的共同遊び」とは，1)文化的資源が意図的に用いられ，特定のテーマが共有される，2)比較的長期にわたって継続される，3)大人も遊びに参加する，4)クラスや園の子どもたち全員の参加が期待される，という特徴をもつ遊びである。その中でも，ここでは筆者の研究として，「文化的共同遊び」の一種である，民話に基づいた"想像的探険遊び"を取り上げる。"想像的探険遊び"の中で「文化的資源によってもたらされたイメージ」と「身体を使った探索活動」がどのように結びついて共同的想像へと展開していくのか，遊びのエスノグラフィー研究を紹介したい。そして最後に，その研究事例を踏まえて，幼児期における遊び活動の研究課題について述べる。

§1　子どもの遊びの本質とその発達的意義

　一般に「遊び」とよばれているものは実に多様である。日常生活においては，大人が余暇に楽しむスポーツや習い事も，赤ちゃんがガラガラを転がして喜んでいる様子も，どちらも同じ「遊び」という言葉で表される。これでは広すぎるので対象を子どもに限ってみるとしよう。しかし，それでも依然として様々な形態の遊びが存在し，何をもって「遊び」と見なすのかという問題に再び直面してしまう。ともすれば，子どもが楽しそうに笑っているだけで遊びとよんでいいようにさえ思えてくる。

　このように「遊び」は一般用語であるがゆえに，その指し示す意味は広く曖昧である。だからこそ，保育心理学として子どもの遊びの発達的意義や保育課題を論じるためには，まず遊びの本質を捉えておく必要がある。

1．子どもの遊びの本質は何か

　心理学者のヴィゴツキーは，子どもの遊びの本質とそれが発達に果たす役割について多くの重要な指摘を行った。彼がまいた理論の種は，レオンチェフやエリコニンらによってソビエト心理学の遊び研究へと継承発展され，現在もイタリアのレッジョ・エミリア・アプローチ（Hendrick, 1997）をはじめとする各国の幼児教育プログラムに影響を与え続けている。

　ヴィゴツキーによれば，子どもの遊びの本質は虚構場面の創造にある（Vygotsky, 1933/1989）。その指摘は，遊びの古典的定義への批判であると同時に，子どもの遊びの独自性を心理学的に捉える試みでもあった。

　まず，ヴィゴツキーは，「遊び＝快楽」という定義に対して，子どもの遊びの本質を十分に捉えていないと批判する。なぜなら，実際に子どもを観察してみると，「遊び＝快楽」の定義に矛盾する事象が多く見いだされるから

である。たとえば，遊び以外にも，抱っこや食事など，子どもに快楽を与えるものは多くある。また逆に，遊びであっても，勝ち負けを伴う遊びで負けた子どもは必ずしも快楽を得られるとは限らない。

では，「遊び＝将来のための練習」という定義（たとえばGroos, 1901/1976）はどうか。確かに，ままごとをしている子どもたちは実際の生活における大人の行動とよく似た行動をする。しかし，行動が表面的に似ているからといって，その遊びが本当に将来の適応を目指したものであるとは結論づけられないし，そもそもなぜ子どもが将来のための練習に没頭するのかという問題は未解決のまま残る。

このように，遊びの古典的定義のいずれもが，子どもの遊びの本質は何かという問題に対して，説得力のある説明を用意できずにいた。そうした状況の中でヴィゴツキーは，子どもの遊びの本質を虚構場面の創造に見いだし，遊びがほかのものでは代替できない特別な活動である理由を明らかにしたのである。

2. 遊びにおける虚構場面の創造

では，遊びの中で子どもが虚構場面を創りだすとは，具体的にどのようなことなのだろうか。次のような情景を思い浮かべてみよう。

　　ある日の昼食後，保育室の片隅に置かれた小さなテーブルの近くで，A子ちゃんはテーブルの前に座り，B子ちゃんはその向こう側でおもちゃのフライパンを揺すっている。やがてB子ちゃんがお皿の上に積み木を盛ってスプーンを添え，「はい，お待たせしました。ハンバーグができましたよ」とテーブルの上に置くと，A子ちゃんは積み木をつまんで口をもぐもぐ動かし，「ごちそうさまでした」と手を合わせる。立ち上がるA子ちゃんに，B子ちゃんは「ありがとうございました。またどうぞ」と声をかける。

もちろんそこは一般的な保育室にすぎないが，2人の行動や言葉のやりとりから，遊びの中ではレストランと見なされていることがわかる。これが遊びの中で虚構場面が創りだされる端的な例である。同じようにして，あるときは保育室が病院の診察室や学校の教室になり，またあるときは砂場がジャングルやお城になる。こうした虚構場面の創造は，何によって可能になるのだろうか。

　まず一つめは，日常生活とは異なるモノの扱い方である。上記のエピソードでは，B子ちゃんは積み木を「ハンバーグ」と言ってお皿に盛り，A子ちゃんはそれを口に運んで食べるふりをしていた。この遊びの中で子どもは，いつもは「積み木」とよんでいる木片を「ハンバーグ」とよび，積み木をあたかも食べ物であるかのように扱うことによって，現実とは異なる新しい意味を生みだしていた。

　そしてもう一つは，特定の役割を意味する行為ややりとりである。日常生活ではB子ちゃんとA子ちゃんは友だち関係にある園児同士だが，遊びの中で展開される「お待たせしました」「ごちそうさまでした」「ありがとうございました」のような言葉のやりとりや，料理を出したりお辞儀をしたりする行為によって，このとき2人の間にはコックさんとお客さんの関係が立ち現れていた。

　このように遊びの中で子どもが，目の前に広がる物理的世界とは異なる意味的世界をもつことには，重要な発達的意義がある。なぜならそれは，今ここにあるモノや場面に束縛されずに思考する力の萌芽となるからである。遊びを通して子どもは，一つのモノ（あるいは場面）には絶対的な一つの意味が対応しているのではないこと，つまり，モノ（あるいは場面）と意味の結びつきは恣意的であることを経験的に学んでいくのである。

3．「虚構場面の創造」と「ルール」の相補的関係

　遊びの中で子どもは虚構場面を創りだすが，決して何の制約もなしに夢や

妄想を繰り広げているわけではない。ここで再び前述のエピソードを思いだしてみよう。遊びの中でA子ちゃんは，ごはんを食べるときの一般的なルールに従って，積み木をつまんで口をもぐもぐさせていた。また，2人は，一方が料理を作って他方がそれを食べるという役割分担や，「お待たせしました」「ごちそうさまでした」「ありがとうございました」といった言葉のやりとりに代表される，コックさんとお客さんの間に存在するルールを守ることによって遊びを続けていた。

　このように遊びにおける虚構場面の創造には必ず現実の生活を反映したルールが含まれており，遊びの中で子どもたちはそのルールを守っているのである。言い換えれば，モノに対する扱い方や人間同士のやりとりに関するルールが守られているからこそ，虚構場面の創造が可能になる。B子ちゃんとA子ちゃんが上述の遊びを続けられたのは，2人がレストランに特徴的な行為ややりとりに関する一定のルールに従っていたからにほかならない。もし仮にこれらのルールが何も守られていなかったとすれば，はたして2人は自分たちがレストランごっこをしていることを互いに確認できただろうか。おそらく遊びはそれ以上続かず，中断し消滅してしまったことだろう。遊びにおける「虚構場面の創造」と「ルール」には明らかな相補的関係があるのだ。

　そして，この相補的関係は，いわゆるごっこ遊びとよばれる遊びだけでなく，鬼ごっこのようにルールが顕在化した遊びにも見いだされる。いくつかの鬼ごっこを思い浮かべるとわかるように，鬼ごっこのルールの背景には，「怖い鬼から子どもが命からがら逃げる」とか「鬼に捕らわれた子どもを仲間が助けだす」といった，虚構上の状況設定と役割関係がある。すなわち，虚構場面が顕在するごっこ遊びにルールが伏在していたのと同じように，ルールが顕在する鬼ごっこには虚構場面が伏在しているのである（Vygotsky, 1933/1989 ; El'konin, 1947/1989）。したがって，表面に顕在化した特徴だけを捉えて，「ごっこ遊び＝虚構遊び」「鬼ごっこ＝ルール遊び」と分類するのは一面的であるといえよう。「虚構場面の創造」と「ルール」は切り離すこと

のできない相補的関係にある。われわれは遊びの本質的特徴をそこに見いだすことによって，表面的形態の多様性に惑わされることなく，遊びに共通する発達的意義を論じることができる。

4. 遊びにおけるルールと自己制御

　遊びの中でルールを守ることについて，ヴィゴツキーは次のように述べている。

　「遊びは絶えず，一歩ごとに，直接的衝動に反して行為しなさいという要求，つまり，最大の抵抗路線にそって行為しなさいという要求を子どもに対して創りだす。……（中略）……なぜ，子どもは，今直接的にやりたいことをしないのか。なぜなら，どのような構造の遊びにおいてもルールの遵守は，直接的衝動よりも大きな，遊びによる楽しみを約束するからである」（Vygotsky, 1933/1989）。

　これは具体的にどのようなことを指しているのだろうか。「助け鬼」とよばれる鬼ごっこを例にとってみよう。「助け鬼」には，「警察と泥棒」（地域によっては「ケイドロ」「ドロケイ」とよばれる）をはじめ「凍り鬼」や「ろうそく鬼」などのバリエーションがある。「助け鬼」は，追いかける役（以下，オニ）が逃げる役（以下，コ）を追いかけるという点は通常の鬼ごっこと同じだが，それに加えて，①コがオニに捕まると動けなくなる，②しかしまだ捕まっていない他のコに助けてもらうと再び動けるようになる，③コが全員捕まった時点でオニの勝ちが決まる，という特有のルールを備えている。すなわち，「助け鬼」のルールのもとでは，オニに捕まったコはほかのコに助けられるまで，逃げたい衝動を抑えてじっとしていなくてはならない。そしてまだ捕まっていないコは，オニから安全に逃げたい衝動を抑えて，捕まる危険を冒してでも仲間のコを助けに行かなければならないのである。

　このように「助け鬼」のコには，「オニから逃げる」という衝動を制御することが求められるのだが，遊びの中で子どもは難なくそれを成し遂げてい

く。しかも，他人から強制されてではなく，自ら進んでそれを行う。なぜなら，ルールを守って衝動を抑えた方が，遊びの楽しみが増すからである。逃げたい衝動を抑えてじっと待っているからこそ，仲間のコが助けに来てくれる喜びと，助けだされる際のスリルを得ることができる。また，危険を冒して仲間のコを助けに行くからこそ，コを全滅させることなくオニに対抗し続けることができる。つまり，「助け鬼」のコは，「オニに捕まえられないように仲間同士で協力すること」が楽しく，その楽しみを得るために自らすすんでルールを守り，衝動を自己制御するのである。

5. 遊びは子どもの発達の源泉である

　幼児期の子どもにとって，遊びは発達の源泉となる重要な活動であるといわれている。ヴィゴツキーによれば，「本質的に，子どもは遊び活動を通して前進する。まさしくこの意味において，遊びは子どもの発達を主導する―つまり規定する―活動と呼ぶことができる」(Vygotsky, 1933/1989)。では，なぜ遊びは子どもの発達を主導するのだろうか。他の活動では代替できない遊び独自の発達的意義とは何だろうか。

　第一に，遊びを通して子どもは，目の前にあるモノや場面に束縛されずに思考することを学ぶ。先にも述べたように，子どもは遊びの中で，目の前にあるモノに対して幾通りもの意味を付与し，そうして創りだした意味を他者と共有してやりとりを展開する。すなわち，子どもは遊びを通して，目の前のモノや場面といった視覚的世界とは別に意味的世界をもつようになるのである。それは後になって，シンボル操作や概念の対比に代表される抽象的思考の土台となる。

　第二に，遊びを通して子どもは，ルールを自律的に守り，衝動を制御することを学ぶ。子どもはしばしば遊びの中で，日常生活ではまだできないことを成し遂げる。たとえば，常日頃はまったく他人の世話やお手伝いをしない子が，お母さんごっこではかいがいしくほかの子の面倒を見たり，助け鬼で

自己犠牲を払って仲間を助けたりする。しかも，子どもはそれらを外部から強制されてではなく，自主的に行う。そしてもっとも重要なのは，ルールを守ることや衝動を制御することが，子どもに自覚された遊びの目標ではないということである。ルールを守り衝動を制御するという高度なパフォーマンスが，なそうとしてなされるのではなく，遊びに附随して無自覚的に達成されるのである。

　第三に，遊びは動機を形成する活動であるがゆえに，学習や仕事など将来の主たる活動の原型を形づくる。ヴィゴツキーの継承者であるエリコニンは次のように述べている。「遊びは，必要性が外部から強いられた外的なものとしてではなく，願望するものとして表れるところの活動の学校である。このように，遊びは，その心理構造に関して，将来の真剣な活動の原型である」(El'konin, 1947/1989)。この「将来の真剣な活動」とは，外から与えられ強制されたことをただ遂行するのではなく，自らの希望で意欲をもって参加し，目標や手段さえも自分で創りだしていくような活動スタイルを指している。つまり，学習や仕事に自ら意欲をもって真剣に参加するための基本的な心理的構えは，遊びを通して獲得されるというのである。

　このように遊びはほかの活動では代替できない独自の発達的意義をもっている。したがって，遊びが主たる活動となる幼児期に十分に遊びを経験しておくことはたいへん重要である。現に幼稚園教育要領（文部科学省, 2008)[1)]にも「幼児の自発的な活動としての遊びは，心身の調和のとれた発達の基礎を培う重要な学習であることを考慮して，遊びを通しての指導を中心として…（後略）…」とあり，保育所保育指針（厚生労働省, 2008)[2)]にも「乳幼児期にふさわしい体験が得られるように，生活や遊びを通して総合的に保育すること」と記されている（傍点は筆者）。

　しかし，それにもかかわらず，現代の幼児教育実践や保育実践において遊びは，不当に軽視されたり，個別のパフォーマンスや能力を訓練するための単なる手段として利用されたりすることが多い。このような遊びの矮小化や手段化は，活動としての遊びの特長—すなわち，外から強制されるのではな

124　第2部　保育心理学の展開

く，自ら動機を創りだすという遊び独特の性質―を失わせる。遊びにおけるルール遵守や自己制御は，それらが行動として達成されること自体に意味があるのではなく，遊びを継続する動機のもとで自律的かつ無自覚的に行われることにこそ意味があるのに，遊びの矮小化や手段化はそこを取り違えているのである。60年程前にエリコニンは，「幼児教育実践から遊びを排除するか，幼稚園期の子どもの発達における遊びの役割を制限しようとする，ほとんどすべての構想の基礎にあるのは，遊びを個別的な心理諸過程を訓練する活動としてしかみない観点であり，したがって，他の種類の―遊び的性格をもった―練習や課業で代用しうるとする観点である」（El'konin, 1947/1989）と述べたが，これは現在にも当てはまる指摘といえるだろう。だからこそ今，保育心理学として，保育実践や教育実践に根づいた遊び研究が求められているのである。

§2　保育心理学としての遊び研究

　保育心理学の立場から遊びを研究するとは，遊びの本質と発達的意義を心理学的に理解したうえで，保育という営みから切り離さずに遊びを研究することにほかならない。具体的には，子どもの遊びと保育者の指導との関連を分析の俎上に上げ，保育実践の多層的な時間の流れの中で遊びのダイナミクスと子どもの変化を捉えることが求められる。

1．遊びの「足場づくり (scaffolding)」
　　　　　―家庭における養育者と子ども―

　ヴィゴツキーの理論に基づいて幼児の発達と教育の問題に取り組んでいるバークとウィンスラーは，遊びの「足場づくり (scaffolding)」という観点か

ら，子どもの遊びにおける大人の役割についてまとめている（Berk & Winsler, 1995/2001）。

「足場づくり」とは，そもそもは教授―学習における大人と子どもの共同的行為の性質を表すために使われはじめた用語である（Wood, Bruner, & Ross, 1976）。子どもと大人がともに課題に参加しているとき，大人は子どもが課題を適切に理解して積極的に取り組めるように，たえず介入の仕方や度合いを調節する。これを建築の土台となる足場になぞらえたのが「足場づくり」の概念である。そして研究の結果，「足場づくり」は教授―学習活動だけではなく，遊び活動にも見いだされることがしだいに明らかにされてきた。

バークとウィンスラーによれば，初期の遊び研究ではピアジェ派の影響を受けて，子どもの遊びの社会的文脈があまり取り上げられてこなかったという。なぜならピアジェ派は，子どものごっこ遊びはイメージによる思考が可能になったときに自然に現れると考えるがゆえに，子どもを取り巻く環境や相互交渉を分析の対象に含めないからである。しかし，その後，遊びの社会的文脈を発達の重要なファクターとして分析した研究者たちによって，文化的な知識や技術をもった大人の「足場づくり」に支えられて初期のふり遊びが現れ，それが発展してごっこ遊びになることが明らかにされた（Smolucha, 1992 ; Haight & Miller, 1993）。これらの研究は，家庭内における子どもと母親のごっこ遊び場面の縦断的観察に基づいて，ごっこ遊びを開始した子どもに対して母親がテーマを膨らませるような言葉かけや適切なおもちゃの提示を行っているという事実を示している。

2. なぜ集団保育における遊び研究は乏しいのか

だが，バークとウィンスラーも述べているとおり，遊びの「足場づくり」の研究の多くは家庭内での養育者と子どもの遊びを対象としたものであり，幼稚園などの集団保育内の遊びにおける「足場づくり」を扱った研究はほとんど見あたらない。日本の状況もよく似ていて，集団保育の中で遊びと保育

者の指導との関連を実証的に検討した研究は，高濱（1993）を除いては数少ない。これにはいくつかの原因が考えられる。

　一つは，家庭における養育者と子どもによる一対一の相互交渉に比べて，集団保育の遊びにおける保育者と子どもたちの相互交渉は分析が難しいからである。集団保育では複数の子どもが遊びに参加しており，子どもの年齢が高くなるにつれて保育者の関与の仕方も多様化するので，それらに対応可能な分析の単位が新しく必要になる。

　二つめは，心理学の背後にある「個体能力主義」の影響である。心理学という学問は，人間の活動がどのような文脈で何に媒介されているのかということに目を向けずに，個人を取りだしてその能力を測ろうとする傾向をもってきた（石黒, 1998）。心理学の根強い「個体能力主義」のもとでは，遊び研究の焦点は子ども個人の認知的スキルや社会的スキルの発達に当てられがちで，保育実践という社会的文脈の中で遊びを捉えようとする発想は生まれにくい。

　三つめは，保育者と子どもの関係に対する一面的な理解である。スウェーデンの幼児教育学者リンキスト（Lindqvist, 1995）は，幼児教育の祖とよばれるフレーベルが子どもにとっての遊びの重要性を発見したことを評価しつつ，保育者の役割をめぐるその後の議論が「自由か統制か」の二項対立に収束してしまっていることの問題点を指摘している。すなわち，「子どもの遊びに保育者は介入すべきか否か」という問いの立て方は，子どもの遊びと保育者の指導が対立することを前提としており，両者の関係を検討する可能性を最初から排除しているというのである。神谷（1989）もまた同様の指摘を行っている。彼によれば，日本の戦後の保育実践は，子どもの自由と保育者の指導的役割を対立させて介入を抑制する「児童中心主義の保育」と，文字や数の指導に遊びを利用する「教科指導型の保育」の間を揺れ動いてきたため，子どもの遊びと保育者の指導の関係に研究の焦点が当てられてこなかったという。このように子どもの遊びと保育者の指導が対立して捉えられてしまう背景には，子どもと保育者の関係に対する一面的理解が横たわっている

と考えられる。つまり、子どもと保育者の関係を常に〈教える―教えられる〉の上下関係として捉える見方である。われわれは子どもと大人の関係に対するこの一面的理解を越え、両者の関係の多様性に目を向けることによって、「自由か統制か」の二項対立を克服しなければならない。

3. 遊びにおける保育者と子どもの関係の多様性

遊びにおける大人と子どもの関係を主題としたものに加用（1982）の研究がある。そこでは、保育所での参与観察エピソードをもとに、遊びにおける大人と子どもの関係の仮説的分類が試みられている。まず加用は、遊びにおける大人と子どもの関係には「二重の二重性」（筆者注：二種類の二重性が併存することを指している）があると指摘する。

一つめの二重性は、遊びに参加している人間が遊びの中で結ぶ二重の関係、「虚構上の関係と実生活上の関係」である。遊びの中で子どもは虚構上の何かの役（たとえばコックさんやお客さん）になって相手と関係を結ぶ。しかしそのとき実生活上の関係は消滅しているわけでなく、相手がなかよしの友だちや先生であることは認識されている。すなわち、子どもは虚構上の関係と実生活上の関係を同時に経験しているのである。

二つめの二重性は、実生活上で大人と子どもが結んでいる二重の関係、「上下関係と対等な関係」である。大人は子どもより先に文化に熟達しているため、大人と子どもの関係には必然的に〈指導者―被指導者〉という上下関係が含まれる。しかし、両者は常に上下関係にあるわけではなく、とくに感情を共有しながら同じ活動に参加しているときなどは、大人も子どもも同じ対等な人間同士として交わる。すなわち、大人と子どもの間には、この上下関係と対等な関係が併存しているのである。

上記に述べた一つめは遊びにおける関係の二重性、二つめは大人と子どもの関係の二重性であるから、遊びにおける大人と子どもの関係にはこれら両方の二重性が見られることになる。そして、いずれの二重性においても、二

つの関係は常に同等というわけではなく，状況によって一方が優位になる。その関係のバランスに着目して，遊びにおける大人と子どもの関係をタイプ分けしたのが表2-2-1である。

　タイプAは，大人が遊びに参加することなく，遊びを外から指導するような関係である。たとえば鬼ごっこをしている子どもを見て「○○ちゃん，オニなんだからがんばって追いかけなきゃだめじゃない」と檄を飛ばしたり，劇遊びで「○○ちゃん，もっとオオカミらしく大きな声を出して」と演出したりする例があげられる。遊びにおける虚構上の関係を維持することが重視されているが，大人自身はその虚構場面をともに楽しまず，上下関係を活かして遊びの外から指導する。

　タイプBは，子どもにとって遊びそのものよりも大人とかかわることの方が魅力的であるような場合である。たとえば子どもが実習学生を取り合った

表2-2-1　遊びにおける大人と子どもの関係（加用，1982から作成）

タイプ	関係のバランス	特　徴
A	上下関係＞対等関係 虚構上の関係＞実生活上の関係	大人が遊びの外から指示する ・基本的生活習慣行動の指導と類似 ・指示が出るたびに遊びが停滞
B	上下関係＞対等関係 虚構上の関係＜実生活上の関係	遊びそのものを楽しむより大人と遊ぶことを喜ぶ ・大人の注意を引く行動が増加 ・大人が抜けると遊びが崩壊
C	上下関係＜対等関係	真の意味での共同遊び ・対等に近い関係で交わる ・子どもを遊びに引き込むことを大人が楽しむ

り，特定の保育者の後についてまわったりして遊ぶことなどが当てはまる。こうした例では，大人が子どもと対等の関係で遊んでいるつもりでいても，子どもの方は大人にかまってもらうことに固執している。これもまたタイプAと同じく上下関係が優位になった関係であるといえる。そして遊びが本来もっている面白さよりも特定の大人とのかかわりの方が重視されるため，虚構上の関係が希薄になる。

最後のタイプCは，上下関係よりも対等な関係の方が優位な「真の意味での共同遊び」であり，大人と子どもが対等に近い関係で交わることのできる貴重な機会であるとされている。なおここでは，もう一つの二重の関係である，虚構上の関係と実生活上の関係のバランスについては言及されていないが，タイプCの強調点は大人が子どもと対等な関係で遊びに参加することなので，虚構上の関係が優位な遊びと実生活上の関係が優位な遊びの両方が含まれるのだろう。

上記の加用の分析は，遊びにおける大人と子どもの関係の多様性を示すことに成功している。これらの関係タイプの抽出において，「二重の二重性」は有効な切り口であり，とくにタイプAやタイプBからタイプCを区別するうえで，「上下関係と対等な関係」という構成概念は重要な役割を果たした。しかし，タイプCの「真の意味での共同遊び」をさらに分析していく過程では，「上下関係と対等な関係」を優位性とは別の観点から捉え直す必要があると思われる。なぜなら，大人と子どもによる真の共同遊びの意義を論じようとするならば，必然的に，子どもだけの共同遊びとは異なる性質をそこに見いださなければならないからである。すなわち，対等な関係が優位であるという指摘だけでは不十分であり，具体的な事例に基づいて，上下関係の二重性がありながらも対等な関係が成り立つ状態とはどのようなものなのか，そしてそれは子ども同士の対等な関係と何が異なるのか，明らかにしていくことが課題となる。

実際に「共同遊び」では，しばしば次のような事例が観察される。文化に熟達した大人が遊びを発展させるような主要な手がかりを遊びの中に持ち込

むとき，より多くの文化的資源を利用できる立場にいるという意味において，両者の間の上下関係が優位であるように見えるが，他方で，その手がかりをもとに子どもが遊びを創りだし，その遊びに大人が巻き込まれていくときには，両者の間で対等な関係が優位であるように見えるというような事例である。このような場合に，対等な関係と上下関係のどちらが優位であるかを論じてもあまり意味がないだろう。上下関係と対等な関係はたえず優位性を交替させながら，あるいは互いに浸透しながら，ダイナミックに相互作用しているのである。おそらくこれこそが大人と子どもの「共同遊び」における関係の特性であり，それを実践事例に基づいて概念化することが保育心理学としての遊び研究の重要な課題となるだろう。

§3 大人と子どもによる「文化的共同遊び」を研究する

1.「文化的共同遊び」とは何か

　保育の中の遊びは様々である。たとえば「自由遊び」がある。朝の登園後や昼食後に設けられる「自由遊び」の時間は，誰と何をどのようにして遊ぶのかが子どもたちの選択に任されており，遊びに参加するもしないも自由であると見なされている。保育者が「○○遊びをしましょう」と全員を集めてイニシアチブを取ることはなく，何人かの子どもたちが集まったり離れたりしながら，いくつかのグループが別々の遊びをしていることが多い。あるいは，そのいずれのグループにも入らずに一人で遊んでいる子どもや，戸惑った様子で佇んでいる子どももいる。この「自由遊び」の時間は，全員が登園するまでや全員が昼食を食べ終わるまでの待ち時間を兼ねており，園生活の流れをスムーズにするという制度上の必要性に応えるものになっている。し

かし，もちろんそれだけではなく，「自由遊び」の時間に保育者は，子どもたちが今何に関心をもっているのか，そして子どもたちの間にどのような関係性があるのかを観察し，子どもが遊びに利用できる道具や素材を提供したり，遊びに参加したそうな子どもがスムーズに仲間に入れるよう配慮したりする。保育者は一緒に遊びに参加して楽しい雰囲気を創りだすこともあれば，あえて遊びに参加せず子どもと距離を置いて見守ることもあり，状況に応じて遊びへの参加を判断している。

さて，保育の中にはこうした「自由遊び」とは少し異なる遊びもある。それは，1)文化的資源が意図的に用いられ，特定のテーマが共有される，2)比較的長期にわたって継続される，3)大人も遊びに参加する，4)クラスや園の子どもたち全員の参加が期待される，といった特徴をもつ遊びである。このような遊びをここでは仮に「文化的共同遊び」とよぶことにしよう。「文化的共同遊び」に該当する遊びには，次に述べるような研究例および実践例がある。

たとえばデンマークのブロンストロム（Bronström, 1992, 1999）は，子どもと保育者が遊びの内容や枠組みを一緒に計画して遊ぶ活動形態を"ドラマゲーム（drama-games）"と名づけた。彼は6歳頃に子どもが自らの活動を意識するようになることを踏まえて，保育者が子どもと一緒に「病院」や「消防署」や「駅」をテーマにした街の活動を計画するような遊びを実施した。そして，遊びを通して子どもがどのように発達するのか，そこで保育者はどのような役割を果たしているのかを分析した。また，スウェーデンのプラムリン（Pramling, 1991 ; Doverborg & Pramling, 1996/1998）は，子どもが自らの活動を省察（reflection）して物事に対する理解を深める活動として"テーマ活動"を保育に導入した。その一例として，彼女は就学前児の保育クラスで「お店」をテーマにして数週間にわたるプロジェクトを実施し，子どもたちが「お店」についての概念をどのように発達させたのか考察した。

同じくスウェーデンのリンキスト（Lindqvist, 1995）は，文学を背景にした創造的な遊びの中で子どもと大人が経験を共有することが，子どもの情動や

思考の発達を促すと考え，"ドラマ遊び（drama play）"の実践的研究を行った。リンキストによれば，"ドラマ遊び（drama play）"とは，おとぎ話や民話などの文化的なテキストを活用して，想像を膨らませ情動を喚起するような遊び状況を創り，子どもと大人がそれをともに経験して世界の新たな意味を発見していくような遊びである（このような遊びの状況は"プレイワールド（playworld）"とよばれている）。たとえば彼女の研究事例では，まず保育者が子どもたちにトーベ・ヤンソンの物語を読み聞かせた後，みんなで協力して物語の中で描かれていた小屋やボート波止場を創り，物語の主人公の合言葉を唱えながら冒険を始めた。この遊びを通して子どもたちは，物語の主人公が抱いた「森への恐れ」や「仲間への想い」をクラスの友だちや保育者とともに体験し，物語を軸にして想像を膨らませたという。つまり，そこでは，読み聞かせによって理解された物語世界が身体を通して再び理解されていったのである。さらにフィンランドのハッカライネン（Hakkarainen, 2004）は，リンキストの"プレイワールド（playworld）"を参考にして，類似した実践的研究を行い，このような遊びの特性を「活動システム」の概念（Engeström, 1987）を使って明らかにしようと試みている。

また日本では，物語世界における空想的存在の実在性をめぐって子どもの心理を揺り動かす，"探険遊び"または"冒険遊び・ほんと？遊び"の実践が積み重ねられてきた（岩附・河崎, 1987；加用, 1991；田丸, 1991；安曇・吉田・伊野, 2003など）。この遊びは，保育者が子どもに内緒で空想的存在の実在可能性を示唆するような仕掛けを用意して，探険に対する興味や推論の楽しさを喚起し，保育者自身も子どもと同じ立場でその過程を共有していくという形態をとる。たとえば岩附・河崎（1987）の報告には，『エルマーの冒険』（福音館書店, 1963）の読み聞かせをしてもらった子どもたちが，自分たちの町はずれの山にも竜が住んでいるのではないかと考えて，あるときは胸を高鳴らせ，またあるときは実在の是非について推論しながら山を探険し，それらの体験を仲間と共有していった過程が生き生きと描かれている。

2. 想像的探険遊び

さて本稿では，Fujino (2007)，藤野 (2007a, 2007b) に基づいて，「文化的共同遊び」の一種として"想像的探険遊び"を取り上げ，分析と考察を行いたい。"想像的探険遊び"は，1) 文化的資源が意図的に用いられ，特定のテーマが共有される，2) 比較的長期にわたって継続される，3) 大人も遊びに参加する，4) クラスや園の子どもたち全員の参加が期待される，といった「文化的共同遊び」の特徴を備え，なおかつ，それに加えて「近辺の自然環境の探索」と「物語に代表されるナラティブ性の高い文化的資源の活用」という独自の特徴をもっている。すなわち"想像的探険遊び"は，ナラティブ性の高い文化的資源に媒介されて探索活動が行われ，その探索活動が新たにナラティブを生みだすといった遊びなのである。これと類似した「文化的共同遊び」には，前述の"ドラマ遊び (drama play)" (Lindqvist, 1995) や"冒険遊び・ほんと？遊び" (加用, 1991) があげられよう。

しかし，遊びの実践形態は似ていても，研究によって目的や分析視点は異なる。たとえば，遊びの創造的側面の解明に関心をもつリンキスト (1995) は，"ドラマ遊び"の分析を通して遊びと芸術の関係を理論化し，幼児の芸術教育のモデルを構成することを目指していたし，加用 (1991) は"冒険遊び・ほんと？遊び"という遊びの命名にも表れているように，子どもが空想的存在に対して情動を高めながら半信半疑で実在可能性を推論していく心理過程の発達的意義に焦点を当てて分析を行っている。それに対して，ここで筆者が取り上げる研究事例は，"想像的探険遊び"の中で「文化的資源によってもたらされたイメージ」と「身体を使った探索活動」がどのように結びついて共同的想像へと展開していくのかを示し，「文化的共同遊び」の一種としての"想像的探険遊び"における，子どもと大人の関係の特性を描きだすことを目的とする。

3. 方法

(1) 研究のフィールド

本研究は札幌市内の私立幼稚園と大学研究室の共同遊び実践プロジェクトとして実施された。このプロジェクトは，週1回放課後の預かり保育時間に「プレイショップ」（石黒・内田・長谷川・池上・東・松本，2004；内田・長谷川・石黒，2005；石黒・内田・小林・東・織田，2005）とよばれる遊びの形成実験（El'konin, 1987/2002）を行うというものである。構成メンバーは幼稚園に在籍する3〜6歳の子ども，幼稚園の担当教諭，大学の研究者・院生・学部生であった。学期始めに園児の保護者に向けてプロジェクトへの参加を募り，それに応じた家庭の子どもが1学期間継続的にプレイショップに参加した。プレイショップは園児や保護者の間では「こどもクラブ」とよばれており，参加する子どもたちにとっては，普段の預かり保育とは違う特別な遊びサークルのようなものと捉えられていた。ここで取り上げるデータは，ある年度の第3学期に1か月半にわたって計4回実施されたプレイショップで収集されたものである。

(2) 研究協力者

参加者は子ども15名，幼稚園教諭2名と大学スタッフ7名からなる大人9名であった。子どもの年齢構成は次頁表2-2-2に示したように，3学年にわたる異年齢集団であった。

(3) 観察および記録の方法

調査者は「こどもクラブ」のスタッフとしてともに遊び活動に参加しながら観察を行った。活動は，始まりの会から終わりの会までの約2時間，2台のビデオカメラで録画された。室内の活動時は三脚付ビデオカメラを部屋の隅に置き，屋外の活動時は調査者がビデオカメラを持って移動した。ビデオ撮影の目的について子どもに問われたときは，「こどもクラブ」の活動を記

表2-2-2　子どもの年齢構成

クラス	人数（男児, 女児）	平均年齢	年齢範囲
年長児	8（1, 7）	6歳1か月	5歳10か月〜6歳6か月
年中児	4（2, 2）	5歳5か月	5歳4か月〜5歳5か月
年少児	3（2, 1）	4歳1か月	3歳10か月〜4歳7か月

録に残すためであると説明した。調査者は日頃から慣れ親しんだ存在であるため，子どもにとって撮影がプレッシャーになっている様子は見られず，撮影がとくに奇異な行動であるとは見なされていないようだった。

　活動終了後にはカンファレンスを開いて，当日の子どもの様子や活動の特徴について議論し，このカンファレンス記録とビデオデータに基づいてフィールドノーツを作成した。

（4）遊びのプラン

　"想像的探険遊び"を構成する要素として重視したのは，1)文化的資源としての物語を導入すること，2)物語のイメージを維持しながら自然環境を探索すること，の2点である。これらの要素が子どもにとって不自然ではない文脈で遊びに取り入れられるよう留意して，遊びのプラン（次頁表2-2-3）を立てた。今回題材としたのは，子どもたちが住んでいる土地にまつわる「コロボックル」の民話である。遊びのプランは，①事前の資源配置，②物語の導入，③探索活動，の3段階からなり，それぞれの段階において異なる種類の文化的資源が用意された。すなわち，第1段階は絵本（資源i），第2段階は昔話の語り聞かせ（資源ii），第3段階は物語の主題を連想させる物体（資源iii）である。

表2-2-3　遊びのプラン

①事前の資源配置	プレイショップの開始に先立って保育環境の中に「コロボックル」に関連する文化的資源を配置するため，数か月前から保育室の本棚に『だれも知らない小さな国』（佐藤さとる著）の絵本シリーズ（資源 i ）をそろえ，貸し出し可能な状態にしておく。
②物語の導入	プレイショップの初回に、語り部のおばあさんが「コロボックル」にまつわる昔話の語り聞かせを行う。コロボックルの姿形や生活様式，昔の人々とコロボックルの交流の様子などを，物語形式で絵も使用しながら紹介する（資源 ii ）。
③探索活動	プレイショップの2回目以降に，近辺の雑木林に散策に出かける。その雑木林にはあらかじめ長さ3cmぐらいの小さな靴（資源 iii ）を置いておく。

4．結果と考察

(1) "想像的探険遊び"の展開過程

まずここでは，表2-2-3の遊びのプランに沿って"想像的探険遊び"の概略を示し，考察を加える。

① 事前の資源配置

プレイショップ開始の約10か月前からコロボックルの絵本シリーズ（資源 i ）を自宅貸し出し用の本棚に配置しておいたので，何人かの子どもはこれらの本をすでに知っていたようであった。ただし，園の中でこれらの本を読み聞かせる機会はなく，コロボックルは子どもたちの共通認識にはなっていなかった。

② 物語の導入

　プレイショップ初回における語り部のおばあさんによる昔話（資源ⅱ）は身ぶり手振りを交えた印象深いもので，子どもたちは感嘆の声を上げながら聞き，時折質問を投げかけた。語り聞かせから1週間が経過したプレイショップ2回目の時にも，昔話の内容は忘れられていなかった。その時の子どもたちの集合的発話から，コロボックルについて子どもたちが次のように理解していることが示唆された。

> 「昔々コロボックルという人たちが北海道に住んでいた。人間と同じ姿形をしているが，手のひらに乗るぐらいの大きさである。しゃべるけれども早口なので，人間の耳にはルルルルとしか聞こえない。ドングリや山葡萄が好物で，それらを入れた袋を木の枝に差して持ち運んでいる。昔の人がルルルルという声を聞いて，大きな木の根元を覗いたら，中にいたコロボックルは慌てて逃げだしてしまった」

　おばあさんの昔話を想起した後，K子（年長女児）が思いだしたように，以前に貸し出し文庫でコロボックルの絵本（資源ⅰ）を借りたことがあると発言し，他の子どもたちからどよめきの声が上がった。早速Y男（年長男児）が駆けだして本棚からコロボックルの本を取ってくると，いっせいに絵本に注目が集まった。その場にいた大人がその絵本を読み聞かせると，子どもたちはおばあさんの昔話と似た事柄が絵本にも描かれていることに驚いた。子どもたちにとって，資源ⅰの絵本の内容は数か月前にK子が偶然出会った物語であり，資源ⅱの昔話は1週間前におばあさんが語った物語である。このように別の文脈で出会ったにもかかわらず二つの物語の内容が一致するという事実が，コロボックルに対する子どもたちの関心をさらに高めたようだった。

　このとき，N子（年長女児）が「私，（コロボックルを）見たことあるよ」と冗談めかした顔でつぶやき，それに対してU子（年長女児）が「嘘ばっかり」ととがめるような口調で切り返した。しかし，N子の発話を受けて，近くに

座っていた大人が「今も北海道の大きな木にはコロボックルが住んでいるのかな」と尋ねると，今度はU子が近くに大きな木があると言って窓の外を指さし，「（コロボックルを）探しに冒険に行こう」と提案した。その提案を受けて，他の子どもたちからも外に行きたいという要望が出たので，みんなで雑木林へと出かけることになった。

③ 探索活動

雑木林での探索活動の展開過程をまとめたのが次頁表2-2-4である。縦軸は上から下に向かって時間の流れを表している。横軸の中央には「探索活動」とそこで生じた「想像的意味づけ」の特徴を記し，左には「コロボックルについての事前理解」と「自然界のモノ」がどのように結びついて「意味」が生じたのかを図示した。

この探索活動の展開過程は，小さな靴（資源ⅲ）の導入を境にして大きく3つに区分された。表2-2-4の横軸右端に記した数字はその時期区分を表している。以下ではⅠ～Ⅲの時期区分に沿って遊びの展開過程を記述していく。

第2章 遊びの心理学

表2-2-4 検索活動の展開過程

事前理解	自然界のモノ	意味	探索活動	想像的意味づけ	区分
木の根元にいる (資源ⅱ)	木の根元の穴 "入り口探し"	入り口	次々と木に駆け寄り、根元や幹の穴を調べる	「いろんな入り口があるね」(Y男) 「なんか怪しい木がある」(N子, Y子)	Ⅰ
ドングリが好物 (資源ⅱ)	マツボックリ "誘いだし"		マツボックリを雪面に並べる	「食べるかもしれない」(R子, Y男)	
	(融合)		マツボックリを木の幹の穴に置く	「怪しいところに置いたら食べに来る」(K子, R子)	
姿絵 ←→ 靴 (資源ⅰ, ⅱ) (資源ⅲ)	コロボックルの靴		木の幹の穴の中に小さな靴を見つける	「絵と同じ靴だったの」(K子, R子) 「木の実置いて、まだあるかなって探したら、ここに置いてあったの」(K子)	Ⅱ
	雪面の凹み → 足跡 "足跡たどり"		雪面に靴を当てて雪面の凹みをたどる	「この足跡、靴とぴったりだ」 「ここに靴置くとぴったりなんだもん」(Y男, K子)	
姿絵 → 小枝 (資源ⅰ, ⅱ)	袋鞄の柄		靴を見つけた場所の近くで小枝を拾う	「(コロボックルが肩に担ぐ)小枝見つけた」(U子)	
	木の幹の穴 → 家 コロボックル		靴を見つけた木の隣の木の穴を覗く	「見えた。コロボックルの手小さかった」(N子, K子)	Ⅲ
	小さな雪山 → 家 椅子, 机, 階段		雪面の凹みをたどった先にある小さな雪山の横穴を覗く	「穴の中に椅子と机が見えた」 「階段みたいなのがあった」(R子)	
				「マツボックリのお礼に靴があった」(K子)	解釈

【Ⅰ期（靴の導入以前）】

> 雑木林に一番に到着したY男とN子は，「コロボックルは木の根元にいた」という事前理解に基づいて木に近寄り，根元の穴を「（コロボックルの）入り口」と意味づけた。それは「怪しい木」の根元を探して確認していく"入り口探し"として，年中児たちにも広がっていった。そして今度は少し離れた場所でR子（年長女児）とY男が，「コロボックルはドングリが好物である」という事前理解に基づいて，落ちていたマツボックリをドングリの代わりに雪面に並べてコロボックルを誘いだす"誘いだし"を始めた。しばらくの間，"入り口探し"と"誘いだし"は並行して行われていたが，K子とR子が「怪しいところに置いたら（コロボックルが）食べに来るかもしれない」と言って，木の穴にマツボックリを埋め始め，一部の子どもの間で"入り口探し"と"誘いだし"が融合した。

このようにⅠ期の遊びは，物語導入時に文化的資源ⅰ・ⅱによって得た知識を手がかりにして，自然環境の中でそれらに類似したものを探すことから始まった。その典型である"入り口探し"は，木の根元の穴を見つけて仲間に知らせ，一緒に穴を覗き込んでコロボックルがいないか確認するというものである。このときの子どもたちの遊びの動機は，コロボックルを探しだすことではなく，仲間と一緒に木の穴を探し，身を寄せ合って一緒に穴を覗き込むこと自体にあった。コロボックルを想像しながらはもちろんであるが，そうした想像をもたない場合でも参加できるのがこの遊びの特徴である。

それに比べて"誘いだし"は，コロボックルを想像しながらでなければ面白さを味わえない遊びである。子どもたちは目の前に現れない存在としてコロボックルを扱い，「〜したら〜するかもしれない」とコロボックルの行動を予想しながらマツボックリを置いていく。ただしここでは，この遊びに参加している子どもたちがコロボックルの実在性を信じているのかどうかは重要な問題ではない。たとえば大人であるわれわれは鬼が実在しないことを知っているが，節分の夜に庭の外に豆を投げるとき，ヒイラギに怯え豆から逃

げる鬼のイメージを心に抱いて，豆を投げる手に力が入る。それと同じく，"誘いだし"に参加している子どもたちは，「ここに置いたら食べるかもしれないからね」と小声でつぶやきながらそっとマツボックリを置く自らの行為を通して，コロボックルが木陰からマツボックリ並べを見たり，それを拾って食べたりするイメージを思い浮かべて楽しんでいたと考えられる。

【II期（靴の導入）】

> "誘いだし"をしていたK子が，幹の枝分かれ部位に穴のある，風変わりな木を見つけて，「ここ怪しいなあ」と言いながら，その穴にマツボックリをていねいに置きはじめた。ひととおり置き終えたK子は，今度は隣の低木にマツボックリを置きに行った後，再び元の木のところに戻って，そばにいたR子に自分がマツボックリを置いた幹の穴を見せはじめた。そして一緒にその穴を覗き込んだK子とR子は，そこに長さ3cmほどの小さな靴があるのを見つけた。K子は「あ！」と驚きの声を上げて息を飲み，R子は「靴みたいなのが入ってた」と靴を持ってほかの仲間のところへ駆けだした。K子は絵の中のコロボックルが履いていた靴と同じような靴だと指摘し，「今度はお洋服が出てきたりして。取りに来るよ，きっと」とつぶやいた。子どもたちはこの靴の発見を大きな事件として受け止め，それは"入り口探し"をしていた子どもたちにもすぐに伝わって，みんなが靴のまわりに集まってきた。大人がどこで靴を見つけたのか尋ねると，K子は「ここに（マツボックリを）置いたんだ。それで木の実まだあるかなって探したらここに置いてあったの」と答えた。

実はこの小さな靴は，絵本に出てくるコロボックルの靴に似せて大人が作った資源iiiである。"誘いだし"に熱中しているK子の様子を見た大人が，彼女が低木の近くに行っている間に，先ほど熱心にマツボックリを置いていた木の幹の穴の中に，そっと靴を置いたのだった。しかし，それを知らない

K子にしてみれば靴の発見はまったく予期せぬことであり、この出来事は大きな驚きをもって受け止められた。そしてK子は、木の穴に靴が置かれていたという事実を、マツボックリを置くという自分の行為に結びつけて理解しようとした。この靴の発見は、K子以外の子どもたちにも大事件として受け止められ、そこから新たな遊びが展開していくことになる。

【Ⅲ期（靴の導入以後）】

> 靴が発見された場所に集まってきた子どもたちは新たな探索を始めた。まずU子は雪の上に落ちていた小枝を拾い上げ、これはコロボックルが袋を持ち運ぶために使っている棒ではないかと言いはじめた。N子とK子は近辺の木の幹の穴を熱心に覗き込み、「見えた。コロボックルの手小さかった」と声を上げた。雪の上に続く小さな凹みの列に着目したY男は、その凹みの一つに靴（資源ⅲ）をそっと当ててみた後、大発見をしたかのように「この足跡、靴とぴったりだ」と叫び、そこにK子やR子も加わって、雪上の小さな凹みの列はコロボックルの足跡かもしれないという予測に基づいた"足跡たどり"が始まった（足跡と見なされた小さな凹みの列は、実際は犬か猫の足跡であったと思われる）。その足跡をたどっていくと小さな雪山に行き当たったので、子どもたちはその雪山の横穴から中を覗き込んだ。Y男は「いるいる。ちょっと耳を澄まして聞いてごらん」と近くにいた大人に穴を覗くよう促し、R子は園舎に帰る道すがら「穴の中に椅子と机が見えた。階段みたいなのがあったよ」と小声で大人にささやいた。

このようにⅢ期における子どもたちの関心は、コロボックルの存在した痕跡を探しだすことへと向けられた。中でも特徴的だった遊びが"足跡たどり"である。"足跡たどり"は子どもたちが思いがけない靴の発見に興奮した状態から始まり、靴と雪上の凹みの大きさが合致しているからその凹みはコロボックルの足跡に違いないとか、たどっていった足跡が雪山で途切れて

いたのだからその雪山はコロボックルの住処かもしれないといった具合に，子どもたちなりの根拠をもった推論が介在しながら展開していった。すなわちそれは，靴の発見に対する驚嘆や高揚などの情動と，認知的な推論とに支えられた遊びであった。

Ⅲ期の探索活動に特有のこうした推論は，靴（資源ⅲ）と周囲の自然環境との間に意味のある結びつきを見いだすことから成り立っている。Ⅰ期の"入り口探し"や"誘いだし"における探索活動は，絵本（資源ⅰ）や昔話（資源ⅱ）に含まれる「木の根元の穴」や「木の実」などの要素に似たものを自然環境の中に探して当てはめるものであった。しかし，"足跡たどり"に代表されるⅢ期の探索活動では，靴（資源ⅲ）の発見によって生じた「この雑木林にはコロボックルがいるのかもしれない」という問いを探究する過程で，それまでは「ただの凹み」にすぎなかったものが靴と結びつけられて「コロボックルの足跡」になり，「ただの雪山」にすぎなかったものが靴に合致する足跡と結びつけられて「コロボックルの住処」と意味づけられるなど，周囲の自然環境に対して新しい意味が付与された。つまり，"足跡たどり"を通して子どもたちは自然環境の中に自ら新しい資源を創りだしていったのである。

そして，Ⅲ期においてもう一つ特徴的だったのは，本来は見えないであろうものが見えたという主旨の発話である（以下，"見えた"発言"とよぶ）。"「見えた」発言"は，複数の子どもが「木の穴」や「雪山の横穴」といった暗い閉塞した空間を覗き見ている状況で生起しやすく，探索活動を促進する機能を果たしていた。そして，"「見えた」発言"に対して感嘆したり同調したりする者はあっても，否定や反論をする者はなかった。

この"「見えた」発言"については，いくつかの捉え方があると思われる。まず，情動が高まった状態だったために知覚に歪みが生じた，つまり子どもたちには本当に見えたのだという解釈（解釈1）があるだろう。しかし，複数人が同時に同じ錯覚を起こす可能性は低いし，たとえそうであったとしてもそれを検証することは不可能である。また，その場の雰囲気を盛り上げよ

うとして，あるいは他者の気を引こうとして故意に嘘を言っているという捉え方，つまり本当は見えたとは思っていないという解釈（解釈2）もあるだろう。しかし，子どもたちの発話状況からは，故意に"「見えた」発言"をする場合に起こると予想される，発話者の表情に笑みが浮かんだり，発話のトーンが独特になったりする様子はまったく観察されなかった。

　この解釈1と解釈2はいずれも，いったい子どもたちは本当に見えたと思っているのかどうか，という観点から"「見えた」発言"を捉えようとしている。だが，"想像的探険遊び"を分析する上で重要なのは，"「見えた」発言"が受け入れられるのはどのような状況なのかということではないだろうか。そこで，"「見えた」発言"が受け入れられなかった事例を取り上げて，両者を比較してみよう。

　たとえば，探索活動開始前には，「私，（コロボックルを）見たことあるよ」というN子の発言は他の子どもたちに受け入れられなかった。ほとんどの子どもは反応せず，U子は「嘘ばっかり」ととがめるような口調で切り返した。それに対して，探索活動における靴発見後に生起した"「見えた」発言"は周囲の子どもたちに受け入れられた。では，この両者は何が違っていたのだろうか。大きな違いは次の点にある。すなわち，前者におけるN子の発言は，彼女だけが専有している過去の経験に言及する性質のもので，他の子どもたちは聞き手にまわるしかなかったが，後者では，子どもたちは一緒に未知の事象に立ち会っているという関係，ドラマティックな状況をともに生きている関係の中にいた。だから後者では体験を共有していく過程において，"「見えた」発言"が，今まさに出来事を共有しているという実感を与えるものとして機能し，新たな探索活動の展開にもつながっていったのである。こうしてみると，探索活動中に観察された"「見えた」発言"は，文化的資源によってもたらされたイメージを他者と共有し，探索活動の中で起こった出来事をともに体験することによって生成される，共同的想像行為であると考えられよう。

(2)"想像的探険遊び"における子どもと大人の関係

「文化的共同遊び」としての"想像的探険遊び"では，大人と子どもの関係はどのようなものとして描けるだろうか。まず，遊びの展開過程で大人が果たしていた役割についてまとめてみよう。

第一の役割は，遊びの文化的資源を提供することである。大人はあらかじめ遊びの想像世界を拡張するためにコロボックルの物語を題材に選び，それをどのような資源に変換してどのような形で子どもたちに提供するか考えた。具体的には，日常生活の中で偶然に物語と出会う機会をつくるために絵本（資源 i）を配置し，市民劇団に所属している女性に昔話の語り聞かせ（資源 ii）を依頼し，コロボックルを連想させるような小さな靴（資源 iii）を用意した。そして，子どもたちが自然な文脈でそれらの文化的資源に出会うことができるように，遊びの中の状況設定に配慮した。

第二の役割は，子どもたちとともに情動を伴って出来事を体験することである。大人はコロボックルに関する文化的資源がどのような仕掛けとして配置されているかを知っているが，遊びの中ではそれらをまだ知らない子どもと同じ立場に立ち，起こった出来事を新鮮に受け止めた。子どもにとって大人は"想像的探険遊び"の対等なパートナーであった。

第三の役割は，配慮に富んだ能動的な聞き手として子どもにかかわり，子どもを"想像的探険遊び"の主体に位置づけ続けることである。"想像的探険遊び"を通して子どもはいくつかの独自の遊びや解釈を生みだした。このとき大人は，子どもの発見の機会や解釈可能性を奪ってしまわないよう，子どもより先に提案や解釈をすることを注意深く避けながら，よい聞き手になって子どもの考えや行動が展開していくのを助けた。また，ある子どもが新しいことを思いついたときには，その考えが自然な文脈の中で他の子どもにも伝わるように工夫した。

このように"想像的探険遊び"における大人の役割は多次元的であり，それらの役割は相互に関連していた。子どもの想像は何の材料も契機もないところからは生まれない（Vygotsky, 1930/2002）。そこでまず大人は，子どもた

ちの具体的な興味・関心や生活環境の特性を日常的に観察して，子どもの想像を喚起すると予想される文化的資源を適切に配置した（第一の役割）。つまりここでは，文化に熟達した存在である大人が，子どもと未知の文化的テキストを媒介する役割を担っていたと言える。そして子どもがその文化的テキストを活用して創造的な想像を展開していく過程は，大人が子どもたちと同じ立場で情動を伴って出来事を体験すること（第二の役割）によって支えられた。子どもの想像は認知機能と情動機能が結びついて展開するという性質をもっている（Vygotsky, 1930/2002）。"想像的探険遊び"における大人による情動の共有は，集団の情動的高まりを一定の表現形態に収束させ，文化的テキストの活発な利用に基づいた創造的想像を促進する役割を果たしていたのである。さらに，子どもが創造的な想像を拡げていくためには良い聞き手の存在が不可欠であると指摘されている（Singer & Singer, 1990/1997）が，"想像的探険遊び"では子どもたちにとって大人は，配慮に富んだ能動的な聞き手であり続けた（第三の役割）。それは，大人が文化的資源を提供する立場として文化的テキストに熟知し，なおかつ子どもと同じ立場で情動を共有しながら活動に参加していたからこそ可能だったと考えられる。

§4 今後の課題 ―まとめにかえて

本稿では，まず子どもの遊びの本質と発達的意義について，主にヴィゴツキーの遊び理論に基づいて概観した。子どもの遊びの本質が虚構場面の創造にあることを述べ，幼児期の子どもにとって遊びが発達の源泉となる理由をあげて，遊びが他の活動では代替できない独自の発達的意義をもっていることを指摘した。そして，その遊びの発達的意義を保育実践の中で守っていくためには，保育者の役割を分析視点に組み込んだ遊び論の構築が保育心理学の課題になるということを論じた。その上で，1）文化的資源が意図的に用

いられ，特定のテーマが共有される，2）比較的長期にわたって継続される，3）大人も遊びに参加する，4）クラスや園の子どもたち全員の参加が期待される，といった特徴をもつ「文化的共同遊び」を研究対象に選択し，その一種である"想像的探険遊び"を研究事例に取り上げて紹介した。

現時点では「文化的共同遊び」の遊びタイプは表2-2-5のように分類される。それらの遊びタイプの構成要素を参照すると，「文化的共同遊び」には「計画・省察」と「物語・探索」の二つのタイプが存在することがわかる。しかし，筆者はさらにそれぞれの遊びタイプに特有の特徴を明らかにすることが，幼児期の保育実践に遊びを導入するうえで必要であると考えている。

表2-2-5 「文化的共同遊び」の遊びタイプ

文化的共同遊びの遊びタイプ	遊びの共通特性	遊びの構成要素
ドラマゲーム	1）文化的資源の意図的使用，特定テーマの共有 2）比較的長期にわたる継続 3）大人の共同参加 4）全員が参加して体験を共有	計画・省察
テーマ活動		計画・省察
ドラマ遊び（プレイワールド）		物語・探索
冒険遊び・ほんと？遊び		物語・探索
想像的探険遊び		物語・探索

たとえばここで取り上げた"想像的探険遊び"は，表2-2-5の遊び構成要素を見るかぎり，"ドラマ遊び"や"冒険遊び・ほんと？遊び"と類似した遊びタイプであるが，"想像的探険遊び"という独立した名称の遊びタイプを設定することによって，次のような独自の研究課題が浮かび上がってくるのではないだろうか。すなわち，一つめの研究課題は，物語を背景にした文化的資源が身体を使った探索活動とどのように結びついて新たな想像世界を

創りだしていくのか明らかにすることである。それは幼児の発達に認知・身体・情動が融合した全体性の観点から迫ることにもつながるだろう。二つめの研究課題は，その想像の展開過程に他者との共同体験がどのように影響するのか明らかにすることである。集合的談話の分析やコミュニケーション分析によって共同的想像の微視的過程や共同遊びの本質的特徴を提示できれば，そこから幼児期の子どもにとっての集団の意味や保育者の役割について，具体的な事実に基づいた議論が展開されるだろう。

　遊びはこれまで，時に子どもの単なる戯れと見なされ，またあるいは逆に，何もかもがすべて想像的な行為であると見なされてきた。そうした単純な見方を越えて，すでに実践の中で多く行われている遊び活動の特質を捉え，それぞれの発達に対するそれぞれの意義を検討していくことが，保育心理学には切に求められている。

注：
1) 　幼稚園教育要領「文部科学省ホームページ」（2008年3月28日）
　　http://www.mext.go.jp/a_menu/shotou/new-cs/youryou/you/index.htm
2) 　保育所保育指針「厚生労働省ホームページ」（2008年3月31日）
　　http://www-bm.mhlw.go.jp/bunya/kodomo/hoiku.html

第3章

幼児期の子どもの育ちの支援者になる
：保育者の育ちと課題

はじめに

　子どもの育ちの支援者である保育者とは何者なのだろうか。保育者になるとはどのようなことなのだろうか。このことを，保育者が現場で取り組む問題の解決過程に伴走しながら，対象となった保育者の子どもとのかかわり方や課題を捉えることで探求したい。

　保育現場で，「保育者が変わると子どもも変わる」ということを耳にする。保育者が見方を変えたり，かかわりを変えると子どもが変わるということである。たとえば，A保育者にとって問題があり，「気になる」子が，B保育者にとっては何ら「気にならない」子であったりすることは，よくある話である。また，「気になる」子を抱えた保育者が，研修会の場などでその子について話題提供し，仲間の保育者と話し合った対応策などを取り込んだことで，かかわりが変わり，子どもが変容した例も実際に目にしてきた。保育者は，子どもの育ちを左右する存在なのである。そして，保育者が「子どもを見る」ことや，かかわり方などの実践知を身につけ成長すれば，子どもも成長するというように考えられる。保育者の成長と子どもの育ちとは切り離して考えることはできない相互的な事柄なのである。

　では，保育者はいかにして保育の実践知を深め，成長していくのだろう

か。近年，保育学の研究によって，研修会やカンファレンスに参加することが保育者の成長となることが明らかになった（森上，1982，田中・桝田・吉岡・伊集院・上坂元・高橋・尾形・田中・田代，1996，大場，1998）。このような保育者の成長にかかわる場が，研究対象園では設けられている。研修会，週案打ち合わせ会，お茶の時間の「おしゃべり」タイムなどである。この場で保育者は，日常的に抱えている悩みや不安を仲間の保育者に聞いてもらったり，自分の体験を反すうしたり，時には意見やアドバイスを受ける。そして，ここで話し合われる問題には，どの現場の保育者も抱えうる課題や問題が潜んでいると思われる。

　そこで，保育者が抱えた問題を話し合う研修会で，話題提供をする保育者に照射し，次の手順で主題に迫る。

　①対象保育者が，日常の実践で抱える「気になる」子どもとかかわる姿や保育に取り組む姿を，研修の場で仲間と話し合うために作成した資料から捉える。

　②研究当事者である保育者（筆者）が，対象保育者の抱えた問題を共有し，伴走した過程を踏まえ，そこに潜む課題を考察する。

　③その上で，保育者であるためには何が必要なのかについて考察する。

§1　実践研究について

　本研究は実践研究である。ここでいう実践研究とは，保育者が子どもの育ちの責を担って実践している現場で取り組む研究のことを指す。この研究に取り組むに当たって次の二点について述べておきたい。

　一点目は研究に取り組む保育者の立場である。二点目に本研究は事例による研究であることについてである。

1. 研究する立場

　研究をする保育者が，どのような立場の保育者であるのかを明らかにしておく必要があるのは，立場によって子どもの行動やその場の状況の解釈が異なってくるからである。たとえば，担任保育者は一年という長いスパンで一人の子どもを見続け，その子どもの特徴やその時々の関心の在処などを捉えているが，一日という単位でその行動を追うとき，一日という連続線上の「点」でかかわり，「見ている」といえるだろう。当然一人の子どもに四六時中ついているわけにいかないからである。担任クラスをもたないフリーの保育者である筆者は，園全体から見た子どもの育ちやクラスの状況，保育者が身につけている行動様式，クラスの雰囲気を捉えながら，担任保育者が一対一でかかわることができない，気になる子どもに一日中ついていることが可能である。つまり，「連続線」で見ることができる。このような立場の違いにより見えてくるものが異なってくる。また，実践の経験年数や生活体験の差から，同じ状況で同じ子どもとかかわっていても，抱える問題や課題，関心が異なってくる。

　このような点を踏まえて，研究の当事者である筆者の立場を研究にかかわる視点から説明しておく。

　保育経験年数は33年。揖斐幼稚園においては古参の保育者で，園の経営や運営を担っているフリーの保育者である。保育における役割は，担任保育者が気になったり，抱えきれない子どもやクラスの問題を，ともに保育をすることで抱え，クラス運営をサポートすることである。つまり，常に保育者が抱えている問題を共有し，ともに考え，試行錯誤する過程に伴走している立場なのである。このような立場であることから保育者がいかにして成長するのか，いかにして保育者を育てるのかという課題を日常的に抱えている。

2．事例研究について

　保育の実践研究とはすなわち事例研究であることを表す（佐木, 2005）。
　保育者は自分の保育体験を「事例」として表す。仲間の保育者の意見を求めたり，自分の保育の判断の根拠（戸田, 1990）を振り返り考察する場合も具体的に「事例」で語る。こうした「事例」の一つひとつは，事例を語る保育者の実践的な知識となる。また，その事例を聞いた保育者にとっても，「そのようなかかわり方があるのか」，「そのような子どもの姿があるのか」などと他の保育者が開いた「事例」を理解し，保育実践に活かすための資源とするのである。
　大場（1996）は，「保育者にとって，保育の事例とは，結局のところは自分も子どもとともに，そのかかわりを生きる存在としてあるということと深く結びついている」，としている。つまり，保育者の実践的な能力は，特定の「事例」に即した意見を通して得られるものであり，日々の保育実践における体験を振り返り反省し，その過程において蓄えた「事例」や，ほかの保育者が開示した事例を解釈することによってつくられていくというように述べているのだと考えられる。
　また，南（1994）は，「保育者は保育の現場に身を置いていることで，子どもの一連の行動変化の流れをよく押さえており，子どもがどのような家庭で育てられているかについて直感的なイメージをもっている。また，過去に出会った子どもの誰かに当てはめて，話題となっている子どもの特徴を理解し対応を考えているというのが，保育者にとっての自然な対象理解の仕方である」とし，これらはいずれも「事例的な理解」という特徴をもっていると述べている。さらに，「保育者が自らのポジションを生かしながら，研究としても価値ある仕事をしておくための一つの手掛かりが事例的な理解にあるように思えます」とも述べている。
　以上のことから，事例で研究を進めることは，保育者が具体的な「事例」とその検討内容を得ることとなり，保育実践に還元できるので，有効な研究

の方法として位置づけることができる。言い換えるならば，保育の研究は，日常の保育において，次から次へと生起してくる問題や課題の解決のために現場で実践しながら，その成果を実践に還元，検証していく研究なのである。このようなことから，普遍性や一般性をもたせることを急ぐことなく，実践事実である「事例」に踏みとどまり，そこにある事実を明確にしていくことが保育の資源となっていくのであり，保育者の成長につながると考える。なぜなら，保育者の専門性は，経験年数ではなく，検討した事例をどれだけ蓄えているのかを問題としなくてはならないと考えるからである。

本研究の事例も筆者自身だけではなく，本論文を読む保育者の保育の資源となることを願う。

§2 研究方法

1．観察対象

観察の対象者は，研修会で話題提供をした次の保育者たちである。
A保育者，女性。経験年数1年。
B保育者，女性。経験年数4年。
C保育者，女性。新規採用教諭。
いずれも20代であり，保育経験年数が5年以内の保育者たちである。そして，この保育者たちは文部科学省の統計調査・学校基本調査から読みとると日本にある幼稚園の平均的な保育者たちであるといえる[1]。

2．観察期間

観察期間は，8月〜翌年3月。

主な資料は研修会で対象保育者が話題提供をするために用意したものであるが，観察期間を示したのは，保育者の問題をともに解決したり，共有したりすることは筆者にとっては日常的で当たり前のことであることから，本研究の問題に取り組むに当たって対象保育者を注視し，かかわった期間を観察期間として提示した。また，本事例に直接関係がないと思われ，本事例に使用しなかった観察記録も，事例の解釈と分析に影響を与えていることを述べておく。実践とは一側面だけでは解釈できない輻輳した様相を見せるからである。

3．観察方法—実践観察と実践参加観察—

本研究の「観察」は，対象となる保育者とともに生活している筆者が，実践をしながら行う「観察」である。

従来，現場に訪れた研究者による観察方法は，参加観察が主なものとしてあげられてきた。この方法は，通常，参加はするが相手もしくは対象には働きかけないという鉄則が貫かれ，参加観察自体には実践への契機はもともと内在していないとされている（高瀬, 1975）。しかし，三隅・阿部（1974）は「アクションリサーチにおける参加観察」として，「意図的・計画的に対象状況に介入し，観察者自らが，対象に働きかけて変化を生じさせ，その変化の過程を観察しようとする方式」の必要性を指摘した。これらについて高瀬は，「参加しながらできる限り観察対象に影響を与えないとする参加観察の原則と，対象に影響・変化を引き起こしつつ，同時にそれを観察するという参加観察への（実践的）要請，この静動の二面性をいかに方法的に参加観察の原則として付与せしめるか，ということである」と問題提議している。そして，「参加観察は実践の場に繰り込まれて構造化されたその時点から，その本来の機能的な意味を失い，いわば実践的観察に質的に変換していると解することができる」とした。また，正木・相馬（1958）の説を引用し，「"直感的観察"，"反省的観察"の両者の相互連関性ならびにその統一性を志向的

に中に包みながら，実践の場そのもののうちにおいてなされる観察が実践的観察なのである」とも述べている。

これらの論考から，保育者の「観察」は実践の場に繰り込まれて構造化されてしまうことから，保育者による「観察」は，高瀬のいう「実践的観察」であり，正木らのいう，「直感的観察」，「反省的観察」であるともいえる。つまり，保育者による「観察」は子どもの行動を捉えながらかかわり，それに対する子どもの反応が予想に反する反応であったりすると，かかわりの内容と子どもの行動を反すうし反省的思考をすることとなる。

本研究の「観察」は，実践現場で次から次へと生じてくる日常的な問題と取り組んでいる保育者とともに，その解決の道を探り，時には解決できない問題をともに抱えながらいかに解決するのかを考えるための「観察」である。その観察方法は現場に出向いてきた研究者が，その現場に入り込んでの「観察」とは異なり，筆者が実践をしている現場で，現場における責任と日常生活を抱えながら実践のそのもののうちにおいてなされる保育当事者による「観察」であり，前述の立場に基づく「観察」である。そして，次の二つの事柄が包摂されている。

実践の場で実践に即して働きながら子どもと保育者それぞれとかかわり，経験で培われた直感と，反省的思考に支えられたまなざしは保育者としてのもの—「保育者の目」—と，子どもと保育者がかかわる全体やその場の状況などを把握するために対象と間を置き，できるだけ直接的な影響を与えないようにして向けるまなざしは研究者のもの—「研究者の目」—である。

このまなざしの向け方を「観察」方法として，次頁（図2-3-1，2-3-2）のように表すことができる。

仲間の保育者が問題と感じている事柄や，保育者と子どもとのやりとりの内容を，長い生活スパンの連続線上の流れを捉えながら，実践の渦中に入り保育者と子どもにかかわりながら内面を推し量り見る—**実践観察**—と，やりとりの渦中にできるだけ入ることなく，場を共有しながら場の雰囲気，保育者や対象児の行動を捉えて見る—**実践参加観察**—という「観察」方法であ

156　第2部　保育心理学の展開

```
      「私」                          「私」
     ↙  ↖                            ↓
  保育者  子ども              保育者 ⇄ 子ども

     保育者の目                     研究者の目
  図2-3-1　実践観察         図2-3-2　実践参加観察
```

（佐木, 2005）

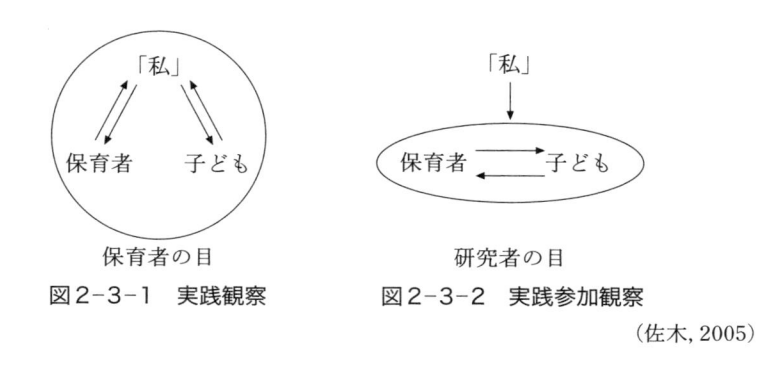

る。

　いずれにしても，「観察者」自身が保育者としての当然の行動（保育行動）をしながら存在していることで，子どもや対象となる保育者にとって日常的な存在となっている。つまり，日常的な時間の流れの中で，相互にかかわり，ともに場を共有していることで，より日常的な姿を捉えることができるのである。

　渦中にあり密着した視点の実践観察，渦中から退き，間をおいた視点の実践参加観察いずれにも意味があると考える。なぜなら，前者は子どもと対象となる保育者の内面や関係性を捉える見方となり，後者は研究者としてその場の状況を体験することで，対象となる保育者との子どもの行動の解釈のずれなどを見いだすことができる。

　本研究では実践観察と実践参加観察を，その場の状況，保育者と子どもの，また追求しようとする問題の特性によって使い分けた。

4. 資料

　研修会で対象保育者が話題提供をするために作成した資料と研修会記録。対象保育者の気になる子どもの記録。筆者が対象保育者と幼稚園での生活をともにする中で取った実践観察記録と実践参加観察記録である。

5．研究対象である現場

　保育現場は，保育者と子どものかかわりの場であることから，子どもの行動，行為が保育者の意図的，非意図的に作りだす環境の中で保育者と子どもの相互作用で作られていくものである。このことは，保育の現場のあり方は研究の内容に影響することを指している。そこで，研究の対象となった現場の様子，保育理念・保育形態について簡単に述べておく。

　実践現場は地方にある私立揖斐幼稚園である。この幼稚園は3年保育であり，満3歳が1組，年少組，年中組，年長組が各3組，計10組，園長以外の保育者は18名である。カリキュラムは，子ども自身が，園内の環境とかかわり，様々な事柄を「発見」し，試したり挑戦したりできる「冒険」の生活が体験できるように編成している。具体的には，自然とアートをカリキュラム編成の柱として，直接体験を重視した環境づくりと，子どもがかかわることで変容する様々な材質，色彩に配慮した教材・遊具を用意している。園庭には，100種類近い樹木・植物を育て，豊かな自然環境をつくることを心がけている。また，各分野の専門家との出会いを設定し，年間カリキュラムに位置づける努力をしている。

　保育形態は，自由保育・設定保育といわれる従来規定されてきた形態に当てはまらない保育形態である。つまり，「設定保育」といわれる保育者中心型の固定化された中での指導形態とか，「自由保育」といわれる子ども中心型で，保育者がその場の状況を捉え援助するといったものではないということである。

　まず，幼稚園は，子どもと保育者がともに生活する場であることから，どちらもがそれぞれのあり方を肯定的に認められる居心地のよい環境であることを重視している。そして，保育者が子どものよりよい育ちを願い，実現するために考えた具体的な環境に，子どもが主体的にかかわり，そこで生じた遊びや活動を援助していく視点をもっている。しかし，一方で生活体験や知識が少ない幼児であることから，教え導くことも必要であると考えている。

158　第2部　保育心理学の展開

　ねらいを達成するための内容は，幼児が環境にかかわって展開する具体的な活動を通して総合的に指導されるものであるが，活動は，子どもから自然に発生してくるものだけではないと考える。つまり，子どもが自発的な活動を展開するには，「伏流」（佐木, 2006）となる必要な体験を体系的に積み重ねていくことが重要であると考えているのである。しかし，これは保育者側から一方的に仕掛けるということではない。「伏流」となるための体験は大枠で編成し，配置している。保育者が子どもと相互にかかわりながら創発的に遊びや活動をつくりだす余地が必要であると考えるからである。

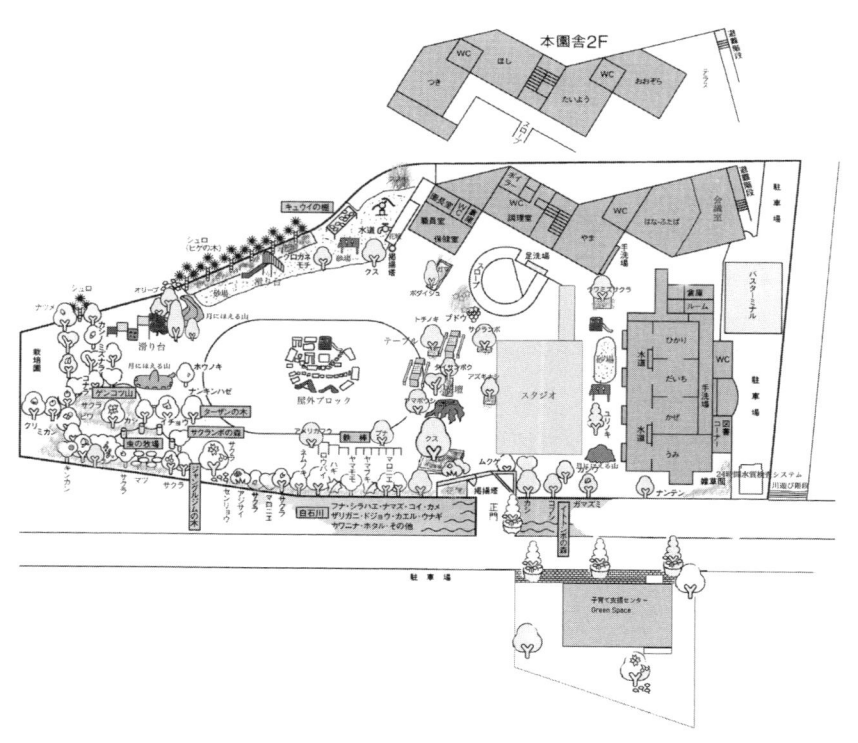

図2-3-3　揖斐幼稚園園庭・園舎配置図

§3　事例の検討[2) 3)]

　ここで示す事例は，決して模範的な保育とはいえない。しかし，一般的な私立幼稚園でよく見かける保育者たちであり，保育者として眼前の子どもや保育について悩んだり，自分のあり方について考えたりしている姿をみることができる。
　事例1のA保育者は，2月の研修会で，1年間の自分の保育を反省的に振り返るために，週案に書いた反省やそれに対する考察を話題提供した。
　事例2のB保育者は，「気になる」ヨシオとのかかわりにおいて，研修会で得た，子どもに向かう姿勢や態度や方法を活かすことができなかった。
　事例3の新任のC保育者は初めて話題提供することになり，話題提供の内容について相談するために，研修会担当のE保育者に話していくに連れて「気になる」子が変わっていった。
　これらの事例を，保育者の悩みや問題に伴走しながらともに考え，解決方法を探ってきた筆者が，それぞれの保育者が抱えた課題や問題点に取り組む姿から，対象保育者の変容と課題を捉える。

1．事例1：A保育者にとっての子どもの育ちに「寄り添う」こと

（1）A保育者が抱えた問題

　A保育者は，初めて満3歳の担任になって，前年度担任した年少児との育ちのギャップに戸惑ったことを，「4月当初はどの子も"赤ちゃん"という印象が強く，どのように接していったらいいのかわからず手探り状態であった」と述べていた。しかし，約1年経た2月になり，「3歳児なりに育ち，どの子も喜んで園に登園し，笑顔が見られるようになってきた」と感じた。そ

こで，A保育者は子どもの捉え方がなぜ変わったのかを知るために，自分がどのようなかかわりをしてきたのかについて，週案の反省部分を考察することで検討することにした。そして，その内容を研修会で話題提供することにしたのである。その結果，A保育者は，成長には段階や個人差があること，それにいかに寄り添っていくのかということを通して，その子その子に必要な言葉かけや，保育者が子どもに見せたい姿とは何だろう，と常に考えて行動していくことの大切さ知ったと述べている。

しかし，その考察は自分の保育を肯定的にみる傾向がみられたことから，いかにしてA保育者の提供した事例を深めるのかについて試行することにした。経験年数が1年の保育者としては，真摯に反省し考察していると思われたが，自分を対象化することは，年数を経た保育者にも難しい課題であることから，自分を対象化し，事例を深める方法を探ることを筆者の課題としたのである。そこで，A保育者の気づきである子どもの「育ちに寄り添う」ことに着目し，筆者の考察の視点とした。

子どもの「育ちに寄り添う」ことを保育現場では重要視している。しかし「育ちに寄り添う」こととはどのようなことなのだろうか実践的な形では明らかにされていない。A保育者がどのように子どもの「育ちに寄り添う」ことを理解しているのかについて，主に研修会の資料を通して捉え明らかにすることで，彼女自身の課題を考えたい。このことが，筆者が抱えた本事例の課題を解決することになると思われるからである。

(2) 保育を反省的に振り返るA保育者

［記録1］ 7月4日〜8日　A保育者の週案より

4月から早3か月がたち，子どもたちの姿が変わってきた。4月当初は泣いていたり，緊張気味であったりしたが，6月後半頃からどの子も"その子らしさ"が出てきたように思う。保育室に笑い声が増え，子ども同士で名前を呼び合う姿が見られるようになった。一方で，ランチ中に立ち歩いたり，集い中に机やロッカーの上にのぼったり，玩具で遊びだしたりする姿も見ら

れる。まずは，「それらが，面白くてしょうがない。」という気持ちを受け止めながら①もやっていけないことであることを一人ひとりにしっかりと伝えていきたい。まだまだ，我慢することが難しい子どもたちであるが，まずは保育者である私が我慢をして②子どもたちの育ちに寄り添っていきたい。

〈記録1を振り返るA保育者〉

　このころ，その子らしさがでてきたことに気づき「どんな子だろう」と思いながら，長い目で見ていくことの大切さ，そして，難しさを感じた。
　子どもたちは，何にでも興味・関心をもつし，やっていいこと悪いことの区別をすることが難しい。まだ幼いために言葉の理解力も乏しい。どうしたら子どもに伝わるのだろうといつも悩んでいた。怒りたくなることもしばしばあった。しかし，そこでそれを我慢し，表情や声色やジェスチャーを変えながら繰り返し伝えていくことの大切さを知った。

　［記録1］を振り返るA保育者は「どうしたらいいのだろうか」と悩み，それを問いにして，模索していた自分を振り返っている。週案の省察部分を読み返し，思い起こすことで，その当時の悩みを反すうしているのである。そして，このときのかかわり方が，有効なかかわりであったことを実感している。
　注目したいのは下線部分である。下線①は，玩具で遊んだり立ち歩いたりする子どもたちを保育室に慣れて自己表出する姿と捉え，否定的に捉えないで，「面白くてしょうがない」姿として受け止めている。また，下線②もまとまりにくさを感じながらも，子どもに我慢を要求するのでなく，自分が我慢をし，子どもの行動を受け取ることにしている。
　我慢をすること，「面白くてしょうがない」姿を受け取っていることが，A保育者のいう子どもの「育ちに寄り添う」ことと考えられ，保育の有効なかかわり方であるとしている。

［記録2］　10月12日〜15日　A保育者の週案より

　運動会が終わった休み明け，子どもたちがどんな様子で過ごすのか楽しみだった。保育室では，どの子も「運動会，楽しかったね」という話をしたり，「うんどうかいのうた」を歌ったりして余韻を楽しんでいた。また，身仕舞いなどをていねいに指導・援助していきたいと考えていたので，ベレー帽子などのしまい方を子どもたちに伝えた。そのような子どもたちとのかかわりの中で，運動会前よりもどこか落ち着きがあるように感じた。また，遊びの中でも集いでも，一人ひとりの視線がしっかりとしてきたような気がする。"運動会"という初めての大きな行事を子どもたちと乗り越えたことによって，子どもとの信頼関係が深まりつつあるように思う。

〈記録2を振り返るA保育者〉

　一つの行事を終えて，子どもたちが落ち着いたと感じたのだが，ほんとうは，私自身が落ち着いて一人ひとりを見ることができるようになってきたのかもしれない。子どもたちがいかに私を見ているのかということを気づいたような気がする。

　A保育者は，運動会という大きな行事を乗り切った自分が，ホッと安堵し，余裕をもって子どもの姿を捉えることができたことによって，子どもが楽しい余韻を感じていることを捉えている。この余裕が，運動会の余韻を楽しませながらも，子どもたちに身の回りの始末ができるように心配りをし，満3歳の保育のねらいの一つである，身仕舞いなどの生活行動（大場, 1992）[4]）を，身につけさせるための指導・援助を根づかせようとしていた自分の保育行為にも納得したのであろう。

　これらのことから，子どもを見ているだけの「私」ではなく，子どもに見られている「私」に気づくことができたというように説明しているのだと思われる。A保育者は時間を経ることにより，自分を対象化することができ，気づくことができたのだろう。

このように，子どもの姿を適切に捉え，必要な援助・指導をすることができたことで，A保育者は子どもの「育ちに寄り添っている」と考えたのだろう。

［記録3］　10月17日〜21日　A保育者の週案より
　今週からシンタとユウコが入園した[5]。まだ緊張しているせいか，比較的落ち着いている。母親との別れ際に泣くこともなく，笑顔で手を振って別れることもできる。私自身も今週は「どんな子なのだろう」と思いながら寄り添ってかかわってみたり，遠くから見つめていたりと緊張感があった。そうするうちに，子どもの方から「先生，オシッコ行ケタヨッ！」と笑顔で言いに来てくれたり，「先生，コレデキタヨ！」と長く繋げたブロックを見せに来てくれたりすることが多くなった。私の方が逆に緊張をほぐしてもらったような気がする。改めて子どもの力の大きさに気がついた。

〈記録3を振り返るA保育者〉
　毎月新入園児がいて，その都度「温かく迎えよう」と思いながらも，どこか，「うまくやっていけるかな」「クラスがまとまっていくかな」などと不安や緊張があったように思う。しかし，それは子どもも同じで，むしろ私より大きいはずである。私がいかにしてかかわり，<u>どのような眼差しを向けるかによって，子どもの心の在りようが変わってくることが分かった</u>。また，その子を知りたいと思うことの大切さ・その子を知るために近くで見たり，遠くで見たりすることの必要性を知った。

　この記録3を振り返ることで，下線部分のことがらを理解し，子どもに見られていることにA保育者の考えが及んでいる。
　安定したクラスに，誕生日を迎えた満3歳の新入園児が入ってくることは育ちの差，生活体験の差を見せつけられることである。しかし，A保育者は育ちの差や生活体験の差は気にはなったであろうが，それだけに捉われるの

ではなく，その子を知りたいと思い，知ろうとする姿勢（気持ち）をもつことの意味に気づくことができているようである。

［記録4］　11月7日～11日　A保育者の週案より
　子ども達と小鳥になったり，お山をお散歩したりする表現遊びを楽しんだ。初めはなりきるための小道具を作るつもりはなかったが，迷ったあげく試しに作ってみようと思った。作ってみると子どもたちは大喜びで小鳥になることをより楽しんでいたし，小鳥になりきっていたことが見ていてよくわかった。それを作る際に，私が作るところを見て，切ることに興味・関心を持ってくれたらいいなと思った。やっていると予想通り「使イタイ」「ヤリタイ」という子が多かった。危険が伴わないように一人ひとりとかかわりながらはさみの使い方を伝えた。そして，かかわりながら一人ひとりに応じた指導・援助がいかに必要かということを再認識した。

〈記録4を振り返るA保育者〉
　小道具を作るにあたって，「子どもとかかわりながら一緒に作ったものにしたい」と強く願っていたことを思いだす。しかし，はさみをだすことを迷っていたが，"切る"という体験をさせてあげたい，"切れる"感触を味わわせたいという気持ちが大きかったことが思いだされる。
　子ども達の育ちを見ていて，言葉の理解力が育ってきたことと，手（指・手首）の動きが柔らかくなってきているように感じた。また，はさみに興味・関心も大いにありそうだったので，少しずつだしてみようと思った。
　実際にやってみると，ほとんどの子どもが興味・関心を示し，うれしそうにはさみを触る姿が見られた。また，家での体験がありそうな子と，少しありそうな子，全くなさそうな子と見ていて違いがよくわかった。「この子がもっと楽しんで使えるようにするには次に伝えてあげるといいことは何だろう」と一人ひとりとかかわることによって考え，実践し，また考えることの繰り返しが大切であることを知ることができた。

当時，小鳥になる表現遊びを子どもたちが楽しむためには，役になりきることができる小道具が必要である，とA保育者は感じていた。年齢が低いのではさみが使えるかどうか迷いながらも，とりあえず保育者がやってみせることにしたのである。やることに踏み切った背景は"切る"という体験をさせたいという保育者の明確な願いや考えがあったことにある。願いや考えをもてたのは，子どもの身体の動きに注意してまなざしを注いでいたことで，はさみを使うことができるのではないかと予測したこと，子どもの関心の在処を感じ取っていたことからである。

　A保育者は子どもの現在の育ちや関心の在処を，一人ひとりとかかわることで見きわめ，そのうえで次の課題を探り，かかわることで試し，子どもの対応を見て考える，という姿勢の重要性に気づき，遊びを楽しむことにつながったことを学ぶことができた。この姿勢を，「育ちに寄り添う」ことであるとA保育者は言いたかったのだろう。

(3) A保育者の課題
① 子どもの「育ちに寄り添う」ことについて

　A保育者にとっての子どもの「育ちに寄り添う」というかかわりや行動を捉えると，次のように整理できる。

　まず，大人にとって困った行動でも，子どもがやりたいと思う気持ちを受けとり，ひとまずA保育者は踏みとどまり我慢している。また，A保育者が落ち着いていると，子どもも落ち着くというような相互的なものであった。つまり，子どもはA保育者を見て行動をしている面も見られることから，子どもを見ているだけでなく，子どもにも見られているということを，認識することである。

　次に，A保育者は子どもの立場になって，困難を受け止めようとし，子どもの行動を肯定的に受けとろうとしたことである。

　A保育者が担任している満3歳は，誕生月の入園になる。そのため，クラ

スの子どもたちは育ちの差，生活体験の差があることから，入園児は保育室という場や，同等の他者である他児に馴染むこと，保育者のかかわりの様式に慣れ，愛着を形成する（Bowlby, 1969/1976）[6]こと，母子分離のストレスなど多くの困難があるからである。

最後は，A保育者が子どもの育ちを捉えるために，子どもの身体の動きを細やかに捉え，はさみが使えると判断し，明確な意識をもって活動を進めたことであった。子どもの手の動きの柔らかさから，はさみが使えるのではないかと読み取ったA保育者は，自分がはさみを使ってみせることで，子どもの興味・関心を刺激していた。

以上，これらを整理すると，満3歳児の子どもとかかわるA保育者の「育ちに寄り添う」こととは，対象とする子どもの行動を受け取り，相互にかかわりながら，行動の意味や関心の在処を捉え，課題を予測したり，その時々に子どもにとって適切であると判断した次のかかわりを決定していくために子どもの傍らにいようとする姿勢や態度のことであった。

② A保育者の気づきを昇華させる

A保育者にとっての子どもの「育ちに寄り添う」ことを，具体的に明らかにすることができたのは，研修会で話題提供するためにA保育者が自分の週案を読み返し，それを振り返り記述した資料を，仲間の保育者に開示したからである。

また，どうかかわるのか，次は何を知らせたらよいのかというようにA保育者は問いを常にもち続け，次々に生じてくる問題に取り組もうとする姿勢があった。A保育者が，子どもを引き受けようとする姿勢と，子どもの身体の動きや関心の在処を捉えようとして「子どもを見よう」としなければ，反省にみられるような気づきはみられなかったであろう。また，A保育者の問題を共有し，話し合うことができる仲間の保育者がいたからこそA保育者が考えるところの子どもの「育ちに寄り添う」ことを明確にすることができたといえるだろう。

この事例は，A保育者の気づきである「育ちに寄り添う」ことという保育

の日常で，自明のこととして取り扱われている用語に照射し検討することで，事例の解釈を深めることを試みた。なぜなら，本事例のように反省的に振り返りながらも自分の保育を肯定していく傾向がみられるのは経験年数2年目の保育者ではよくあることである。しかし，それを問題にするのではなく，仲間の保育者が異なった視点で問題を立ち上げてみせて，当事者である保育者をサポートすることが必要だろう。つまり，本事例のように，A保育者が反省的に振り返ることで気づいたことがらを仲間の保育者が共有することで昇華し，問題を深めることも一方法であるということである。

研修会などの「話し合う」場で，自明なこととして使われている保育用語を実践的に解明することは保育者の事例解釈を深めるとともに，問題を深めたり，立ち上げたりする契機となることが示唆されたのである。

2．事例2：ヨシオとのかかわり方に悩むB保育者

（1）B保育者の抱えた問題

これは，研修会で話し合われた内容を保育に活かそうとしたB保育者の事例である。

10月の研修会で，「気になる」ヒロシを対象児として話題提供をしたB保育者は，「間」を置き，距離をもってヒロシを見ることで，見方が変わることに気づくことができた。しかし，研修会後，新たに生じてきた「気になる」ヨシオとのかかわりでは，そのやり方は有効に働かなかった。ヨシオとのかかわりでは「間」をとり，距離を置くだけでは，ヨシオの姿を捉えることができなかったのである。B保育者とヨシオのかかわりの問題点を捉えてみたい。

（2）B保育者が「気になった」ヨシオの行動と保育者のかかわり

最初に，次の記録からB保育者がヨシオの何が「気になって」いたのかを見てみよう。

［記録1］　11月30日　記録：B保育者

　画用紙に新聞紙などの広告から気に入った絵や写真を切り取り，貼る遊びを始める。ヨシオの画用紙には広告から宝石を集め，上の方から順番に並べて貼ってあるのでみなに紹介した。ヨシオは描いたり作ったりする時，1mmのズレも許さないくらい細かいところまで丁寧にこだわって楽しむ姿が日ごろから見られる。今日もヨシオがこだわって取り組んだ作品であった。

　ヨシオは真っ先に広告を取りはさみで切り，続きに取り組んでいる。ヨシオ「先生ー見テー。今日モ宝石ヤデー」などと言いながら続けていた。10分くらいたったころから自分の場所に座っていられなくなってきた。宝石の広告を探したりトモヤやコウスケの所へひょっこりひょうたん島の絵を持っていったりし始める。そのたびに「先生ー。ヨッチャンイヤナコトシテクル」「僕ノトコロニ入レテクル」などと言われている。「ヨッちゃんみんな嫌がってるからやめてあげて，自分で好きなのを集めたいと思うよ」と伝える。しかしヨシオは，近くにあったゴミ箱におしりを入れて座る。近くにいたミキの上に倒れた。「大丈夫？危ないしやめてね」。ヨシオは「ゴメンネ」とミキに言う。が同じことを繰り返す。

　最後には保育者をにらみつけ保育者をたたいてきた。

　このエピソードに次の記録が続く。

［記録2］　11月30日　記録：筆者

　B保育者が手に負えズヨシオを私の所に連れてきた。私はB保育者から事情を聞くと，他児の所に広告を配り，ゴミ箱におしりをつっこんでみんなを困らせていた，という内容であった。保育中であったので，ヨシオを預かり，B保育者には保育室に戻ってもらった。

　ヨシオは私のお腹をげんこつでたたき，「ブーッ」と言って顔をにらんでいた。彼の気持ちが収まるまで様子を見ることにして，椅子をすすめて座ら

せた（職員室組には子ども用のテーブルと6脚の椅子が常時置いてあり，子どもたちが自由にその場を使っている）。ヨシオは宙をにらみつけていて，とりつく島がないように見えたが「先生が困っていたけど，何があったの？」と尋ねてみる。最初は答えなかった。しばらくして「僕ハ悪イコトシトラン」，「ゴミ箱ニオシリヲツッコンダノハ悪カッタケド」，「広告モミナニ配ッテイタダケナノ」と話し始めた。

　ヨシオはどの保育者が担任しても，かかわりが難しいと思われる。自己主張が強く，頭の回転が速く，調子に乗ると気分を変えるのに時間がかかる。彼はそのつもりではないが，他児を扇動して活動を乱すなどの行動が見られるからである。しかし，このときは，2人の話から互いの思いのズレを感じた。ヨシオが広告を配っていたのは，ヨシオなりの友だちへの親切心であったように思えたからである。しかし，彼は素直にそのことをB保育者に表現しなかったことが予想された。照れ屋でもあることからどうしても親切心を背後に隠し，ふざけた行動で表現する傾向があることから，B保育者には調子に乗ってふざけていたように見えたのではないだろうかと考えたのである。

　B保育者は研修会で子どもの見方を変えることの必要性を実感し，ヨシオとのかかわりでも，ヨシオの行動を肯定的に見ようと努め，注意する場面が多くならないように，できるだけ「間」を置くように努力していた。そこで，ほかに問題があるのではないかと考えて，ヨシオと保育者のかかわりをさらに観察することにした。

　［記録3］　12月2日　記録：筆者
　集いの時間にクラスみんなで焼き芋パーティーのための財布作りをすることになった。保育者の説明に「分カッテル，分カッテル！」と繰り返すヨシオ。自分はていねいに折りたたみ，さっさと作り終えた。そして，となりのケイジが，保育者の説明を理解していないのがじれったいのか，手伝い始め

る。ケイジは最初は作ってもらっているが，そのうち自分で作りたくなったのか，ヨシオに「自分デヤルデエエカラ（いいから）返シテ」という。ヨシオはいったんは返すが「違ウテ，コウヤテ（このようにするの）！」と手をだし，ケイジと取り合いになる。そこにB保育者が来て，「ケイちゃん，どうしたの」「ヨッチャンガ取ル」とケイジが答える。B保育者は「ヨッちゃんどうして取るの？」と尋ねるが，ヨシオは説明しないで保育者をにらみつける。

［記録4］ 1月17日　記録：筆者
　ヨシオが登園してきたので筆者はCクラスに行った。B保育者は昨日年長児が凧あげしている様子を見ていた子どもたちのために，スーパーの袋，マジック，糸などの凧作りの材料を用意していた。登園して来るとB保育者が作っている凧を見て一緒に作り始める子どもたちがいた。ヨシオも鞄を置くと参加し始める。スーパーの袋はマジックで絵を描いて持ち手に凧糸をつけて持って走ると風をはらんで飛ぶがそんなに高くは飛ばない。ヨシオはすぐに飽きて保育室に戻り，友だちの作っている凧づくりを邪魔し始めた。B保育者に注意をされて保育室を出ると，戸外に出て行った。年長児たちが高く上がるように調整をしながら，凧あげを楽しんでいた。年長児の凧はひごとベックス紙を利用し，長く細い紙を足にしてバランスをとりながら飛ばすものである。ヨシオは年長児が凧を調整している園庭のテーブルに行き，一緒になって飛べるように考えている姿があった。

　［記録3］，［記録4］は，B保育者が提案した活動にヨシオが物足りなさを感じていると考えられる記録である。そこで，筆者は，筆者が捉えたヨシオの姿から，活動に物足りなさを感じているのではないかという内容をB保育者に伝えた。そして，環境構成の際に，ヨシオが手を加えて変容できるような，他児が多少扱いが難しいと感じると思われるものでも，思い切って用意したらどうかとアドバイスをした。その時B保育者は「そういえば，前から

私もそのように感じていました」とぽつんとつぶやいた。B保育者は生活の中で何となくそれを感じていたのだ。

提示してある記録以外にも，ままごと遊び，戸外ブロック遊びなどの場面でヨシオが「物足りなさ」を感じている同じような姿を捉えることができたが紙面の都合で割愛する。

(3) 実践・研修・実践の積み重ね
① ヨシオの物足りなさに応える

B保育者は10月の研修会で，対象児として話題提供したヒロシと「間」を置くかかわりをすることで，ヒロシが変容し，有効なかかわりであると実感していた。そこで，ヨシオにも，「間」を置くことで，行動を肯定するようなかかわり方をしたが，それは有効でなく，ほかの方法を思いつかなくて悩んでいた。

11月に入り，筆者はヨシオとかかわることで，C組の遊びや活動に「物足りなさ」を感じているヨシオの姿を捉えることができた。そこで，しばらく，観察することにした。そして，ほかの場面でも「物足りなさ」を捉えることができたので，B保育者にそのことを伝えたところ，［記録3］［記録4］の解釈部分にあったように，そのことに気がついていたのである。そして，B保育者は，「色々な物に関心をもつが，活動に『物足りなさ』を感じているらしいヨシオ。納得ができれば素直に受け入れられるヨシオ」というように，1月23日の週案の反省にも書いていた。

ヨシオが「物足りなさ」を感じていることに気づきながらも，踏みとどまって考える機会をもてなかったことが，かかわりの難しさを助長させたと思われる。このようなことは日々の生活に埋没しやすい保育現場ではよくあることである。次から次へと生起してくるクラスの子どもたちの問題を抱えていると，気になりながらも「踏みとどまる」ことなく通り過ぎてしまうときがあるのである。また，B保育者は，ヨシオが「物足りなく」感じていると気づきながらも，彼の扱いにくさにまなざしが注がれていたことから，余裕

をもって活動の幅をもたせることができなかったのだろう。しかし，担任以外の保育者に自分のクラスの子どもを任せることができたり，自分の抱えた問題を開示したことで，B保育者はヨシオの「物足りなさ」を自覚的に意識することができた。自覚することで，Cクラスの活動内容が彼の育ちに合っていなかったことに思いが及び，考えることができたのである。つまり，仲間の保育者の支えが「踏みとどまる」時をつくったといえるだろう。そのことが，12月から取り組んだ，描いたり作ったりする活動を進めるときに材料・用具の準備の工夫や，ヨシオの発達課題にあった援助に現れていたのである。

② 子どもの育ちを捉える

さて，B保育者が，彼の扱いにくさのみにまなざしがいってしまったのは，なぜなのだろうか。彼自身の性格や特徴にも要因はあると思われるが，B保育者がヨシオの1年間の育ちの責を担っているからこそ生じてくる（こうあってほしい）というB保育者のつくった枠組みに彼が当てはまらなかったことが考えられる。

言い換えれば，B保育者は彼の行動を見るときに，気になる部分にのみ目を向けていたが，担任はこの枠組みをつくるからこそ，目標をもって1年間子どもの育ちの責を担うことができるともいえるのである。

しかし，時には柔軟にこの枠組みを外し，子どもの見方を変える必要がでてくる。B保育者の場合は，踏みとどまり彼の関心や発達の状況を捉えることができたのならば，ヨシオは早い時期に違った姿を見せたことが予想できる。つまり，ヨシオの今現在の育ちを捉えなくては，彼の発達課題が予測できないし，その課題を達成できるようにするための保育者の援助・指導は見えてこないのである。

子どもの行動を受け取り，それに応えるためには，「子どもを見る」目の確かさと「踏みとどまろう」とする保育者の自覚的な意識が必要である。

研修会で効果的なかかわりの方法を獲得したB保育者であったが，ヨシオには有効に働かなくて困っていた。これを筆者に相談したことでヨシオを違

う見方で見，自分の枠組みをはずす契機となったのである。

　この事例は，自分の問題を開示することの重要性と有効である方法も子どもや状況が違えば当てはまらないことを示唆している。言い換えれば，開示し，検討した事例を蓄えることは，子どもの様々な育ちの様態を知ることとなり，眼前の子どもの問題を解決するためのヒントや方向性を見いだすことになるだろう。そして，見のがせないのはB保育者の問題を共有し，その解決過程を伴走した筆者の存在であった。また，研修会で話し合われた方法を試し，それが有効に働かなかったが，そのことが問題なのではない。B保育者が実践に取り込み試そうとした姿勢と，実践の場で試行錯誤しながら，子どもと相互にかかわり，反応を見て次の判断を決定していくというような「トレーニング」の場であることを確認できた事例である。

3．事例3：「気になる」子どもの見方が変わったC保育者

(1) C保育者が抱えた問題

　C保育者は，研修会の話題提供を初めてすることになり，準備をどうしようかと迷っていた。研修担当のE保育者から，とりあえず「気になる子」をあげてみてと言われ，4人の子どもを思い浮かべた。C保育者には，「気になる」4人は簡単に頭に浮かんだが，その中から1人に絞るのは難しかった。しかし，タケオだけはほかの3人とは，気になるところが違うことに気がついた。「3人は思いを表出し表情も豊かであるが，タケオは自分から遊びを見つけられずにボーッと立っていることが多く笑顔もあまり見られない。園生活を楽しんでいるのだろうかと不安になった」と述べている。そこで，研修担当の保育者と相談して，園生活を「楽しむ」こととはどのようなことなのかをテーマにすることにし，対象児をタケオにした。そして，研修会担当のE保育者に勧められてタケオがいつ誰と何をして遊んでいるのか思い起こすための，マップ（Nimmo, 1994）（図2-3-4，(p.176参照)）を作成してみた。すると，タケオだけでなく，誰とも線がつながらないアユミ・タクヤにも気

がつき，今度は2人が気になり始めた。C保育者の見方がマップを書くことによって変わったのである。

そこで，C保育者がマップを書いたことで，どのように子どもの見方が変容していったのかを捉えることで，「子ども・もの・こと」をつないだマップを書くことの意味を考えてみたい。

(2)「気になる」子どもの行動と保育者のかかわり

はじめに，C保育者が，「気になる」とした子どもの行動をどのように捉えているのか見てみよう。

［記録1］　コウタ　11月10日　記録：C保育者
　コウタはみんなが集まっているときも1人で走り回っている。今日もナオトとふざけて走り回っていて転んで靴箱にぶつかって顔をすりむいていた。昨日は遊戯室の前には大切な物がたくさんあるから走ってはいけないよと伝えたが走り回っていた。

［記録2］　サオリ　11月10日　記録：C保育者
　絵本を読む時間が近づいてきたので，私は絨毯を敷いて手遊びを始めた。子どもたちは，だんだん私の前に敷いてある絨毯の上に集まってきた。しかし，サオリとトモコはほかの遊びをしている。2人に絵本を始めることを伝えるとトモコはまわりの様子に気がつき，すぐに絨毯の上に座りにきた。サオリは気がついたようだがまだ遊んでいる。

［記録3］　サトシ　11月25日　記録：C保育者
　レナが持っていた車をコウタが取ってしまった。それを見たサトシは，「ダメ！」と大きな声で言い，コウタを突き飛ばした。私はサトシに何で突き飛ばしたかを尋ねた。「ダッテ…」と泣きそうな表情を見せる。私が「コウタ君がレナちゃんが使っていた車取ったから？」と聞くとうなずく姿が見

られた。

　この3人は友だちを突き飛ばしたり，みんなが集まっているとき1人だけ違う遊びをしたり，走り回ったりしているために保育者の目につきやすく，保育者の注意を喚起する。しかし，次の記録に登場するタケオは3人とは異なり，一見目立たない子どもであるが，ボーッと立っているだけの姿がC保育者の目についたようだ。

　[記録4]　タケオ　11月9日　記録：C保育者
　登園してくるとタケオは自分からタオルを掛け，鞄を片付けて身仕舞いをする。しばらくして何気なくタケオを見たらボーーと立っていた。何をしたいのかとしばらく見ていたが，特別何もしないで見ているだけである。今までおとなしく，泣くこともなかったので気がつかなかったが思い返してみると遊んでいる姿がイメージできないし，笑っている顔をあまり見ないような気がしてきた。タケオが幼稚園にいるのが楽しいのか不安になってきた。

　C保育者がこの4人のうちから1人を話題提供の対象児にして仲間の保育者と一緒にどのようにかかわったらよいのか考えてもらおうとしていたが1人に絞りきれなかったことが理解できる。走り回る子，みんなと同じ行動がとれない子，他児に手をだす子，何もしていないように見える子を保育者が「気になる」とするのは自然なことであるからだ。この4人は，3歳児によく見られる姿ではあるが，新規採用の教諭には扱いにくい子どもたちである。結局，C保育者は，3人とは行動が異なり幼稚園生活を楽しんでいるのかどうか不明であり，また，遊んでいる姿を思い浮かべることができないタケオを対象児にすることにした。そして，タケオが園生活を楽しんでいるのかどうかについて，研修担当のE保育者に話を聞いてもらうことで，楽しいことは居場所があることではないかと気づき，タケオがどこで何をしているのかを思い起こすために，11月28日の遊びの様子を思い起こしながらマップを

書くことにした。そして，このときにC保育者が「楽しい」という言葉を頻繁に使うことからE保育者が「C先生にとって楽しいこととはどんなこと？」と尋ねると，C保育者は意外そうな様子であったとのことであった。このことから，1月にC保育者が話題提供する研修会でのキーワードを「楽しい」にすることになった。

　このマップは，子どもが登園したときに保育者が構成した環境に子どもが自らかかわり，選択して遊んだ内容である。

　マップを書くことにより，クラスの子どもたちの大まかな遊びの様子は整理できたが，タケオ以外にも，その子の表情，遊びの内容，他児とのかかわりを思い浮かべることができない子がでてきたとC保育者は述べている。アユミとタクヤである。11月にメモ書き程度に書き残したマップを研修会のために清書した時に，11月には気にならなかった，アユミとタクヤがそれ

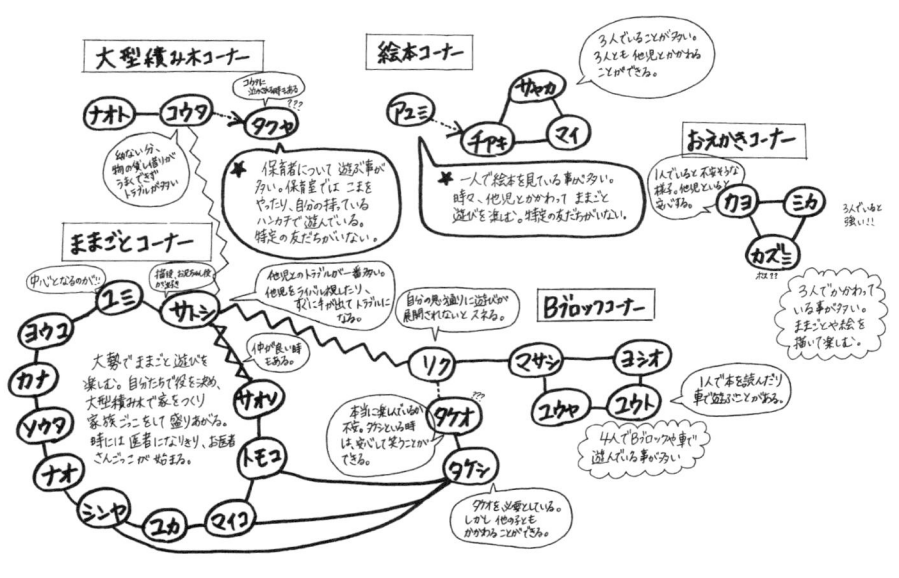

図2-3-4　「子ども・もの・こと」をつないだマップ

それぞれ誰とも線がつながらないことにC保育者は気づいたのである。そこで，1月に入り2人に目を向け，遊びの様子や行動を見始めた。すると，アユミは1人で本を読んでいたりすることが多いし，タクヤも1人でいることが多く，ウロウロ・フラフラしているようにC保育者には思え，2人が他児とかかわる姿を見いだすことができなかった。

一方で，サトシ，サオリは自分のしたい遊びを見つけて遊んでいること，他児とトラブルはあるが，トラブルは他児とかかわっていることの表れであることに気づくことができた。そこで，C保育者はアユミとタクヤに目を向け，記録を書いてみることにした。

[記録5] アユミ　1月24日　記録：C保育者
　登園して身仕舞いをすませると，絵本コーナーへ行き本を1冊手にとって読み始める。声に出して読むこともなく1人で黙々と読む姿が見られた。しばらくしてからアユミを探すとままごとコーナーにいた。アユミはリク，サトシ，コウタに「入レテ!!」と一生懸命体で大きくリズムをとりながら繰り返し言っている。男の子たちはその度に「ダメヨ」と言っている。アユミは大きな声で泣きながら「リク君ガダメッテ言ッタヨー。イヤダヨー」と言っている。私が「入れてやって」と仲介し，ままごとに入れてもらうことになったが，少したってからアユミを見ると，1人でごちそう作りをしていた。

[記録6] タクヤ　1月24日　記録：C保育者
　登園してくるとタクヤはこまを回してみたり，積み木でブルドーザーやショベルカーを作って1人で遊んでいた。しかし，独り言を言いながら楽しそうである。しばらくして，タクヤを探すと遊びを見つけられず，テラスをウロウロしていた。ウロウロが長く感じられたので遊びに誘ってみた。タクヤは私と一緒にブロック遊びを始めた。

この二つの記録は新規採用の保育者の姿を顕著に表している。そして，多くの新規採用保育者の通った道でもある。［記録5］の下線部分で，C保育者は，安易に仲介することが，子どもの関係に立ち入っていることに気がついていない。大人の権威を振りかざして仲間に入れてやっても，保育者がいなくなればすぐに仲間から外れてしまうことにである。［記録6］でも，下線部分を見ると，1人でいる時間が子どもの成長に必要である（Boulding, 1962/1988）ことに気づくのは難しいようである。しかし，C保育者は，何とか対応しようと考えて仲介したり，ウロウロする行動に対して注意したりするのではなく，誘って一緒に遊ぼうとする姿勢をもっている。

　そして，31日の研修会を前にして研修会担当のE保育者と話し合い，気になる子が絞れなかったことについて，11月からの経緯を含めて話題提供することになった。また，前述したような経緯から，研修会のキーワードを「楽しい」とし，C保育者の話題提供を通して，幼稚園にいる子どもにとって，保育者にとって「楽しい」とはどのようなことなのかを話し合うことになった。

　［記録7］　1月31日　研修会記録（バズセッションの報告内容から）
　研修会に参加する各保育者は，自分にとっての「楽しい」について考えてきて，発表した。ここでは，主なものを取り上げる。
T保育者：今まで知らなかったことを先生も子どもも刺激を受け合って体験していること，ゆったりと子どもと話ができるとき，子どもたちとこんなことをやってみたらどうだろうとひらめいた瞬間，嬉しい気持ち，悲しい気持ち，悔しい気持ちを子どもと一緒に感じ合えるとき。
M保育者：子どもと一緒に何かをやり遂げたとき。
Z保育者：自分のイメージと子どものイメージが合い子どもと一緒につくり上げているとき。
C保育者：保育者も子どもも居心地のよい場所があること。
W保育者：遊びを発展させている子どもたちが楽しんでいることで私自身

も楽しくなる。

　以上の主な発表内容から，子どもや保育者にとって「楽しい」ことを考えるポイントを「伝わること」，「通じ合うこと」とした。そして，3〜4人ずつ3グループでバズセッションを行った。バズセッションとは小グループに分れて，討議をし，比較的短時間で意見をまとめて報告し合うものである。以下は，バズセッション報告の要約である。

　TTグループ：伝わったときより伝わらないと感じることが多い。たとえば，H保育者が他児とトラブルが多いため気になるヨリコと，他児がいざこざを起こし，うまくいっていないときに保育者が間に入ることで，仲良くなったふりをしてヨリコはその場から離れる。ヨリコの行動を見ると，保育者の気持ちは感じるが素直になれないヨリコの姿がある。年長くらいになると仲介が本当に難しい。保育者の気持ちが伝わり，子どもが遊びを見つけたり，他児とうまくかかわり合ったりして，喜ぶ姿を見られるときもある。
　保育者の思いが伝わることで子どもの行動や活動・遊びが変わると「楽しい」と感じられる。
　ETグループ：伝えるとき，言葉だけでなく表情や行動で伝える。伝わったと感じるのは，子どもができるようになった姿等の行動が見えたとき。その時に感じるのは，すぐに伝わるときと，じっくり時間をかけて伝わるときがある。伝わらないのは，発達に応じた言葉かけでなかったときとか，個々の生活体験の差から。伝わらないときは他の方法を考えたり，子どもの気持ちを受け取る。そうすることでお互いの気持ちのやりとりができるようになり楽しくなる。
　FTグループ：伝わるとは，言葉を交わすことで伝え合ったり，行動で示すことで伝わることがある。それは，子どもの言葉や表情，行動を見て伝わったかどうか確認できる。伝わらないときは反応しなかったとき。
　一人ひとりが気になっていたが全体の人間関係を見たときに今まで気にな

らなかった子どもに目がいくようになった。子ども一人ひとりが楽しいと感じるには全体を見ていく必要がある。このことがクラス全体の「楽しい」につながる。

　これらの報告から，保育が楽しいと感じるときは，子どもたちと通じ合ったと感じたときであることがわかる。この場合の通じ合うとは次のようなことを想定している。たとえば，発表会などで，保育者がピアノをうまく引けなくて指が止まってしまったときなど，待っていてくれたり，歌い続けながら心配そうに保育者を見，弾き始めたピアノに合わせてくれる子どもたちに，保育者が助けられる場面がある。保育者が指導するばかりでなく子どもたちにも助けられながら，ピアノを弾く保育者と歌う子どもたちが，気持ちのやりとりをしながら作り上げていることがあげられる。このようなとき，保育者自身が子どもと通じ合っていることを実感できる場であろう。また，保育者の保育の意図を子どもが受け取り，子どもたちがそれを自分たちなりに発展させていくと保育者は通じたと実感する。保育は保育者と子どもがその場，その時にやりとりをし，ともに作りだしていく行為であるが，なかなか実現するのは難しい。子どもの関心や在処や育ちを読み取れないでいると，適切な言葉かけややりとりができないのである。だからこそ，通じ合う，伝わるという言葉がキーワードとしてあがったのだろう。
　このような話し合いがなされた研修会後のC保育者の記録は次のとおりである。

　［記録8］　アユミ　3月2日　記録：C保育者
　最近は絵本を読んだり，絵を描く遊びを楽しんだりしているが，他児とおままごとを楽しむ姿も見られるようになってきた。大型積み木を使って，近くにいる友だちと家をつくり，ままごと遊びを始める姿から積極的に遊び始めたと感じる。
　しかし，今日はアユミが「入レテ」と言っても，リクやサトシに「ダメ

ョ！」と断られ泣きながら，「私ハネ，ミンナト遊ビタイノ，先生モ一緒ニ行ッテ」と訴えてきた。アユミを連れ，ままごとコーナーへ行きリクとサトシに話を聞いてみた。これ以上猫の家には入れないからだとのことであった。そこで，「どうしたらたくさん入れるのかなぁ？」と問いかけてみた。リクは積み木を増やして家を広く作り直してくれた。アユミも一緒に猫の家に入って遊ぶことができた。

　（アユミはいろいろな遊びに興味を持っている。また，他児とかかわって遊びたいという気持ちもあるようだ。アユミの遊びの中に入れてもらえない嫌な気持ちを，他児にも伝えることや，研修会で学んだ，遊びの仲間に入るためには，遊びの内容を理解し，その中での役割を一緒に考える方法もあるのだということを思いだしながら，アユミが仲間に入れるように仲介の工夫をした。アユミの楽しみ方を認めながら落ち着いてかかわっていこうと思う。）

［記録9］　アユミ　3月7日　記録：C保育者
　帰りのバスを待っているとき，「アノ本，モウ1回見タイ」と，帰りの集いで私が読んだ本を取りにきた。本を渡すとまわりの子どもたちを気にすることもなく声を出して読んでいる（文字を読んでいるのではない）。自分の中で本のイメージを広げながら，ストーリーを作りながら読んでいるように感じた。

　3月に入り，C保育者にも少しずつ余裕がでてきたことが伺われる。
　研修会でマップを書き，自分の保育を披瀝したことの成果が現れている記録でもある。［記録8］の下線部分は問いかけの発話になっている。このような場合，それまでのC保育者であれば「なぜ入れてあげないの」と詰問調になっていたことが予想できる。しかし，問いかけることで，リクが自分の考えを表出し，次の行動を決定できる余地を与えている。リクは，家を広くし，アユミは，一緒に入って遊ぶことができたのである。

また，［記録9］では，アユミが1人で本を読んでいる姿を認め，本を読んでいる行動の意味まで捉えようとしている。

［記録10］　タクヤ　3月15日　記録：C保育者
　いつもと変わらず元気に登園してくる。しかし，身支度に時間がかかりなかなか遊ぶことができない。他児の遊ぶ様子を見たり，自分の持ってきたハンカチで遊んだりして時間が過ぎていく。私が「お鞄置いて遊んだら…」と声をかけると鞄を肩からはずし始める。

　この場面についてC保育者と話し合ったとき，筆者が，「身支度がかかるのはなぜだと思うの」と尋ねた。「身支度よりもしたいことがあるとか，遊びを探しているのかな…？」という答えが返ってきた。さらに「このときすぐに声をかけたの？」と尋ねると，「少し様子を見てゆったりと声をかけたかった」ということであった。また，「4月は他児とテンポが合わないと気になってイライラしたが，こういうペースの子もいるのだと思えるようになった」とも述べていた。新規採用されて1年がたち，新採なりに保育のゆとりができたのだろう。［記録8，9，10］から，C保育者の変容を実感することができた。

（3）新たな視点を獲得する
①　マップが果たした役割
　C保育者は新規採用の保育者である。子どもの見方，かかわり方で未熟な面が見られるのは当然である。けれども，子どもたちが楽しい園生活を送れるように彼女なりに努力していることが，子どもが楽しい表情をしているのかどうかと心配している様子や，研修会で話題提供のテーマにしたことから伺える。この事例では，新規採用の保育者の未熟さに目を向けるのではなく，マップを書いたことによって，見方が変わったことを問題にした。
　自分の保育が未熟なことを認識し，改善しようとする姿勢は経験豊かな保

育者にも必要な姿勢である。その契機となったのが，マップの作成であった。

　C保育者の研修会後の記録に「今回の研修の話題提供者となって一番印象に残ったことは，1人でいることの重要性だ。研修のテーマの『楽しむ』という視点から考えると，1人でいて楽しんでいるのか不安であった」と述べている。しかし，研修会後には子どもが1人でいることや，ウロウロすることは，子どもにとって必要な行動であることを知った。たとえば，「1人でいるときは気分を入れ替えている，体勢を立て直している，情報を貯め込んでいるなどと佐木先生から聞いたことで，子どもにはそのような気持ちがあることを初めて知った。また，ウロウロしている子どもは遊びが見つけられないでいるとマイナスに考えていたが，遊びを自分で見つけようとしている，気分を変えている，居場所を探していることを知り，これからの援助を考えていく必要があると思った」と書かれていたことからわかる。そして，これらに気づくことができたのは，「子ども・もの・こと」をつないだマップを書いたことにより自分の見方に気づくことができたからである。

② 全体を俯瞰する

　では，どのようにして保育者は活動の内容を考え，意図し，子どもに援助・指導をしているのだろうか。援助・指導のためには，保育者がどのような保育観，子ども観をもっているのかが問われる。保育観，子ども観は保育者が子どもの育ちやその場の状況をどのように捉えているのか，子どもにかかわる保育者の姿勢や態度などを決定するからである。

　C保育者の場合は，子どもの気になっている行動に視点が集中していることから，子どもを近視眼的に見ていたために子どもたちの行動を適切に捉えることができなかったのだろう。

　しかし，マップを書いたことで，気になる子が変わった。これは退いて見たことでその場の状況が見え，そのことが考える契機となったのではないだろうか。たとえば，3歳児の育ちを考えると，ウロウロとしているのも必要なのではないだろうか，言葉が十分育っていないのでトラブルが多いのかも

しれない，どのようにしてトラブルは生じているのか，もしかして他児とのかかわりが以前より頻繁になって衝突が起きるのではないだろうか，では，トラブルが生じない目立たない子，気にならない子は何をしているのだろうか，などというようにである。

　子どもの状況を捉えたならば，次に保育者は遊びや活動の内容を理解する必要がある。どのように理解し捉えているのかで，その時になされる言葉かけが変わり，子どもが「楽しい」と感じるか否かが決定されるのである。そして，子どもと相互にかかわる保育者側の「楽しさ」も子どもの行動に決定されていく。保育者が子どもの行動の意味を考えていこうとする姿勢と，子どもの状況，関心の在処，育ちなどを適切に捉えたかかわりが，子どもの楽しさをつくりだし，保育者も子どもと通じ合う喜びと保育の充実感を感じることができるのである。

　このような成果を得る契機となったマップが，C保育者の見方にどのように作用したのだろう。

　C保育者は新規採用であることから，力みすぎて視野も狭くなり，子どもを見る目も近視眼的になりやすい。しかし，マップを書くことによって，子どもとの接近したかかわりから距離を置き，全体を見る機会を得ることになったと考えられる。そして，「気になる子」としてあげた4人の子どものうち3人が，トラブルがあるのは他児とかかわっているためであり，3歳児として育ちつつある姿であることを認識することができた。また，タケオが何で遊んでいるのかを知るために書いたマップであったが，今まで，気づけなかった2人が気になりだした。子どもの見方が変わり，「気になる子」が気にならなくなり，「気にならない子」が気になるという現象が生じたのである。

　つまり，マップを書くことで，クラスの子ども全体の活動の様子を鳥瞰図のように俯瞰することができたのだろう。このことで，「気になる」行動にばかり目がいくような思い込みや，「この子はこのような子」というように枠組みをつくっていたことに気づくことができたのである。

C保育者が「自分がクラスの中に入っているのでなく，外から見たから頭の中が整理できた」と筆者に述べたこの表現からもわかる。渦中にいる自分ではなく，渦中にいる自分も含めて全体の子どもの状況が見えたのだろう。
　このことは，見方というよりも，どこから見ているのかという「視点」を変えたと言った方がよいだろう。保育において「子どもを見る」ときは，様々な視点から見ることで，子どもをより深く捉えることができるが，この事例はこのことを示唆しているといえるだろう。
　また，マップは，C保育者の思考のプロセスを表す。C保育者が書いたもので，C保育者が見えていたもの，重視していた事柄が仲間の保育者にも見える。仲間の保育者と相互に話し合うことで，C保育者自身も自分の見方に気づくことができたのである。そして，新採であるC保育者の悩みや困ったことから立ち上げた問題を研修のテーマにし，その問題に筆者やE保育者が寄り添ったことでC保育者は，E保育者に悩みを「話す」ことができたと思われる。「話す」ことで，自分の保育を反すうし，何が問題であるのかということに思い当たることができたことで，自覚的に前向きに問題に取り組み，考えることができたのだろう。

§4　まとめ：子どもの育ちの支援者になるために

　事例の保育者たちが悩んだり，問題を抱えたりする契機となったのは研修会であった。
　先学者が述べてきたように，研修会は保育者が成長していくうえで有効な手段である。では，研修会をやれば保育者は成長するのだろうか。保育者の成長に活かすことができる研修会にするには，研修会を学びの場とするためには，どのようなことが必要なのだろうか。これらのことについて考察していくことにする。

1. 問題を立ち上げる

　事例に登場した保育者たちは，研修会で話題提供するために研修担当のE保育者に「話し」，自分の保育を振り返りながら資料を「書き」，研修会という仲間の保育者との「話し合い」の場に参加した。A保育者，C保育者は，自分が抱えた悩みや不安を「話し」，「書く」ことで，自分の保育や保育者としての自分のあり方を振り返り，反すうし，問題に気づくことができた。つまり，事例の保育者たちのように自分の保育を振り返り，問題を立ち上げることができることが保育者の変容につながる（Bollnow, 1976/1978）ことから，重要課題であることが明らかである。

　経験のある保育者が，一方的に保育方法を提示したり，問題解決の方法を提示しても，対象とした保育者が自分の保育を振り返り，問題を立ち上げ，それを認識しながら解決しようと努力し，体験することで納得し腑に落ちなければ，その保育者は保育技能を獲得することはできないだろう。また，B保育者のように有効であると考えた方法がうまくいかないときに右往左往したりする時間の保証がなかったり，失敗が許されなかったり，また，新採のC保育者の迷いに寄り添い，違う見方を提示したりすることができない保育者集団だったとしたら，B保育者もC保育者も問題を解決することはできなかっただろう。

　保育は日々の生活の繰り返しである。そこでは様々な事柄が自明のこととしてルーティン化していく（佐木, 2000）。A保育者の場合を見てみよう。満3歳担当のA保育者は子どもたちに生活行動を身につけさせるために，記録にあるように，運動会が終わり余裕ができたらすぐに「ベレー帽子などの仕舞い方」をていねいに指導・援助していくことを考えている。また，3年保育年少組担当であるC保育者も，イザコザ・けんかと向き合っているのである。これは語彙が不十分な3歳児によく見られる姿であり，頻繁に発生する。また，4歳の年中児，5歳の年長児も，生活行動の確立のために繰り返し指導・援助しなければならないし，絶え間なく発生するイザコザ・けんか

は3歳児のそれとは異なり複雑な様相を見せはじめることで，難しさを感じたりするのである。これらのような事柄は，毎日繰り返されることで，そのことに追われ生活の中に埋没してしまう。このような状況の中で，保育者が1人で，問題を立ち上げることはなかなか難しいといえるだろう。だからこそ，研修会が必要なのである。研修会で話題提供することが問題を立ち上げる契機となっていくのである。

　しかし，研修の場で話題提供することは覚悟のいることである。自分の考えを披瀝することは批判を受けることを覚悟しなくてはならないし，自分の保育がさらされることなのである。ポランニー（Polanyi, 1958/1985）は，「私はこう信ずる－含まれている危険にもかかわらず，私は真理を探究し，自分の知見を述べるよう［天職（calling）として］命じられている（called upon）のだ，と。（…中略…）この文を発話するに当たり，私は思考と言葉とによって自分自身を投出（commit myself）しなければならないことを言い，かつ同時にそれを為していることになるからである」と述べている。保育者が他者に自分の保育を開くことを「自己投出」と言い換えて，さらにポランニーの言葉を借りて説明するならば，個人的知識が単に主観的であることを逃れさせるのは，その全体構造への自己投出の行為であり，自己投出はこの意味で〈普遍的有効なもの〉への唯一の接近路であるといえるのである。つまり，俎上にのぼることを決意することは，自分の保育を問い直し，見つめようとする，保育者としての自分のあり方を問う姿勢があるということの表れでもある。技能を獲得し実践知を深めたいと，保育者が願っているからこそこの姿勢が生まれのである。2人の保育者は，子どもたちのためによりよい保育をしよう，そのために保育者として成長しようとしている。そして，A保育者は「反省的に振り返ろう」と考え，C保育者はタケオが「楽しい」と感じているのだろうかと思うことが，子どもの育ちを助長するための適切な援助・指導に必要なことなのである。

　さて，保育者によって抱える問題は違うだろう。では，それらに通底する事柄は何であろうか。本事例に登場する保育者から考えてみよう。A保育者

は，保育を「反省的に振り返る」ために4月に遡り，週案の省察部分を読み返し，そこでの子どもの行動や様子から育ちを推し量っている。B保育者は，子どもの遊びの内容や行動で子どもの育ちや心的内面を読み取ろうとしている。これらは，保育者が子どもをどのように「見ている」のか，理解しようとしているのかということが深くかかわっている。このことが，どの保育者にも通底する事柄なのではないだろうか。

　ランゲフェルド（1974）は，「子どもを一人びとり独自の人格として理解しようと願う教育者にとって，先ずもって必須の要件は，真摯な自己批判と積極果敢な自己更新でなければなるまい」と述べ，そして，「教育者は，個々の子どもとの人格的交わりを通じ，より高い人間的価値の創造を目指してともに歩みゆくことを，自らの基本的課題とするからである」と結んでいる。この言葉を援用し，保育実践に置き換えれば，「子どもを見る」目を深め子どもの育ちを助長する援助・指導をするには，真摯な自己批判と積極的自己更新すなわち自分の保育を振り返り反省し，考察するような自らのあり方を問う姿勢をもっているか否かが，子どもの成長にかかわっているのである。自分の保育を反省的に振り返り，そこで問題を見いだし，それを自分の問題として取り込み，思考し，試行錯誤していく過程で保育技能などの実践知を獲得することができるのである。つまり，保育者として成長し，子どもの成長にも大きな影響を及ぼすといえるだろう。

2．学びの場・「トレーニング」の場

　また，B保育者は，研修会の場で仲間の保育者と「話し合い」，保育行為について相互に意味づけ（大場，1998）し，そこで話し合われた方法を取り込むことができた。そして，研修後の保育実践で具体的に試していた。それが有効に働いても，働かなくても問題ではない。たとえ，子どもの変容につながらなくても，実践の場で子どもと相互にかかわりながら，有効であると考えられる方法を試し，何とかその場を子どもと作りだしていくことがB保

育者にとって「トレーニング」となっていたと考えられる。筆者に自分の悩みを開示し，意見やアドバイスを受け取り，自分の考えと筆者の意見を摺り合わせ，自分のあり方を振り返ったこともあっただろう。しかし，担任であることから毎日の保育から逃れることはできない。逆に逃れられないことから毎日の保育で筆者からの意見などを思い起こしながら方法を試していたと考えられる。そして，それを筆者が同じ場で，「気になるヨシオ」を見，そして，かかわったうえで捉えた行動の解釈をB保育者に伝えたり，B保育者の保育行動を見守るようなやり方がB保育者にとっての「トレーニング」をより有効なものとしていたと思われる。

研修会で俎上にのぼり話題提供したり，参加して仲間の保育者と相互に省察したりすることで「学び」，そこで知り得たことや意見を実践の場で実際に試し，子どもの反応を捉えながら試行錯誤することそのことが「トレーニング」となっているのである。また，保育者一人で困難に立ち向かうのではなく，揖斐幼稚園のように問題を共有し，解決過程に伴走したり，問題を掘り起こしてくれる筆者やE保育者の存在や，現場を同じくしている仲間の保育者と事例を共有したりすることが，相互に保育実践を研鑽するのではないだろうか。このような環境が，保育者を育てていると考えられる。

3．保育者の問題に寄り添う保育者集団のあり方

事例に登場する保育者は，研修会や仲間の保育者との相互のかかわりで問題を見いだし，保育者としての自分を相対化する契機となっていた。そこでは，問題を抱え解決していこうとするプロセスを，言葉や文字で表現することで他者に開示し，議論し検討された事例を積み上げていくことを前提としている。研修会の場など仲間の保育者に自分で書いた記録を提示しながら話すことが，大場（1998）が述べているように，そこに居合わす保育者が，問題を共有し相互に省察し合う機会となるのである。その結果，対象児の見方を変え，それに伴ってかかわり方を模索したり，自分の保育を見直してい

しかし，どのような研修会でもそのような場となりうるのだろうか。本事例の幼稚園の研修会は，対象保育者の問題に寄り添う場になっていた。古参の保育者が議題を提示したり，テーマが上層部から降りてくるというようなものではなかった。つまり，新参の保育者の立場やありようが十分に認められていない場合，古参の保育者の意図が全面にでて古参の保育者の視線が新参者の視線をからめ取ることとなる。つまり「見る―見られる」というような一方向的な構造となりがちであり，結果，新参の保育者は納得していなくても古参の保育者の意図に寄り添ってしまうのである。幼稚園で共有されている保育の様式や保育行為の伝承などは「見る―見られる」という構造にのって行われているのかもしれない。しかし，揖斐幼稚園では，自分の保育実践から立ち上げた問題に寄り添い，共有し，「見る―見られる，見られる―見る」（Merleaw-Ponty, 1964/1996）というような仲間同士の相互主体的な関係性が，対象保育者の保育を開くことを導いたと思われる。このような「並び合う」保育者同士の関係が必要である。

4．まとめ

幼児期の子どもの育ちの支援者になるためには，日常の生活に埋没してしまわないで，当たり前のこと，自明なこととして取り扱われている保育用語に目を向けたり，子どもの行動の問題を自分の問題として捉えることである。そのような問題を抱え，解決していこうとする姿勢が成長の契機となる。そのためには眼前の事象の意味を考え問い続けていくこと，自分の保育体験を他者に開示し，ともに検討し，それらの事例を蓄えていくことである。このような姿勢が，保育者であるかぎり，必要欠くべからざる事柄であり，必須課題なのである。そのためには研修会を「学び」の場として機能させ，実践の場を「トレーニング」の場としていくことが必要であろう。そして，実践・研修・実践のサイクルを螺旋状に伸ばしていけるように構造化し

ていくことが，保育者の成長につながると考えられる。

　今後の課題としたいのは，「学び」の場として機能する研修会とするための保育者集団の構造を追求していくことである。同時に，実践の場を「トレーニング」の場とするために，問題を共有し伴走する保育者の専門性のあり方と質はどうあったらよいのかを検討する必要があるだろう。

§5　最後に　―保育実践と心理学について―

　最後に心理学とのつながりについて考えの一端を述べたい。
　事例分析時に，実践の事実と学術的な知見を相互に突き合わせながら検討していくことは，経験知のみ，あるいは理論のみよりも実践の実情に迫ることができるように思われる。そして，何を最終目標とするかによっておのおのの存在の仕方は当然変わってくると考えられる。
　保育実践研究は，保育実践に還元し，保育者を育て，保育の質を高めるためのものである。そのために実践の事実にまず目を向ける「始めに事例ありき」というスタンスになる。
　たとえば，事例1，2の分析で，ヴィゴツキー（1934/1962/1978）の発達の最近接領域，内化の理論や，「導かれた参加（guided participation）」（Rogoff, 1990），「足場づくり（scaffoldling）」（Wood, Bruner, & Ross, 1976）の理論を，事例3の場合は，「拡張による学習（expansive learning）」（Engeström, 1987）などを思い起こした。しかし，保育者の変容や課題を検討することが第一の目的である。前述の理論を背後に意識しつつも，筆者の経験知で事例を分析し，そこから見えてきた事柄を述べる本章の形をとった。保育者が研究をするときに，心理学などの学術的な知見を学び，保育実践に活かしていこうとする姿勢は必要ではある。肝要なのは，保育実践に軸

足をしっかり置き，心理学の知見に取り込まれることで最終目標を見失わないことであろう。実践を考えるとき，理論に囚われてしまうと，目の前の子どもの姿や育ち，保育行為の根拠を見誤ってしまうからである。

注：
1) 幼稚園13,949園中私立幼稚園は，8,354園である。私立幼稚園教諭の勤務年数5年未満は，53.2％となっている。
文部科学省ホームページ「平成17年度学校基本調査」（2008年2月11日）
http://www.next.go.jp/bmenu/toykei/001/05122201/xls/sy0001.xls
文部科学省ホームページ「平成16年度学校教員統計調査」（2008年2月11日）
http://www.next.go.jp/bmenu/toykei/001/002/2004/xls/o66.xls
2) 事例に登場する子どもの名前はすべて仮名である。
3) 協力・事例提供　揖斐幼稚園
4) 大場は，子どもが人間として生きるために必要な基礎的な行動力を獲得していく過程を「生活行動」と名づけ，「基本的生活習慣」はこれに含まれると規定した。
5) 満3歳は誕生日の翌日から入園できることから，毎月の新入園児がクラスにいる状態である。
6) ボウルビィは，特定の対象からタイミングよく，また快適に応答されることが繰り返されると，情緒的なきずなが形成されるようになり，このような情愛のきずなを愛着（attachment）と名づけた。幼稚園という場での，子どもにとっての愛着の対象は担任保育者であると思われる。

第4章

学童保育における協同性の発展と指導員の力量形成
：学童保育指導員の育ちと課題

§1 援助者の学びの論理をめぐって

1. 問題の所在

　学童保育指導員の力量形成過程を究明しようとする場合，子どもとのかかわりにおいて発揮される指導性の質の変化（発展）が分析の焦点をなす。そして，その質の変化は，子どもの発達や教育に関する専門的知識の獲得によってもたらされることは事実ではあるものの，多くの場合，それは事柄の一面でしかない。たとえば対象としての子どもに関する専門的な知識は有用ではあっても，それだけでは断片的で脱文脈的な知識であるため，保育実践への統合に際しては困難が生じがちである。子どもについての解釈はできても実践ができないと言い換えてもよい。単に対象に関する知識のみならず，子どもとの関係についての知識（たとえば受容と共感等）を得たとしても，それが脱文脈的な知識であるかぎりは同様であろう。
　それに対し，優れたといわれる実践に学び，その方式（実践モデル）を自分の実践に取り入れようと努力する場合がある[1]。この場合は，対象や関係

194　第2部　保育心理学の展開

についての知識ではなく，主体としての実践者を含んだ実践の展開論理そのものを学ぶことが意図されているのであるから，先の対応よりは実践の質的発展につながる可能性が高い。しかし，実践のモデルを単に移植するだけでは，うまくいかない場合がやはり多いであろう。実践の展開論理が開示されたとしても，モデルと同一の場面が実践者の眼前にあることはありえない。たとえば，実践がうまく展開しない場合に，よくあげられる理由に，「〇〇先生だからできた」というものがある。これは実践モデルを個人の「職人芸」として技能的に理解することに起因している。もう一つの理由に，「ここには父母会がないから，あのような実践はできない」，「指導員体制が不安定だからうちでは無理」などのものもある。これは実践を取り巻く外的な関係を制約要因としてあげるものといえる。つまり，他の実践の論理を自らの実践に適用するためには，何らかの工夫やさらにはモデルの再構成が必要となる。いわば運用・再構成の力量がオプションとして問われるのであるが，それはモデルの移植のみによっては形成されない。問題は，ここから始まる。つまり，何らかの知識や実践モデルは実践・指導性の質の発展条件ではあるものの，それを移植すれば必ず当該実践の質的発展がもたらされるとはかぎらないという問題にこそ解明すべき課題が存在する。その問題を解決し新たな実践を創造する条件を解明することが，実践者の力量形成過程を分析する際の焦点である。

　本章では，以上の問題意識に基づいて，学童保育指導員の力量形成を把握するための分析枠組みの整理を行うことを課題とする。具体的な実践事例によりつつ，その事例が提起する理論的課題を抽出することによって，その課題に迫りたい。

2．省察的実践家論の意義と課題

(1)「省察的実践家」論の意義
　先に述べた問題に関して，研究史を画する問題提起を行ったのがD. ショ

ーンであった（Schön, 2001）。ショーンによれば，従来の専門職像（たとえば医師や弁護士のような古典的な専門職に代表される）は「技術的合理性」モデルとして総括されるが，それは実証主義的科学に依拠して，所与の目的の達成のために最適の手段を選択することに専門家たるゆえんを求めるものであった。

　これは，専門家の知が実践の外部において生成し，それを持ち込むことによって当該実践の質的発展が可能であるとする図式が，これまで描かれていた専門家像では支配的であったことを指摘するものであろう。

　それに対しショーンは，この図式は問題の設定そのものを無視していると批判する。実践場面においては目的の葛藤・交錯は避けられないが，そのような状況において「技術的合理性」に基づく専門家は「厳密性か適切性か」というジレンマに直面せざるをえない。このジレンマを解決するには，「問題状況を問題に移しかえる」過程における実践的認識論を探究することが必要であるとショーンは主張する。そこで抽出されるのが，「行為の中の知」と「行為の中の省察」論であり，それをもとにした「実践の中の知」と「実践の中の省察」論である。

　筆者なりに敷衍しつつ要約しておこう。私たちは，通常，言葉で表現できること以上のことを行為の中では実現している。言い換えれば私たちの知は，言語的に表現されるものを超えるものとして行為の中に存在している。それは「驚きの経験」とつながって生ずる行為の中の省察を通して明るみにだされる（尾崎, 1990, 2002）。このような実践的認識論は，専門家の場合には実践の中の知と実践の中の省察として見いだすことができる。そこでの要点をショーンは「枠組み実験」とよんでいる。すなわち「対処可能な問題へと容易には置き換えることができない問題状況に自分が陥っていることに気づいた時，実践者は問題を設定する新たなやり方，つまり新たな枠組み（フレーム）を構成する」。驚きや困惑の中で，実践者は現象やそれまで暗黙になっていた自分の理解についての省察を行い，「問題状況に枠組みを与えるように目的と手段を相互作用的に規定する」（Schön, 2001）。クライアントと

かかわる専門家の場合，この省察過程は対話的な関係として遂行される。このような意味において，実践内在的な知の発展は，省察と対話によって可能となる。

　先の問題提起に即すると，対象や関係に関する脱文脈的知識はもとより，モデル化され汎用化された実践の論理も，当該実践の外部から硬直的に移植される場合は，「技術的合理性」モデルの枠内にとどまるといえる。もとよりこれらの知識やモデルが一切存在しないところで，専門家としての実践を発展させることは不可能である。問題の焦点は，それらを当該の実践の文脈の中に再統合する論理にある。既存の知識の意味を，文脈を創造しつつ再構築する実践的認識のあり方が問われていることを確認しておこう。

　このような提起は，学童保育指導員の力量形成過程を考える際にも有効である。現実の学童保育実践は，設定的な保育実践の場合も含めて「問題状況を問題に移しかえる」作業を不断に行うことによって成り立っているし，それを記録に基づいて振り返ることによって「問題を設定する」（＝文脈を創造する）力量の向上を図っているといえる。

（2）社会関係次元の問題性

　しかし，ショーンが対置した省察的実践者モデルは指導員の力量形成過程を分析しようとする際の全体を覆うものではない。先に指摘したように，外在的な知識の移植の困難さが語られるときに顕在化するのは，職人芸的な世界に付随する暗黙知の存在であると同時に，子どもと指導員の二者関係が実験室的な，統制された条件のもとで存在しているのではないという単純な事実である。

　たとえば，子どもの気になる対応は，学童保育所での子ども同士の関係のみならず，家庭や学校での様々な出来事に起因する場合があり，さらにその出来事が解きがたい「問題」になる背景には，地域における社会関係，親の仕事・職場をめぐる社会関係や学校・教師をめぐる社会的・制度的関係が介在している。同様に指導員の側でも，父母との関係はもとより，指導員の制

度的位置づけや労働条件などの社会関係によって実践の展開は制約されている。

　すなわち学童保育実践における対象や関係は，子ども・指導員を取り巻く社会関係によって規定されており，保育実践の目標もこのような制約の中で設定されている。したがって，目標そのものを転換させるためには，それを規定していた社会的な諸次元の関係を変えていくことが不可欠なのであるが，そうしたシステム的な連関が実践の質を発展させようとしたときに顕在化する。

　このようにみれば，ショーンの提起は，これらの問題のうち，主として前者の暗黙知問題に焦点を当てたものといえる。それをブラックボックスとして神秘化せずに，省察的実践過程として把握することにより，目標が輻輳する状況における職人芸的な技法に基づく問題設定の過程を客観的な分析の対象として設定したという意味では，その提起は大きな意義があった。

　しかし，目標の再設定については「枠組み実験」としてなされることが想定されているが，それは具体的には認識フレームを組み替えて遂行される「実験」（＝為すことによる学び）を意味している。このかぎりでは，ショーンの提起は個人を単位とした（行為へと連続する）認識のあり方に焦点を合わせた論理といえる。翻って実践コミュニティの質的あるいは構造的な転換を問題にするならば，それは一人の専門家でなしうることではない。言い換えれば，新たな目標・目的を創造することは，それまでの目標・目的を規定していた社会的諸関係およびそれに関与する諸主体の全体が質的に発展しなければ不可能である。したがって，ここではそれらの関係を構成する主体の集団（協同）的な発展が要請されるであろう。このような理解に対比すれば，ショーンの提起は少なくとも1983年段階では，依然として個人主義的な性格を残しているといえるであろう[2]。

　ただし，ショーン邦訳者の一人である秋田喜代美の解説によれば，ショーンはこの省察の発展として，実践を制約している文化や制度までもが省察されることによって，そこから「新たな社会的変革」が展開する可能性を模索

しているという（Schön, 2001, p.224）。とはいえここでも「デザイン合理性を育てる教育」が課題化されることに示されるように，課題は「反省的対話の能力」の形成に焦点化されている。このこと自体は省察的な主体の形成を論ずるうえで，きわめて重要であるものの，実践に埋め込まれた社会的制約を浮かび上がらせる主体の側からの立論にとどまっているように思われる。

　このようにみれば，ショーンによる実践コミュニティと専門家の力量形成の関連問題の提起の意義は甚大であるものの，実践の目的の転換と不可分である実践コミュニティの質的・構造的な転換と，専門家の力量形成との動態的な相互関連についてはさらなる検討課題が残されているといえよう。逆に言えば，省察過程に焦点を当てるとしても，その展開の論理は，実践コミュニティが抱えるジレンマの客観的な構造およびその変化との関連ぬきには理解できないように思われる。また，実践コミュニティは複数の諸主体の相互の関連によって形成されていることからすれば，その変革は諸主体の集団的な変容過程として問われねばならず，個別的な専門家の力量形成も，このような集団的過程に即して理解される必要があるであろう。

（3）活動理論の可能性

　本稿ではこのような領域を射程に入れた理論として活動理論（Engeström, 1999）を理解し，それを参照しつつ事例分析を進める。ただし，ここではショーンに導かれて確認した課題に関して，活動理論を基礎とした場合に採りうる視座を試論的に述べておくにとどめる。

　第一に，目的あるいは対象は，実践の主体によって任意に設定されるのではなく，実践コミュニティの構造によって制約されている。すなわち実践にかかわる諸主体の協業と分業の関係，実践の中で妥当性を承認されてきた諸規則，さらには制度的社会的な規定性が常に個別的な実践過程に作用している。活動理論は，こうした相互規定的な関連を活動システムとして整理しているが[3]，そうした視点からすると目的・対象を転換することは，活動システムを更新することを意味している。

第二に，ショーンのいうところの「枠組み実験」，すなわち問題を構成する枠組みを転換することも活動システムの転換として理解可能であろう。それは次のような論理に基づく。すなわち活動システムは対象とかかわり，目的を設定する主体なしには存在しないという側面を有する。つまり主体の側の能動性を欠いては，活動システムは形成されない。この側面に留意すると，主体の側で出来事を意味づける枠組みが問題となる。この枠組みはスキーマとよばれるが，たとえばM.コールはそれを「選択メカニズム」であり，推論の際に中心的な役割を果たすものとして紹介している（Cole, 2000）。さしあたり出来事を相互に関連づけ文脈的理解を形成する解釈枠組みといってよいであろう。

　このように述べると，スキーマは主体の内側にある主観的な構造であるかのようにみえるが，コールは，それは「単に頭の中の現象ではなく，すべての人工物と同じく，頭の内と外の両側に参画するもの」であるとし，「それらは人々の共同の活動を媒介する人工物に物質化されたり，観念化（具象化）されたりする」と主張している（Cole, 2000）。たとえば，複数の主体からなる実践場面を想定すると，実践が協同的に遂行されているかぎり，道具やモデル・方法論という人工物は共有されているはずであり，そこにスキーマは「物質化」されているといえる。逆に「物質化」されたスキーマが存在するがゆえに，新規参入者はそれを内化し，協同の実践に参画できるようになる。

　このように，スキーマが主観的かつ客観的であるとすれば，それは当該実践の発展によって変容することになるが，実践の発展を活動システムの発展としてみれば，スキーマの発展は活動システムの発展と一体のものとして理解することができるし，また，そのように理解せねばならない。

　以上を踏まえると，ショーンによって実践者の力量形成の過程の焦点とされた「枠組み実験」としての省察的実践は，活動システムの協同的な転換過程として把握できるであろう。個別的な主体の学びの論理も，こうした活動システムの転換と切り離さずに理解することが求められる。そのことによっ

て，個人の内的な変容と社会的な諸次元の関係の変容が論理的に一貫して把握可能になるからである。

　これは省察過程を言い換えただけのものではない。活動システムを論理展開の場とすることによって，たとえば暗黙知についても，媒介的行為の特性として分析する可能性が開かれる。すなわち，人間の行為・活動は媒介的であることによって特質づけられるのであるが，このことが「行為は意識に先行する」という主張を可能ならしめている。なぜなら媒介項としての人工物（道具）を位置づけた行為は，媒介物そのものがもつ潜在的可能性（＝社会的に与えられた可能性）によって主体の意図以上の世界を創造する量的・質的可能性を有するからである[4]。その反省的な対象化（＝内化）によって，新たな可能性や未来が目的・対象として措定される。このような学習の場面が，実践過程に即して問われる必要がある。本稿ではデータの制約もあり，そのような分析は行えないが，ショーンの論点をより分析的に検討する可能性が開かれることをひとまず確認しておきたい。

§2　対象と方法

1. 対象設定の論理――子育ての協同化としての学童保育

　上記のような視座から実践コミュニティの構造変化あるいは質的な発展と専門家の力量形成の関連を読み解くという課題は，個々の実践領域に固有の実践コミュニティの構造に即して具体的に検討される必要がある。本章で取り上げる学童保育実践も多様な存在形態を示している。たとえば設置運営の主体に即してみても，公設公営から財団あるいはNPO等の非営利組織や民間営利事業者への委託，民間共同学童保育まであり，利用施設も児童館等の公共施設，学校，民間住宅等多様である。これらの現象形態の差異は，実践

コミュニティの構造の微妙な差異を含んでいる。そのような場合の対象は，学童保育実践の本質を端的に現している形態，逆に言えば学童保育実践の本質をもっとも理解しやすい現象形態に即して設定されるべきであろう。そのためには，ひとまず仮説的に学童保育実践の本質について整理しておく必要がある。この仮説自体が以下の分析によって論証されれば，暫定的な客観性（＝恣意的な対象設定ではないこと）は保障される。

そこで学童保育の成り立ちとあり方について，原理的な次元に立ち返って確認しておこう。近代社会では子育ては私事に属する[5]。同時に一人ひとりの子どもたちが健康で文化的に育つ権利は社会的に保障されねばならない。学童保育と直接にかかわる事項に限れば，労働力の価値分割が進み共働きが広まるもとで保育に欠ける状況が発生し，それを社会的に補償するために学童保育が誕生する。このように，学童保育とは家族に生じた発達疎外状況（＝貧困化）[6]を解決するために発生した保育・子育ての社会化形態にほかならない[7]。

ここから，社会化された労働のルーツは貧困化する家族にあること，もう少し厳密に言えば，貧困化を克服しようとする家族の主体的な努力にあることが確認できる。困難な中にあっても子どもたちに豊かな放課後を保障したいという親の願いに応えて，社会的な分業の中で，その願いの実現を支えるのが指導員である。つまり，指導員の仕事の内容と形態を規定しているのは，保育に欠ける状況の中でそれを補い，克服しようと願う親の要求と実践である。確かに指導員の具体的な労働内容は子どもとの関係で決まるが，その場合でも原理的には親の要求と実践と無関係に労働内容を決定できるわけではない。

そのように考えれば，指導員は親と子の間に位置する媒介者の役割を担うといえる[8]。したがって，媒介者としての指導員の役割は，媒介する両極である親と子どものおのおのの状況に応じて変わってくる。「指導員の実践」として「指導員─子ども」関係を抽出することは可能ではあるが，その場合でも学童保育実践のこのような媒介構造が前提に置かれねばならない。

親の側からすれば，学童保育とは子育ての集団化（協同化）であるといえる。集団化された子育ての中での分業として指導員の労働が位置づく。

以上のような検討に基づくと，共同学童保育形態は学童保育の本質を，現にある形によって具体的に現すものであることがわかる。このような理解に基づき，本章では共同学童保育形態を取り上げることにする[9]。以下では，以上の留意点に基づいて，A市の共同学童保育所Tクラブ（仮称，以下Tクラブと略記）の実践に即して検討を進める。Tクラブは，1976年に9人の子どもたちとその親たちによって発足した。A市ではこのような共同学童保育所に対しても助成金を支出していたが，以下にみるように1995年に助成金の打ち切りが告げられ，Tクラブは存続の危機を迎えた。この危機局面を乗り越える過程で，子ども・指導員・保護者の相互の学び合いが進展し，指導員の力量も高まった。

2．方法

使用するデータは，①Tクラブの各年度の総会資料，②学童保育に関する研究集会で発表された指導員・保護者による実践レポート，③指導員が中間総括を行った結果をまとめた未公開実践記録（中間総括レポート），④当時の父母会役員への筆者によるインタビュー記録，⑤指導員へのインタビュー記録である。

そのうち，④および⑤については，①に基づいてTクラブの実践の発展過程を筆者が整理したうえで，時系列的な経緯を確認しながら，総会資料に記載されていない事実について尋ねるという形で進めた。④は2004年4月，5月および7月の三度にわたって実施し，参加した元役員は前二者が3名，後者が2名であった。⑤は2004年5月に実施した。いずれのインタビューもインタビュイーが複数であったために，筆者との一対一の会話というよりは，集団的回想という性格が強かった。インタビュー記録はすべて文字化され，2004年10月に元役員・指導員の手元に届けられた。

対象とした実践が過去のものであるため，以上のようなデータを使用し，過去の状況を遡及的に再現するという方法を採らざるをえなかったが，①②③は当事者によるおのおのの時点での総括，④⑤は現時点から過去を振り返った当事者の語りであり，参与観察や形成実験に比べると，いずれも二次的な性格をもつデータである。

このようなデータに基づくかぎり，当事者による評価および価値づけという「フィルター」を通過した「事実」しか把握できないことになる。実際に，インタビューの中で，個々の出来事の時間的な序列や因果関係，意味等々について，話者によって見解や評価が異なる発言がいくつもあった。単純な記憶間違いや曖昧な記憶については，①②③の資料（発表の際に当事者間で内容が承諾されていることから客観性がより高いと思われる）に基づいて確認をお願いしたが，評価の差異についてはインタビュイーの間で議論になることもあった。インタビュアーはそのような場面では介入せず，当事者間で意見・評価に関する一定の収斂がなされるのを待った。以下でデータとして示すものは，そのような過程をくぐり抜けたものである。

本稿はこのような制約を有するため，依然として分析の途上での仮説的な整理にとどまる。とはいえ，本章の目的である指導員の力量形成を分析する際の課題と方法を導出するうえでは，有益な示唆を与えるものであるように思われる。

§3　協同的活動システムと指導員の力量

1．協同的活動システムとしての学童保育

以下では存続の危機以後のTクラブの再建過程に焦点を当てて，学童保育における協同性の発展と指導員の力量形成の過程を確認していく。まず展開

過程の概要を把握したうえで，活動システムとしての学童保育実践の発展の論理を検討する。指導員と子どもの実践過程（保育実践）とその展開論理については項を改めて検討する。

(1) 助成金廃止から自主存続へ

まず，Tクラブの存続へ向けた取り組みについて概観しておこう。

① 助成金の廃止と存続の決断

1994年の年の瀬に入ったころ，Tクラブの近隣の児童館に児童クラブが開設されることを契機にTクラブの運営を支えていた助成金（約150万円）が，97年に打ち切られることが示された。児童クラブは利用料を徴収しないため，父母の経済的な負担は少なくなるが，当時の児童クラブは定員があったうえに年度更新制であったため，翌年もクラブに加入できるかという保障はなかった。また，留守家庭児童の専用室がなく，おやつもなかったことなどから，Tクラブの親たちは児童クラブへの移行に不安を抱いた。年末から3月まで話し合いを重ねる中で，18世帯の父母が共同学童保育として存続させることを決断し，Tクラブは維持されることになった。

② 父母会による保育実践像の模索（'95／'96）

ところが存続はしたものの，当初は指導員を確保できず，その後も指導員は相次いで入れ替わり，保育体制は不安定なままであった。また存続とはいうものの，助成金を受けるために児童クラブ未設置の校区へ移転するのか否かも含めた具体的な存続形態については，模索が続いていた。このような状況を反映して，子どもたちは「荒れた」状態に陥ってしまう。それまでの仲間が分断されたうえ，指導員に対する信頼もない中では，当然のことであった。

このような状況の中でも，18世帯の親たちは，バザーを通した地域との交流，入所者募集に際しての学校などとの交流を開始し，Tクラブの安定化に向けて懸命の努力を開始する。おやつの差し入れや会社で不要になった用紙の提供など，それぞれの親が自分のできることでクラブを支える工夫と努

力を行った。また，1996年からは新たに保育会議が設定され，親自身が「どんな場で子どもを育てたいのか」を問い返しながら，保育現場の問題に対処するようになった。

③ 指導員体制の安定（'97／'98／'99）

助成金は1997年に打ち切られた。財政的な危機意識がバネになってバザーの取り組みが本格化した。この年の最大の変化は，指導員2名が定着し（1名はパート形態），保育体制がようやく安定化したことであった。これによって子ども集団も落ち着く兆しをみせはじめる。同時に保育会議を充実させ，「指導員おまかせスタイル」に陥らないことが自覚的に追求された。

この期には様々な善意の提供が相次いだ。新1年生の祖父母から新たな建物の提供を受け，クラブの引っ越しが実現した。これによって親子40名が一堂に会することができる物的条件が確保された。善意の提供は，地域内でのバザーの場所の提供，学校での説明会場の提供，保育所・幼稚園でのチラシ配布の協力などへと広がっていった。

助成金復活運動も同時に展開されていたが，奇しくも助成金が打ち切られた97年に改正された児童福祉法によって学童保育が法制化されたことを契機に，その勢いが増すことになった。クラブ独自の署名は1万2千筆も集まり，これをもとに市議会陳情，保健福祉局長との懇談などが行われた。

④ 助成金復活（'00／'01）

2000年3月に助成金が復活された。この背景には，父母を中心とした粘り強い運動があったことは間違いない。1999年9月のA市社会福祉審議会答申で助成金復活の方向性がだされたが，それに先立ち，審議会委員のTクラブ視察や審議会でのTクラブからのヒアリングが行われている。

このころには在所する子どもの数も40人にまで増え，指導員は計5人にまで拡充された。強力な指導員集団ができあがってきた。それまでの実践を父母，指導員のおのおのが総括し，学童保育研究集会等でレポートを発表するようになった。子どもの卒所に伴う世代交代も始まり，次世代の親への引き継ぎが意識されるようになった。総会議案や役員体制にバトンタッチへの

工夫がなされるようになる。

（2）活動システムの転換論理
① 旧活動の特徴

　以上の展開過程は，活動システムの転換過程として把握できる。助成金廃止問題が発生する前のTクラブは，指導員主体の運営として特徴づけられる。逆に，父母は「指導員まかせ」であり，「預かってもらえる」場として学童保育所を認識していた[10]。子どもとの関係においても指導員の指導性が強く発揮されていた。ある親によると，「以前のTクラブは学校でのやり方を意識した取り組みになっていた。たとえば掃除など。生活教育的な集団づくり・班づくりをめざしていた」（Hさん）という。しかし，このような実践のあり方に関して「何か違うのではと感じていた」親も[11]，運営に積極的に参加するまでにはいたっていない。

　父母会も組織されていたが，出席しない親に対して「でないことが重なると辞めてもらおう」という批判がでるような状況であった。役員会も持ち回りであったこともあわせて考えると，負担感が強く，義務を強調することによって維持されていた父母会であったとみてよいであろう。誰もがなるべくなら回避したいと思う負担は，機械的に平等に配分することが妥当な対応策の一つである。

　このような状況は，父母と指導員の相互作用の結果生じていたといってよい。指導員からすれば，「預ける親」とともに実践を組織することは難しく，逆に親からすれば指導員が主導性を発揮し，親の参加については消極的であったことの反映であることになる。そこでの問題は，子どもの姿，保育実践についての状況認識が共有されないことにあった。もちろん，通信はあったものの，親たちは事務連絡中心の通信であったと受け止めている。状況を共有しない者同士では，言葉の意味にずれが生じるため，対話的な関係を構築することはきわめて難しい[12]。したがって非対話的な関係であったという意味で，旧活動はモノローグ的な関係であったといえる。子ども・指導員・

父母の間で双方向的な言葉のやりとり（交通）がなく，一方向的な情報伝達であったと言い換えてもよい。

このようにみるならば，助成金打ち切り問題はTクラブの重要な転機ではあるが，その後に父母会が自主存続を選択する背景には，旧活動システムに内在していた矛盾があったといえる。すなわち，父母に即すると「指導員主体の学童っておかしい」という漠然とした疑問がありながら，「預けるだけの親」であることの矛盾であり，子どもをめぐって協力すべき指導員と父母が分断されているという矛盾であった。実際には，移行に際して指導員と父母会の見解は対立し[13]，決裂状態に陥ったが，それも，こうした矛盾が発現したものとみてよい。したがって，仮に助成金問題がなかったとしても，旧Tクラブの活動システムは早晩見直しされることになったであろう。

② 危機局面としての移行期

存続後のTクラブは，旧活動システムから新活動システムへの移行期に入る。移行期は活動システムが未確立であるため，きわめて不安定な時期であり，場合によっては危機をも迎える。

第一に，新たなクラブを形成する主体は父母であったが，親たちは当初は保育方針も明確にできないまま4月を迎えた。年度末から年度初めの親たちは，「預けるだけの親」であることに内在する矛盾に突き動かされながらも，それを解決する代替的な方向を自覚できていない状況にあった。こうした状況はエンゲストロームらのいう「欲求状態」，すなわち「一時的に対象を欠いた願望という奇妙な状態」（Engeström, 1999）にあったといってもよい。

第二に，一方で「子どもたちに安心で豊かな放課後を過ごして欲しい」という願いが何度も確認されながらも，他方では，学童保育実践の中核たる保育実践が危機を迎えた。当時の子どもたちの状況について，元役員の親は次のように語っている。

> とにかくすべてがけんかごしなんですよ。「ああ」とか言葉も短くて。会話にならないんです。（Kさん）

全部ね，こういってたの。一対一対応。全部個別対応しか成り立たない。集団っていうふうにならない。—中略— 一人ずつに言っていかないと，みんなって言ったって通じない。そしてケンカするととことんいっちゃうみたいね。（Hさん）

　何というこの変わりようはって。私の知っている同じあの人の子どもさんでかわいい子たちって私は知ってるわけでしょ。それなのに，年度が開けたらがらっと変わってしまう。知らない人が見たら，こんなにしつけの悪い，ひどい子たちは初めて見たって。でもそんなことないんです。それは環境のなせるわざで子どもたちに責任ないんです。（Kさん）

　親の評価とは別に，子どもたちは旧活動システムの安定性を前提にしていたとすると，その安定性はTクラブの存続（＝分裂）を決めた親によって否定されたことになる。親たちの側からすれば，その事態は自分たちの選択によってもたらされたものであり，子どものための行為が子どものためになっていないというジレンマに陥ったといえる。もちろん，このジレンマの背後には「助成金打ち切り＝存亡の危機」という社会的な規定性があり，さらには放課後の子育て観・保育観をめぐる社会的な対立（行政側と父母の間の対立）があるのであるが，まず解決を求められたのは，当該実践内部の矛盾を解決することであった。

③　危機対応としての父母の保育への関与

　新たな保育実践を構築することが急務であったが，指導員は次々と入れ替わり，事態は容易に好転しなかった。親たちはこの状況に対し，「私たち親自身がどんな場所で子どもを育てたいのか，子育てそのものが問われている」（総会資料）との問いを立てた。この記述に関して，Kさんは「これは深い反省として，先生たち任せであったという」ことへの自己批判に基づいていると指摘する。「自分たちがもっと主体的にこの子たちの毎日のことを考えないことには，この子たちがただいまと帰る場所もなく，ひいてはわれわれも安心して働けない」という論理から発せられたという。保育実践の問い

返しと自分たちの子育て像の対象化が不可分の問題として提起されたのであるが，このことが学童保育実践の新たな目的や対象の設定をもたらすことになる。

「私たち親自身がどんな場所で子どもを育てたいのか」に対する答えは，「ここで子育てをする」であった。つまり学童保育は自分の子育ての延長線上にあるのであって，決して指導員に預けるのではなく，子育ての主体として自らが選択し，創造した協同的な子育て活動であることが自覚された。

それはそれまで潜在化されていた願いである。Ｋさんは「存続のときには，そんな話はでていなかったけれども，この話がでたときに，みんなが実はそれぞれ胸の中にもっていたものが，でてきたものがちょうどそれだったんだよね」という。移行時に潜在的ながら模索されていたものが，具体的な対象として設定されたのであるが，それは同時に新たな主体の形成をももたらした。また，学童保育実践の主体として親が登場することによって，パート指導員との分業関係の見直しも生じた。たとえば，「何も知らない中でポンと来ているわけだから，やっぱり残した親としてそのパート指導員を育てていく義務はあった」という関係に変わった。指導員任せからの転換は明白であろう。

④　情報共有とつなぎ役の登場＝集団的主体の形成条件

子育ての主体として学童保育実践にかかわることは，以下のような形で具体化された。第一に，子どもの病気によって休職していたある母親（Ｓさん）が保育に入った。結果的にはパート指導員が入れ替わる中でＳさんが一貫した保育担当者となった。

第二に，Ｓさんは保育の専門家でもなく，親として関与しているという自覚があったため，保育現場で生じた問題は，父母会・役員会に直ちに還元された。保育現場で起きる様々な問題に対して，「明日どうする」との問いがＳさんから発せられ，役員会で相談しつつ進めざるをえない状況が生まれた。毎晩，役員のＫさんにＳさんから電話報告が入るのであるが，ＫさんはＳさんが「自分の中だけでしまわない」ことが大きかったという。他方のＳ

さんにすれば「それはそうでしょ，わかんないもん」という状況であったのであるが，同時にSさんは，「子どものことを伝えた」と自覚的に語っている。

  必ず子どものことを伝えることを意識した。それは自分もそうして欲しかったと思うのね。（Sさん）

つまり，単に素人であるがゆえに相談せざるをえなかったという面がありつつも，子どもや保育実践の状況が必ずしも十分に共有できなかった，かつての保育実践への批判がこのような対応を生みだしている。

第三に，Sさんは新しいパート指導員と父母のつなぎ役をも担ったのであるが，1996年からは保育会議として構造化されるに至った。この会議について元役員たちは，「（保育会議は）みんなの知恵を拝借しようってことだよね」，「起きたことをどういうふうにしたらいいかわからないから，みんなで考えを出し合った」，「整理したね，また話すことでSさんたち自身も整理できただろうし」と振り返っている。1999年総会では，役員と指導員の間で「現状を共通認識にして，保育の課題を整理する貴重な機会」として総括されている。この会議はTクラブの学童保育実践の危機を克服する新たな道具となった。先のジレンマ状態がこのような新たな道具の創出を可能にしたといえるであろう。

 ⑤ **対話的関係の創出**

保育会議等を通じて，子どもと保育に関する情報の共有が進み，それによって新たな実践のコミュニティが創出された。状況の共有は対話的関係の前提条件であり，またコミュニティは状況を共有するものによって成立する。そしてコミュニティは複数の主体から成り立っているがゆえに，その再建や創造は集団的な主体の新たな形成とワンセットに展開する。

新たなコミュニティを創造する集団的な主体は，子どものありのままの姿を捉え，課題意識を共有することによって形成される。その点は保育会議のみならず，行事への父母の参加のように保育実践への直接的関与によっても

もたらされる。父母たちは，キャンプなどの行事へ積極的に参加した。その結果，子どもをお互いにみる関係が生まれ，わが子も多様な視点からみることができるようになった。子どもと実践の事実に即して親たちの間に何でも言える関係が成立したといえる。以前のTクラブのモノローグ的関係とは対照的な関係が発生した。異論も含めて話し合う関係，すなわち対話的関係が成立した。

> 話し合いになってたと思う。人数少ないっていうのもありますけれどね。9人ぐらいだから。そんなに多くないから。—中略—最初の頃は規模がちっちゃいので，もしかして本気で合わない人は出てきてなかったかもしれないし。でもMさんなんかも異論を唱えて話し合いをしていたから。そういう意味ではいろんな話し合いが可能だったんだと思います。きっと。だってそういう話し合いをくぐり抜けて残った人たちだから。（Kさん）

⑥ 指導員と父母との新たな関係

そのような対話的な関係は，1997年から定着した2名の指導員と親たちとの間でも定着した。その要因は，これまでに述べた親の側のみならず，指導員の側にもあった。すなわち，

第一に，子ども集団の変化を通して，指導員の実践の固有の意義がすべての関係者に確認された。

> 指導員が替わるたびに「先生いつまでいるの？」と聞く子どもたちの姿に心を痛めてきましたが，ようやく先生たちの存在が当たり前になり，子どもたちの集団もずいぶん落ち着きを取り戻しました。あらためて学童保育における指導員の果たすべき役割の大きさを知らされると同時に，二人のがんばりは特筆に値する一年でした。（1998年総会資料）

第二に，指導員を通して語られるわが子の姿に親が新たな発見をするという経験があった。指導員は，親が第三者の視点で子どもをみるという新たな

回路を開いたといえる。

> 指導員からわが子の様子がリアルに語られ，喜んだりギョッとしたり考えさせられたり，小学生になったとたん姿が見えにくくなるだけに，楽しいひとときです。また，他の子との関わりも見え，わが子を客観的に見つめることのできる機会でもあります。（1999年総会資料）

　第三に，指導員と父母の間には差異があり，おのおのが自立した存在であった。

> あの人達は，その（父母の―引用者）意見を聞き，自分の頭で考え，自分でまた違うことを考えた…私達が言ったから，その通りにするってことはないんだよね。（Sさん）
> だから，いろんな意見をうまく吸収していって，そして自分達ってことを考えてくれた人達なの。だから決して私達，これして，あれしてっていう気持ちには，なったことないよね。（Sさん）

　以上のように，指導員と父母の間でも，相互に自立しつつ前提し合う関係ができていたのであるが，先回りすると，このような関係は多声的な媒介関係といってよい。おのおのの主体が責任をもって語り，それが相互に承認され合う関係であり，単相的な見方でなく多相的な見方が生まれる関係が成立した。これも旧活動システムのモノローグ性（単相性）と対照的であろう。集団的主体という場合に，このような関係が本質的要件となる。主体が複数いても画一的で同質の見方しかできない，あるいは許容されないのであれば，それは単一の主体というべきである。また，個人に即すると自己内他者が多様化していくことでもあり，それは普遍的な個人が形成されることでもある。

　⑦　**信頼および一般的互酬性の創出**
　移行期の経験を経て，Tクラブには独自のルールが成立する。それは「で

きる人が，できる時に，できることを」という「Tクラブ精神」として要約されているが，これは負担の機械的な平等を求めず，「できる，できない」はお互いに生じることであり，いわば「お互い様」として了解すべきであることを意味している。これは「できない人は辞めてもらおう」という旧活動システムのルールとは対照的である。

　　実際的に私たちってのは働いている親だし，できる人とできない人が出てくるんだよね。もちろん，やらない人も出てくるけど，そうじゃなくて，やれる人がやれることをやろうというのが，なんとなくこの2年間でできてきた時期だった。（Sさん）

　　やろうとしてる，けど，実際問題としてその時に時間とれない人もいる，でも別の時ならやれるかもしれない。今年じゃなくても来年，再来年，できるかもしれないっていう，そんな感じ。いろんな家族構成もあったしね。（Kさん）

このようなルールは一般的互酬性ルールとよばれている[14]。その実現条件に相互の信頼があることはもちろんであるが，さらに，お互いの事情を了解し合うことが条件であった。たとえば，家族の問題についての次の指摘がそれを示している。

　　他の家庭のことまで結構，話したかな。あそこの家，今こうなんだってとか。お父さん倒れて，お母さんが介護をしながら仕事をしている，そういう状況だったらいろんなことができないのは，はっきりしてくるでしょ。あそこ今，こうなんだって，ああなんだってというのは，なんとなく耳に入ったよね。（Sさん）

　　入った。必ず，誰かが誰かのことを知ってたね。誰かがみんなのことを知っているんじゃなくて。（Kさん）

学童保育という集団の背後にある個々の生活問題についての相互理解があり，そのうえで自らの集団の運営についての調整が行われている。したがっ

て，学童保育内部の事業に関する分業関係をめぐっても決して固定的なものとはならない（ただし，役員体制には大きな変化はない）。Tクラブの事例に即するならば，集団的主体とはこのような一般的互酬性に基づく解決様式を採りうる主体であるといえるであろう。多声的な主体の間の相互調整の様式はこのようなもの以外に想定しづらいのではないか。

⑧ 外部の活動システムとの新たな関係

以上のような過程を経て，活動システムが新たに再構築されたのであるが，その過程では同時に，外部の活動システムとの関係も再構築されていった。1995年から「地域に根ざしたTクラブに」という方針が掲げられ，バザーのチラシ配布，餅つき大会への近隣住民の参加と餅の町内配布などの働きかけが開始される。学校や保育所との関係の再構築も意識的に取り組まれ，保育所への勧誘チラシの配布と園長との懇談，学校内でのチラシ配布と総務担当教諭との懇談などが繰り広げられる。

このような取り組みは，「今までの反省」と「わかってもらおう」という意図に基づいていた。

> 今までの反省なんですよ。結局，学校に行ってもきちんと話をしてこなかったというか。（Sさん）
>
> 今まで自分達がいる場所，子ども達が毎日，そこで遊んだりしているのに，われわれはあまりにもそれを無頓着にしてたっていうか。（Kさん）
>
> やっぱりわかってもらおうというか，知ってもらおうという意識がいろんなところで。（Sさん）

このような意図的な取り組みのみならず，「生活の場」としての地域と一体化した行為も始まっていた。たとえば，Sさんが保育現場に入ったこともあり，草むしりへの参加やゴミ出しの際の挨拶など，ごく当たり前の近所付き合いを始めることになった。

> 自分たちが家でそうして近所の人たちとご挨拶するように，子どもたち

が放課後過ごすここもね，大事にしようってそういう発想だったよね。（Kさん）

このような関係は「顔の見える関係」としても語られているが，「顔の見える」者同士の間で成り立つ信頼関係に支えられたネットワークを，学校や地域との間に築く必要性が自覚されていたといってよいであろう。新たに構築されたTクラブの活動システムは，こうした外部関係を構築することによって安定的に再生産される。そのことが「今までの反省」に基づいて直観されていたのであろう。

(3) 小括

先に，実践の自由な発展は，子どもとの関係のみならず，そこに作用している社会的・文化的な規定性の次元でも批判的な目標・対象設定ができることによって可能となるとし，それを活動システムの更新過程として把握する可能性を示した。

Tクラブの活動システムの転換過程においては，旧活動システムの矛盾に起動されて，新たな活動システムの模索が開始された。新たな学童保育像を明確に自覚するまでには数年を要したが，上述のようにその過程で新たな活動システムが徐々に姿を現してきた。この過程では，第一に，子育て観・保育観の転換が生じている。それは「預ける親」から「協同の子育て」への転換と要約できる[15]。第二に，関係を編成する規範が転換している。機械的平等論（均衡的互酬性）から一般的互酬性への転換と要約してよいであろう。そして第三に，外部の活動システムとの関係も更新された。

このような「ものの見方」やルール（社会関係の編成論理）は，消費社会としての現代社会で支配的なそれらとは対照的な位置にある。すなわち，日常意識では暗黙化されている「見方」やルールが相対化され，批判的に再構成されたといえる。そしてそれがまた外部や周囲の人々によって承認され，現実の社会関係そのものが変化していった。このような要因によってTクラブ

の実践は自由な発展を遂げたとみてよい。
　このような実践コミュニティの質的発展を可能にした条件の一つが，指導員の実践であった。しかし，その実践はまた実践コミュニティ全体の発展によって可能になったともいえる。以下ではこの相互関係を検討する。

2．指導員の役割と力量形成

(1) 保育実践の展開過程

　ここでは1997年から定着した2名の指導員の実践に即して，その力量形成過程を確認する。初年度の保育実践の展開過程は，以下のように特徴づけられる。

① 子どもとの出会い：不信感と戸惑い

　これまでみたように，1997年にはTクラブの実践の基本構造が確立しつつあったが，肝心の保育実践は依然として不安定な状況が続いていた。その中に飛び込んだ2人の指導員は，子どもたちから「いつまでいるの…？」「どうせすぐやめるんでしょ！」と不信感を露骨に示され，一様にショックを受ける。

　　私は入ったばかりですが，子どもが一般的なイメージ，例えば実習とか，幼稚園とか保育園の実習でのイメージ，思い描いていたのと全く違う姿。(Tさん)
　　子どもも，先生たち・指導員がすぐ辞めるから，何かこう，不信感示されているというか…嫌なことをわざと言うとか，"やめちまえ"とか。(Tさん)

　子どもたちには笑いもなく，また自己主張することもなかった。現れてくるのは怒りの情動であった。このような状況では子どもたち同士のコミュニケーションも成立しない。

子どもの表情もやっぱり，とにかく暗くて，何かこう，その場所に子どもがもう押し込められている感じ。何かこう，子どもらしく，いきいきと笑ったとかいうことを見るのがないわけじゃないんですけど，まあ，少なかったかな。ケンカは多かったし，文句ばっかり言ってたし，不満がすごく多かったんですよね。で，その不満をぶつける相手，と言ってもケンカになっちゃうし，一方的なものでしかないんですよね。だからもう，人にあたっても気がすまなくて，壁とか物とかにあたって…（Aさん）

　これが嫌だとか，本当はこういうのは僕は嫌いなんだとか，好きではないんだってことが，言えなかったみたいですよ。なぜなら怖いから。周りの子が。そういうふうに言うことによって，自分がどういう状況になるかって，やっぱりたとえば，またそれによってまた悪口を言われたり，仕返しをされたりとか，過去にそういう経験もあったから，そういう防波堤を作るだとか。だったら，我慢した方が早い，というふうに思ってた子がいたのね。（Aさん）

そのような状況では当然ながら遊びも成立しない。分断され，暴力の恐怖に自分を抑制する状況が，親たちの存続問題をめぐるトラブルの影響として出現したのであった。

　普通に遊べない。普通に遊んでいる子がターゲットになる…（筆者：男の子，女の子を問わず？）女の子は比較的そんなことはないですね。だから女の子と平和に遊んでいたら，男の子は暇だから，その暇な子がちょっかいを出してくる，うわーっとかきまわして…（Tさん）

② 個別対応：話し合い

当面の目標は集団を形成することに置かれたが，そのためにはまず，一人ひとりと向き合い関係をつくるという「個別対応」が必要であった。

　私たちが，子どもたちに伝えたい様々な思いが届かず，手応えのない空回りの毎日。「なんだよ，またかよ，うるせーな！」「いちいち口出しすん

な！」…まずは子どもたちとの信頼関係を築くこと。信頼関係を築いていくにはどうすればいいのか…。子どもを集団としてとらえるのではなく，一人ひとりを知ること。たくさん遊び，関わり，生活空間を共有し，仲良くなること。これが「個別対応」の始まりでした。また，個々が集団として成り立っていくためにも，一人ひとりを知る事は欠かせない事柄の一つ。これは常に行動で「自分を見て欲しい…知って欲しい」と顕していた子どもたちに知らされたことでした。（中間総括レポート）

具体的には，たとえばトラブルが起きたときには，指導員が当事者たちと徹底的に話し合うという対応がとられた。

> 結局，ケンカをして，ちょっと話をして，なんとなーく終わってしまうんだったら今までと同じだからそうじゃなくって，互いの気持ちをちゃんと伝え合えるとか，分かり合えたりできるようにするために，延々と話をした。互いに納得できるように。（Aさん）

③　遊べない子どもたち

そのような対応を通して，指導員たちは子どもたちの中で潜在化されていた遊びへの要求をつかむようになる。しかし，「遊び方を知らない」子どもたちだけでは自然に遊びが発展することはなかった。

> 遊びたい思いは表面に出さないだけで，持っていた子どもたち。何人かの子どもたちで「遊び」が始まりました。遊び始めて私たちが目にしたものは，「自分が楽しければいい」という自己中心的な子どもの心。…遊びが始まって，3分もたたないうちにもめていた子どもたち。やっとのことで遊びが再開しても，またすぐにもめ事が発生する…。皆で遊ぶ以前の，「遊び方を知らない」子どもたちの姿がそこにはありました。（中間総括レポート）

④　集団形成のモデル化

　そこで指導員は子ども集団に介入し，集団性を取り戻すためのモデルとしての役割を担う。具体的には，子どもたちの間の力の不均衡あるいは一方的な関係性に対して，自己を表現し関係を再構築できない側の子どもの立場に立ち，その要求を代弁することによって関係の質を変えていった。

　　自己中心的に全ての物事を進めてしまう子達の勢いに，戸惑いを感じ，関わりを持ちつつも疑問を抱く子。関わりを避けていてさえも勢いに圧され，怯え，つぶされそうな思いを抱えている子達の姿がありました。そんな子ども達との出会いは，私たちが日々子ども達に伝えようとしていた「当たり前の事」について，間違っていなかったんだ…という自信さえ植え付けてくれます。この子ども達を守りたい，守っていかねばという思いから，私たちはその子たちの居場所を作るためにも嫌なことがあっても言えない子の思いを代弁し，伝えていく手段をとりました。（中間総括レポート）

　それによって一部の子どもたちに変化が生じてくる。つまり，「自分が思ったことと同じことを言っている」，「僕たち・私たちが言いたくても言えなかったことを先生はそのまま言っている…」と感じはじめたという。立場の弱い子が状況を変革可能なものとして理解しはじめたといってよい。そのような理解は，個別的に話を聞く，あるいは叱る・励ますという対応ではなく，実際に関係の質を転換する行為が展開されることによって，生じていることに留意すべきであろう。つまり，関係が先行して意識の変化が生じているのであり，指導員の働きかけは立場の弱い子が，一歩踏みだす勇気をもつことができる関係をつくることとして展開された。

⑤　集団遊びの萌芽的成立

　このような粘り強い働きかけを通して，子どもたちは集団遊びへの要求を強めていく。

「一人で遊ぶよりも，何人かであそべる遊びも楽しいんだ…」という事を子ども達も知っていきます。（中間総括レポート）

ただし，この段階での集団遊びは，「導いてくれる大人」がいて成立する遊びであり，依然として自立的な子ども集団は形成されていなかった。そこで指導員が留意したことは，第一に積極的な「声かけ」であった。子どもたちの「声」や「言葉」に注意を払い，失敗を非難する言葉，責めて励ましあうことのない言葉に対しては，励まし，讃える言葉や思いやる言葉を積極的に対置していく。

指導員が主導性を発揮して成立している集団であるから，指導員は子どもたちと遊びの状況を共有している。そのうえで，様々な出来事が生じた場合に，子どもたちはそれまでの抑圧的な関係の延長線上にそれを意味づけ，非難の言葉を発する。指導員がそこに留意し，たとえば思いやる言葉を対置することは，出来事の意味の転換を迫ることになる。その繰り返しによって，子どもたちが出来事を意味づける文脈そのものを転換させることが試みられていたとみてよいであろう。それが可能なのは，既述のように状況を共有する者同士であったからである。換言すれば，相互に状況を共有せず，不信感が支配している段階では，このような働きかけは意味をなさなかったであろう。

このようにして文脈が徐々に転換されるにつれて，「個々が個々なりに自分がどうあるべきか，何を求めていたのかを表すようになり」，その結果，一部の子どもの間でごっこ遊びが成立した。2人の指導員は，ごっこ遊びを「相手がいて始めて成り立っていく遊び」であり，「楽しさを共有する・お互いを必要としている子どもたちの姿」をそこに見いだしている。

第二に，文脈の転換は力の弱い子どもたちを支援するという一方的な論理で展開されたのではない。むしろ「どの子にとってもTクラブは楽しく安心して過ごすことのできる集団づくり」（ある保護者の言葉）が指導員の目標であった。

たとえば，この段階のごっこ遊びは，「威厳を保とうとしている子どもたち」の目がない中でのみ成立しており，その子たちが現れると遊んでいる子どもも黙り込んでしまったという。しかし，指導員はそこでの課題を次のように設定している。

> 当時の子ども集団は，大きく二つに分かれていたものの，どちらかを優先にし，排除するのではなく，共に育ち合う事を心に置き，私たちは子どもたちと関わってきました。言葉で伝える手段を苦手とし，体で表現してしまう子・相手の気持ちをくみ取る事が苦手な子。彼らは，様々な面での「表現する」という事を苦手としている所から，悪い事ばかりが目立ってしまいがちですが，彼らは彼らなりに考え，毎日を過ごしています。彼らもかけがえのないTクラブの子ども達。クラブにいる全ての子で，集団を築いていける様，そういった集団でありたいと願っていました。子ども達の姿に見通しが持てない，先の見えない迷い道。その中でも少しずつ変化する子ども達と築き上げてきた信頼関係。人間と人間のつながり，完全ではない，しかし形づいてきた子ども集団をどう発展させていくか…が私たちの課題となりました。（中間総括レポート）

一般に，暴力，つまり非対話的な問題解決は，抑圧的な状況において，抑圧された者がより力の弱い者に対して，自分の要求を転倒的に発揮することに基づいて成立する。そのように考えれば，暴力によってしか問題解決ができない者も被抑圧者であり，暴力が発生する関係の質は，当事者の双方が解放されないかぎり，転換されない。「どの子も」という視点，つまり様々な背景や要求をもつ一人ひとりの子どものすべてが，「安心して楽しく過ごせる」ことを目指すという把握方法は，こうした課題意識に支えられていたといえるであろう。

⑥ 新1年生による集団遊びの成立
翌年，新1年生が参入したことを契機に子ども集団は大きく変容した。新

1年生集団は「遊びを楽しむ子どもたち」であり，Tクラブにおいてもそれまでのしがらみにとらわれることなく様々なごっこ遊びを成立させ創造していった。この集団に影響されて，ようやく「皆が楽しむことのできる集団遊び」がTクラブにおいて成立するようになった。

　指導員はそこに「今まで抑えつけられていた子どもたちが，自分の気持ちを相手にぶつけようとする確かな一歩」が踏みだされたことを確認している。このような変化は現象的には新1年生の参入によって生じているが，Tクラブでの1年間の実践の積み重ねがあり，個々の子どもたちにとって新1年生が刺激あるいは媒介項になりうる状態が準備されていたがゆえに生じたことは明白であろう。

　1998年度以後，子ども集団の安定がTクラブ全体の実践を励まし，飛躍させたことはすでに述べた通りである。指導員は，その経験を対象化し，2002年には新指導員研修会において「父母との関わり」と題する報告を行っている。そこでは，①クラブで子どもがいきいきと過ごすことが父母の安心につながり，学童に対する最初の理解が生ずるが，②預けるばかりでなく，いろいろな子どもの話を聞くことによって父母の視野が広がっていく。③そのためには父母にどのように伝えていくのかが大切であるが，「一つひとつの事柄を父母自身がどんなふうに聞き，考えるのだろう」と想像してみることが大事で，それは子どもをどんなふうにみているのか，家庭生活の状況，仕事の状況などを頭に置くことによってできるようになる。④家庭生活が子どもの基盤であり，学童保育でできることは限られたものでもあるが，可能性ももっている。⑤父母同士は働きながらの子育てという共通の立場に立っており，悩みも話題も共通する。そこでの交流によって父母も成長するのであり，指導員は父母同士が接点をもてるような働きかけをすることが役割である。⑥父母集団ができ，やがて「子どもを真ん中においての指導員を含めた子育ての集団」へ発展していく，と述べられている。指導員の側からみたタンポポの歩みの総括がここに反映されているし，それは同時に指導員が父母とともに切り開いた実践の地平を示すものである。

(2) 実践の論理

　以上のような指導員の実践がTクラブの発展を可能にした条件であるとしても，その実践はまたTクラブの親たちの実践と呼応しながら発展したものであり，両者の相互規定的な関連を見過ごしてはならない。以下ではこの点に留意し，指導員の実践の展開論理を確認しておこう。

① 「マイナスからのスタート」

　見通しをもてない辛さの中で，指導員は「マイナスからのスタート」と状況を認識した。これは現状を特殊な状況として把握するものであるが，その特殊性はクラブの経緯と子どもの置かれた状況とを重ね合わせることによって理解されている。すなわち，自分たちの保育実践とTクラブの学童保育実践の相互の関連が，否定的な関連としてであれひとまず理解された。

> 　あまりにも，それが思い通りにいかないと言うか，子どもも人間だからいろんなことをいっぱいするけど，この状態をゼロに考えるとするじゃないですか。そうすると，辛くなってきたんです。子どもとは，自分の思い通りにはいかないし，時間がたたないと，そうやって仲良くなれないし。いろいろ自分の思いを伝えることもなかなか通じなかったりとか，向こうの思っていることを聞き取ることも，やっぱり知っていかないと，そういう相互関係はうまくいかないじゃないですか。それで，この状態をマイナスと私は考えたんですよ。プラスじゃなくて，ゼロじゃなくて，スタートがゼロじゃなくてマイナスって考えたんです。それで，マイナスだって言う時点で，自分で思った時にすごく気分的に楽になれたんですよね。今はとても悪いと，これから作っていくんだと。（Aさん）

　指導員はこのことを「視点を変える」とも表現しているが，ショーンのいうところの「枠組み実験」がここでなされているとみてよい。しかし，それも上に述べたとおり，学童保育実践の状況との関連として理解されている点

に留意すべきである。

② 問題の対象化と共有

保育会議の話し合いを通して，状況の対象化と共有化，およびそれに基づく課題の発見がなされた。

> （筆者：マイナスだっていうふうに捉えた方がいいとか，細かく見ていくと変化が見えるとかね，それは自分自身でやっていく中で気がついたことなんですか）父母と話したのが，やっぱり大きいと思うですけど。いろんな人と話をすることによって，ものごとが整理されるじゃないですか。で，自分自身も，"あー，こういう所が足りなかったなー"とか，振り返って考えてみたりとか。そういうきっかけはありましたね。（Aさん）

それは同時に指導員と父母との協同関係構築の場でもあった。保育実践とTクラブ実践の肯定的で積極的な関連の理解が，このような場を通して成立した。

> そのお母さんがずっといたんで，私達が入った時も，指導員の立場でいろんなことを話してくれたりだとか，"こういうところがあるんじゃない？"とか，そういうのをわかってくれるお母さんがいたんです。だからその，保育会議のときも，父母会のときも同じなんだけど，たとえば"こういう所に困っていない？"とか，そういうのをそのお母さんから，提案とか意見・感想，働きかけをしてくれていて，そうやって働きかけられたことによって，どうだろうって考えるじゃないですか。それで，そういえばこんなことがありましたとか。自分の胸にしまっておこうと思う出来事とかもありますよね。そういうことも"話しなさい！"っていうスタイルだったんです。自分で抱えてるんではなくて，現場のことだから，Tクラブのことだから，それはもう，みんなで話し合って解決していけるんであれば，解決していった方がいいんじゃないかっていう。だから，驚きました，最初は。（Aさん）

戸惑うというより，学んだ，学ばされたという感じ。父母会から。何か やっぱり，保育は保育って切り離すアタマがわたしの中ではあったんで す。別に全部話さなくても。それは全然そうじゃないんだっていう戸惑い と，初めは戸惑いで，だんだんそうやってするのが当たり前になっていく と保育もともに父母が関わってやっていくのがTクラブの方針というか。 （Tさん）

活動システムに即していえば，実践コミュニティにおける父母と指導員の 分業関係を構築する場でもあった。

　なんかなんでも言うというか，父母と指導員なんだけども，指導員は， やる仕事っていうのは現場でいろいろあって，父母がやる仕事もあって， ただ，何でもできることってやんなきゃいけない気がしてたんです。で も，それをそうじゃないよって，どんどん父母に振ってくれないと困るよ って，すごいそれは言われてて。（Tさん）

③　課題発見のプロセス

　保育会議では，まず子どもたちの状況を伝えることが求められる。伝達す ることが論理性を高める契機となり，実践の文脈を浮上させることになる。 そうすると，個々の出来事，子どもたちの微細な変化のもつ意味が見分けら れるようになってくる。これは実践者に求められる重要な力量である。保育 会議は文脈と意味を顕在化させる場でもあった。

　父母の私たちへの働きかけがきっかけとなり，子どもたちをともに考え る「子育ての仲間」という大人集団が築かれてきました。父母に様々な事 柄を伝える術を教えられた私たちは，どんな小さな細かな事でも，とにか く伝えていきました。その伝える場の一つとして「保育会議」は私たち， 父母にとって重要な役割を持つ事になります。そこでは「伝える，伝えら れる」ことによって，安心感が生まれ，子どもを真ん中においての共感… 喜び・支え合い・信頼関係も築かれていきます。また，父母は私たちが指

導員として成長し，歩んでいく姿にも目を向け，導いてくれます。その導き方は，私たちの個性や表現を尊重しつつ，父母が子どもたち・保育に求めることは率直に語る。その中でも決して父母の思いばかりを強要しない。押さえつけたりしない本当にごく自然なものでした。（中間総括レポート）

④ 何でも話し合える前提としての父母集団の協同性

保育会議が設定されても，親同士が分裂していたら，何でも話すことはできない。そのような状況であれば，指導員は問題を抱え込むしかなくなる。

　　当事者の，たとえば誰かいじわるされてる子，ターゲットにされてる子の親とか，全然関係なくそうじゃない人達で一生懸命その子のことを考えて，その子がじゃあどんなふうになっていけば楽しくなるのだろうとか，その子を取り巻く周りの子がどんなふうになっていけばいいか，だからTクラブが，友達関係がうまくいくかっていうのを考えたんですよ，一生懸命。（Aさん）

⑤ 指導員の自立性

保育会議で文脈や意味，あるいは意志が形成されるとしても，「現場」の判断は指導員に委ねられる。時々の状況に応じて柔軟に対応しうる判断力・決断力が指導員には求められる。そのような自主的対応能力があることによって，父母との協同関係も成立する。

　　残した父母っていうのはすごい個性あるんだけど，お母さんたちで勢いもあるじゃないですか。発言力もあるし。その言われている思いがすごく強いから，その思いを全部そのまま受け止めて言われるままやっていたら，多分つぶれているというか，続かないと思うんですよね，指導員が。そうじゃなくて，言われていることとか思いとかを受け止めつつ，それを自分でどう考えて，二人で，それぞれがやっていくかっていうふうに思ってやってきたから続いてるんじゃないかなって思うんですよね。言われる

ままやっているんだったら，ただ操縦されてるだけだから。そうじゃなくて，自分の考えを持ちつつ，父母の意見も聞きながら，互いにバランスよく。どっちかが，すごい強かったらたぶん，ギクシャクしちゃうと思うんですよね。(Aさん)

3. 学童保育指導員の力量形成を捉える視点

(1) 媒介者としての指導員

Tクラブの存続問題は，助成金打ち切りという特殊な事情によって生じた問題であるが，そこで問われた問題，つまり「どんな子育てをするのか」という問題は，すべての親に共通に問われている問題でもある。保育に欠ける状況が発生したときに，「預ける」という対応をとるだけなら見失われてしまいがちな，この本質的な問題を鋭くえぐりだしたのが，Tクラブ存続問題であったといえる。

また，Tクラブでは，子どもたちの困難な状況は，親たちが迎えた危機の反映であった。「どんな子育てをするのか」という問題は，単なる理念問題にとどまらず，現実の子どもたちに反映した自分たちの限界をどのように乗り越えるのかという実践的な問題として提起された。子どもの危機を実際に解決できる親であるのか否かが問われたともいえる。

こうした問題状況において，親と子の媒介者として位置づいたのが指導員である。このようにみれば，指導員は集団的で協同的な子育てをすること，つまり，子どもに反映された親の危機を集団的協同的に解決することを支える役割を担っているといえる。そのためには，媒介する両極たる子どもと親の状況を知り，自らも含めた学童保育実践全体の構造的な関連を理解する必要があった[16]。すなわち学童保育実践という活動システムの全体を把握し，自己の課題を設定することが不可欠であった。この点はさらに掘り下げておこう。

指導員が媒介者であるということは，〈子ども―指導員―父母〉の三項連

結関係が成立することを意味する。その成立条件は，まず，指導員と父母が状況を共有し，課題を共有する集団的な主体であることにあった。子どもの状況を指導員と父母が協同的に対象化することで「子育て仲間」という集団的主体が成立する。図式化すれば，〈子ども―指導員＝父母〉となる。

他方，子どもとの関係をみれば，指導員は決して親の代理として子どもに接するのではなく，むしろ子どもの可能性を顕在化させ，子どもたちが自立していく（＝自分たちで問題解決をしていく）過程を援助する専門家として位置づく。つまり，親との関係をいったん断ち切り，子どもの集団的活動を支え，子どもたち自身による活動システムの形成を支える役割を担っている。逆に，子どもの活動システムを形成することによって，親に対する指導員の自立性が確保されるのであり，その意味では指導員の自立性は子どもの自立性に担保されたものである。この関連は〈子ども＝指導員―親〉として描ける。

指導員が媒介者であるということは，この二重の関係を同時に実現させることを意味する。この二つの関係は，場合によっては対立する可能性があるが，それが同時に成立するということは，相対立する二つの声が他方を否定せず，響き合うときにのみ可能となる。対話的で多声的な応答関係が，三項連結の接着剤として機能することが求められるのであるが，Tクラブでは，「できる人ができる時に，できることを」，「子どもを真ん中に」，「どの子も安心して楽しいクラブ」というルール（スローガン）に象徴されるように，個と全体の弾力的でかつ創造的（発達的）な関係をつくることが定着していた。つまり，このような実践共同体の形成と二重の関係の同時成立はワンセットに進んだといえる。Tクラブに即して，相互作用の始原を求めれば，そのようなルールが，それを産みださなければ存続できないという限界的な（＝ギリギリの）局面において生成したものであったことに示されるように，移行期の危機局面が本質的な要素を純粋な形で問い返したことに求められるであろう。

このようなTクラブ全体のルールに基づく関係の質は，媒介者たる指導員

が備えるべき力量をも示すものであろう。つまり，対話的で多声的な媒介関係を自覚的に産出する力量が，指導員の力量であるといえる。繰り返せば，それは一方では保育実践における子どもの自立支援に根拠をもち，他方では親との集団的主体の形成に根拠をもっている。そして，多声的対話としての協同性は，親や指導員のおのおのが問題を抱え込まないことによって成立している。それは換言すれば，孤立的個別対応の限界を自覚し，そのうえで協同と協働の中でのみ解決できる（潜在的）水準を意識することによって実現する。媒介者としての指導員は，そうした可能な水準を象徴的に示すことが求められるように思われる。仮に，協同と協働によって実現できる水準を最近接発達領域とよぶならば，指導員はそれを見通しながら，それへ向けて親子を媒介しつつ統一する専門家といえるであろう。

（2）二つの活動システム

以上の理解は，子どもと指導員からなる保育活動システムと子ども・指導員・親からなる学童保育活動システムという二つの活動システムの統一としても描ける。その場合，指導員は二つの活動システムを媒介し，つなぐ役割を担っている。Ｔクラブに即するなら，当初はＳさんという親がその役割を担っていたが，それが2名の指導員に代わることによって，二つの活動システムの統一は高次化し安定した。つまり，媒介項・つなぎ役の位置にあるアクターの専門的力量に応じて，二つの活動システムの統一の水準が規定されるといえる。

媒介関係を活動システム間の関係として把握することによって，個々の活動システムの内部での要素的な発展（たとえば，活動を媒介する人工物の変化）が，全体としての活動の発展にどのように影響したのか，という具体的な分析が可能になる。本稿ではそこまでの分析はできなかったが，そのような水準の分析の可能性を示唆することはできたように思われる。

(3) 学習活動システムとしての保育会議

　二つの活動システムを媒介し統一する場合の要点が保育会議であった。これは，状況の共有と実践の省察，探究の場であり，新たな実践の創造の場であった。それは保育会議が二つの活動システムを対象とした独自の学習活動システムを形成していたからである[17]。先の対話的で多声的な関係は，保育会議に集約的に表現されているが，そのような関係に支えられて，実践の対象化あるいは二つの活動システムの対象化が初めて可能になった。その意味で対話的で多声的な学びの場であったといってよい。

　既述のようにTクラブの発展は活動システムの更新過程であったのであるが，それが可能であったのは，学習活動システムとしての保育会議を定位することができたからである。実践における省察が重要であることは当然であるが，大事な点は省察という活動を学習活動システムとして，中心的な活動システムにビルトインすることであろう。それが可能になったときに，活動システムの発展（＝実践コミュニティの発展）と主体の発展が同時に可能となる。

　なぜなら学習活動は，実践上の問題の背後にある文脈を顕在化し，かつその次元も含めた矛盾を解決することを課題として設定するがゆえに，旧来の文脈（社会関係）を越える新たな活動システムを生みだすことができるのであるが，その過程はこのような内実をもつ批判的な省察を進める主体が形成される過程であり，主体が自らの有限性を乗り越えて，新たな主体へと自己形成していく過程でもあるからである。

　事実，Tクラブにおいても親と指導員は，おのおのが直面した保育実践・学童保育実践の諸問題が生ずる文脈を明らかにしつつ，その文脈を転換させる新たな実践を構築することによって，問題解決とおのおのの有限性の突破を遂行してきた。繰り返しになるが，その過程は，子ども集団の再構築，子どもと指導員の関係の再編のみならず，お互いの信頼に基づく新たなルールの形成や親と指導員の分業関係の再構築，外部の隣接コミュニティとして学校や地域との関係の再編，さらには制度変更をもたらすような行政との関係

再編といった社会的諸関係の総体を組み替え，創造する過程であり，そのことを通して，これらの変革をなしうる新たな集団的な主体を形成する過程であった。

（4）指導員の力量形成論への視座

　最後に本章の課題に対するひとまずの回答を要約しておこう。
　① 指導員と子どもとの間において展開される保育実践は，親と指導員の関係や，さらに学童保育を取り巻く社会的な諸関係の次元で成り立つ学童保育実践と連続するものとして理解せねばならない。したがってまた，保育実践における問題解決は学童保育実践における問題解決と連続することが要請される。
　② 指導員の力量形成において，「問題状況を問題に移しかえる」省察的な学習は本質的要素をなす。しかし，それは①のような構造に照らすならば，保育実践と学童保育実践の連続体を更新する過程と切り離して理解することはできない。指導員の専門的力量は，保育実践と学童保育実践の両者をより高次の次元で統一する点にあり，省察的力量もこの統一過程に即して理解すべきである。
　③ 保育実践と学童保育実践のより高次の統一を可能にするのが，学習活動システムとしての保育会議であった。既存の活動システムを対象とする批判的検討によって，同時に新たな主体が集団的に形成される場として学習活動システムは固有の意義を有する。省察的学習は，このような学習活動システムを実践過程に組み込むときに，実践（活動システム）の質的向上をもたらす学習となるであろう。
　④ 指導員の力量形成は，以上のような総体的な関連に即して検討されることが必要であろう。

〈謝辞〉　度々にわたるインタビューに快く応じて下さったＴクラブの元役員および指導員の方々に，この場をお借りして心よりの感謝を申し上げる。

注：
1) このような整理については，2004年7月に福井大学地域教育科学部で開催されたセミナー「省察し実践するコミュニティ」における松木健一氏のレクチャーから示唆を頂いた。もとより文責は筆者にある。なお，成人学習論における援助者論についてはCranton (1999, 2004)，Mezirow (1991) 及びFreire (1979) を参照されたい。

   また浦河べてるの家 (2002) は成人学習論にとっても示唆的である。
2) 秋田喜代美は，ショーンの理論的潮流への批判として，ヴァン=マーネンとザイヒナーの主張を紹介している。それによると，ヴァン=マーネンは「批判的省察」の次元，すなわち社会歴史的，政治文化的文脈を考慮して個人の行為を分析する次元の重要性を指摘し，ザイヒナーは授業が起こる社会や制度の文脈を省察すること，および個人レベルではなく教師相互が社会的実践としてどのような支援システムをつくりあげていくのかを考える（省察する）ことの重要性を指摘している。これらはいずれも，ショーンの提起の個人主義的性格を批判するものであろう。さらには，これらの諸批判的省察の相互関連（構造）と，その成立条件および展開過程を把握するための理論的な枠組みが問われねばならないが，本稿では以下に見るように，活動理論をその可能性を示唆するものとして位置づけている。秋田喜代美 (1996) を参照。
3) 付言すれば，最も根源的な活動単位に即して考えれば，活動の媒介物たる人工物が社会的な産物であることによって，活動は当該社会の規定性を受け，文化的な連続性を保持する。このような把握の方法については，石黒広昭 (2004) を参照されたい。
4) 操作的な学習に即した記述ではあるが，次の指摘を参照されたい。「ツールは常に，ツールを生みだしたもともとの操作より多くの使い方の可能性を秘めている」。その可能性が反省され，具体化されることによって，新たな人工物が措定される。エンゲストローム (1999)。
5) 教育の私事性については，堀尾輝久 (1971) を参照されたい。
6) 念のために述べておけば，ここでの貧困化は所得水準を問題にしているのではなく，潜在的な発達可能性を実現する条件が制約され，奪われている状態を指している。
7) ただし，社会化形態にも国家・資本・協同の種別がある。その種差が生じる

理由については，宮崎隆志（1992）を参照されたい。
8) 集団保育の形態をとる場合は，指導員は子どもと子どもの媒介者でもある。
9) 同様の視点はすでに山本敏郎氏によって提起されている。そこでは「地域生活指導としての学童保育実践」として特質づけられている。山本敏郎（2004）。
10) たとえば，当事者による次の指摘，「指導員に全てお願いして保育料だけ払っていた多くの父母」（2000年度学童保育所研究集会レポート『子育ては家でもTクラブでも』＊）。
 ＊レポートタイトルには，本来，学童保育クラブ名が記載されているが，本稿ではプライバシーに配慮し「Tクラブ」としたため，ここでもTクラブと変えている。
11) 学童期の保育実践のあり方については多様な理解がありうるが，子どもたちからすれば学校に通った後に学童保育所に集うのであり，放課後の自由な生活の時空間が学童保育であることになる。同時にそれは家庭の単なる延長でもない。場合によっては高学年も含む異年齢の子どもたちの自治的集団でもある。よく言われるように，学校でも家庭でもない第三の場が学童保育なのであるが，そうであるがゆえに，学校と家庭を両端とするスペクトラムの中に多様な理解が成立することになる（学童指導員専門性研究会，2001～2008）。
12) 「話し手たちがこのシチュエーションによって束ねられておらず，出来事への共通理解と定まった態度がないのなら，その語は，彼らのだれにとっても理解できないであろうし，ナンセンスで，不必要なものとなろう。」（Bakhtin，2002）。
13) 図式化して述べると，児童クラブとTクラブと連続性と児童クラブの変革可能性を見る指導員と，両者の不連続性を見る父母という対立であった。
14) このようなルールに基づく保育実践としてアトム共同保育所（1997），横川和夫（2001）も参照されたい。
15) この転換については，小出まみ（1999）。
16) 言うまでもなく，子どもたちに現れる問題状況は，親だけに原因があるのではなく，学校やより広い文化的状況によっても規定されている。ここでは，そうした問題も親・家庭を媒介に発現するとして把握し，その親子の関係を開いていく媒介者として指導員を位置づけている。
17) エンゲストロームは，学習活動について次のような指摘をしている。「学習

活動の本質は，当該の活動の先行形態の中に潜在している内的矛盾を露呈しているいくつかの行為から，客観的かつ文化—歴史的に社会的な新しい活動の構造（新しい対象，新しい道具，などを含む）を生産することである。伝統的な学校教育は，本質的には主体を生産する活動であり，伝統的な科学は，本質的には道具を生産する活動であるのに対して，学習活動は，活動を生産する活動である」(Engeström, 1999, p.141)。脱文脈化された主体や道具の生産活動に対し，新たな活動の構造そのものを生産する活動として学習活動が位置づけられている。ショーンの提起と連続しつつも，活動システムの止揚過程に学習活動を位置づけることによって，省察の社会的歴史的な意義が明示されたといえる。

補章

遊びと学習，就学前保育における
その新しい関係
―スウェーデンの幼児教育の新しい潮流―

イングリッド・プラムリン・サミエルソン著
泉　千勢監修　林　ゆう子訳

〈監修者解説〉

　本論文は，第59回日本保育学会（於北海道2006年5月20日）の「OMEP国際フォーラム」に，講師としてスウェーデン・イェテボリ大学教育学部のイングリッド・プラムリン教授を招聘した際に，講演原稿として準備されたものです。実際の講演はパワーポイントを使用されたので，本原稿は日の目を見ることがなかったのですが，本書において掲載の機会を与えていただいたことを，原著者とともに感謝いたします。

　今日，OECD（経済協力開発機構）をはじめとする世界の主要国政府は，急ピッチで，21世紀の知識基盤社会における生涯学習の第1段階としての就学前の保育・幼児教育の質改善に取り組んでいます。保育・幼児教育の専門分野では，質改善の一環として，保育内容・方法，保育カリキュラムのあり方が検討課題となっています。なかでも，乳幼児の「学習（learning）」の捉え方が議論の対象となり，従来の「遊び（play）」との関係が問われています。スウェーデンの学校教育や就学前保育では，教育方法としては，現象学的アプローチを基盤にしたテーマ学習（temaarbete）が主流になっています。本論文はそのような視点から，遊びと学習の関係を問いながら，スウェーデンの新しい幼児教育カリキュラムの捉え方を紹介しています。

はじめに

フリードリッヒ・フレーベル（Friedrich Fröbel）が幼児教育における学習へのアプローチを開発した時，彼は3つの概念を使用した，すなわち，遊び，仕事，学習である。彼はまた，就学前保育の対象（objectives）としての算数と道徳についても明瞭であった。

では，今日の幼児期における，学習の対象とそれに対するアプローチはどのようなものであろうか？　たとえば，スウェーデンでは，幼児教育の課題は，1996年に保育が教育システムに統合され，2年後にナショナルカリキュラムが導入されて以来，変化したことがわかる。今日の保育者の挑戦は，内容的にも大変幅広く，目標志向的方法で仕事をすることである。多くの保育者にとってのジレンマは，幼児教育の伝統を用いると同時に，自分たちの実践をより一層目標志向的なものにしていくために，一新することである。

幼児教育の現場で仕事をしている人（保育分野の研究者も含む）は誰でも，幼児教育の特徴について語る場合に，みんな，それが遊びであるということに同意する。だが，遊びと学習は伝統的には，理論と実践の両面において，別々に扱われてきた。

遊びは一日のある部分を構成している，そして保育者は子どもに別の時間で何かを教えることを意図して活動を計画する。遊びは一人ひとりの子どもの活動であり，創造であると考えられてきた。子どもの遊びにおける保育者の役割は，援助することであり干渉することではない。子どもの遊びは学習に含められるべきではなく，自由で喜びにあふれた陽気なものであり，子ども自身の興味によって進められるべきものである。それでもなお，遊びは，学習の重要な一側面であると考えられてきた。

一方，学習は，常に保育者の計画とその目標志向的な影響力に関係づけられてきた。しかしながら，研究からわれわれは，遊びと学習は異なった現象であるが，類似した特徴をもち，ある意味で子どもたちの経験が挑戦されうるのだとみなすことができる。とくに，楽しさ，創造性，意味の創造，相互

作用，自分自身の目標を設定する子どもたちの潜在能力は，学習を捉える次元（dimensions）であるが，これらすべては，学習と同様に遊びにおいても重要であるとみなされている。

スウェーデンの社会-政治的背景

　スウェーデンは，人口900万人の多様な民族が生活する成長しつつある国である。多種多様な国や民族的背景の人々が，今日のスウェーデン社会を創っている。子どもの5人に1人が，両親の少なくとも片方がスウェーデン以外の出身の親をもっている。大きな市では，人口の3分の1が外国からの移住者（移民）である。

　この50-60年の間（ほんの短い欠落はあるが），スウェーデンは，社会民主党政権によって統治されてきた。この政府は，児童手当，出産育児休暇，すべての子どもに対する保育（preschool）保障等々のような，多様な改革を導入することによって，次世代に対する責任をとってきた。国会での法律は，2003年から，たとえ両親が失業していても，あるいは別の子どもの育児休暇中であっても，4歳からのすべての子どもに，就学前の保育活動に参加する権利を与えた。「保育料最高限度額の改革（Maximum Fee reform）」は，最高限度額内の保育料で子どもを保育施設（preschool）に通わせる権利を両親に与えた（家族の総所得の3％以下の保育料，残りのコストは国と市によって財源が賄われる），そして，コストの「上限」月額が，1人目の子ども，2人目の子ども，3人目の子ども等々，に対して設定された。この改革のねらいは，子ども間と地域間の平等である。「拡張された両親休暇」は，すべての子どもが，人生最初の1年間を家族と一緒に家庭で過ごすことを可能にした。両親休暇は，両親の間で分かち合われることになっており，450日に対して給料のほぼ全額の補償金が支払われる（学校庁，2003a, b）。

　過去数十年の間に，多様な改革が，就学前保育（preschool）を，スウェーデンの教育制度の一環にするための途を準備してきた。そして，1歳児から

5歳児のための国基準幼児教育カリキュラムも作成されたのである（スウェーデン教育科学省, 1998a）。教授学的意図は, 就学前保育における活動に, 常に強い影響を及ぼしてきた。今日その影響は, 就学前保育の国基準カリキュラムが義務教育学校のカリキュラムとリンク（連結）したことによって, 一層強くなっている（スウェーデン教育科学省, 1998b）。その目的は, 教育制度全体を通して質を高めるために, カリキュラムは, すべての目標の方向性において, 知識・発達・学習について, 共通の見方を採用するべきであるということである。

　保育所（preschool）は1歳から始まり, ほとんどの子どもたちが幼少期から保育所に通っている。保育所は通常, 朝の6時30分から夕方の6時まで開いている。子どもの平均在所時間は, 週30時間である。子どものクラスは, よちよち歩き（3歳未満児）クラス（1-3歳）か兄弟姉妹（異年齢混合）クラス（1-5歳）である。クラスの定員は多様であるが, 平均すると, よちよち歩きクラスでは14人の子どもに保育者3人, 兄弟姉妹クラスでは18人の子どもに3人の保育者である。すべての保育者は有資格者であり, その半数は大学の学士号（3.5年制）を保有している。他の半数は, 高校の2年制課程で資格を取得した保育補助員（nursery-nurses：ケアワーカー）である（社会-政治的背景のより詳細な内容については, Pramling & Sheridan, 2004を参照）。

学習対象に対して目標志向的であること

　種々の保育カリキュラムが, 非常に幼い子どもたちのための目標を様々な方法で表示している。パメラ・オーバーヒューマー（Pamela Oberhuemer, 2004）は, 保育目標を理解するための最も一般的な方法は, 保育施設（保育所や幼稚園）を卒園する前に, 子どもたちが到達することを期待されている, 知識や技能であると主張している。スウェーデンの保育カリキュラム（スウェーデン教育科学省, 1998）は, 努力すべき目標を述べているだけであるという点で, 他のものとは異なっている。

伝統的に，幼児教育は，われわれは子どもに「何（what）」を学んでほしいかの点から「目標（goals）」に焦点を当てることを得意としてこなかった。だが，そのかわりに，「どのように（how）」という側面，つまり，いますぐ対処しなければならない就学前教授学の重要（critical）な特徴に焦点を当ててきたのである。これは，遊び，全体性，内面の動機，セルフコントロール，積極的な子ども，子どもの現在（いまここ）から始める，などの概念が中心であったことを意味する。このようにして，学習の行為―どのようにして学習は生じるのか―は，乳幼児期に焦点を当ててきたし，今なおそうである。

　しかしながら，フレーベル（Fröbel, 1995）は，学習対象について，非常に明確な意図をもっていた。それは，算数と道徳であった。彼は，学ぶという行為を，遊び，仕事，学習という，保育実践の3つの次元から捉えている。これについては後に述べる。

　フレーベルの時代を離れると，幼児教育は，学習行為に焦点を当ててきた―すなわち，子どもはどのように学ぶのか，ということに。それに対して小学校では，学習対象―子どもたちは何を学ぶことを期待されているか―に焦点を当ててきた。しかし，学習の対象は，明らかに学習行為に関係しており，またその逆もしかりである。

　世界各国は現在，乳幼児の学習のためのカリキュラムを開発中である（Oberhuemer, 2004 ; Karlsson-Lohmander & Pramling, 2003）。このことは，興味深い疑問をもたらす：それらのカリキュラムの，学習対象は何か？　それらは，就学前の子どもたちのための，学校教科の伝統的な見方を示すのだろうか，あるいは他の何かだろうか？

　ここで筆者が論じる視点は，次頁図2-補-1に示されている。

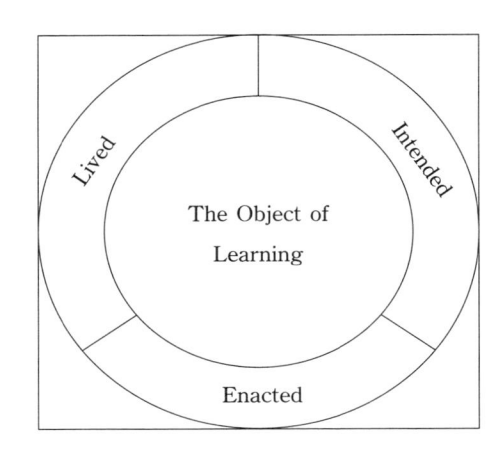

図2-補-1　The Object of Learning

ここで，学習対象が意味するのは：
・意図された（intended）学習対象
・実行された（enacted）学習過程
・生きられた（出会ってわがものにした）（lived）学習対象

　最後の生きられた（出会ってわがものにした）学習対象とは，子どもの中に適切に定着したもののことである（a touchdown in time）（Marton & Tsui, 2003）。たとえば，保育者とカリキュラムが，コミュニケーションのための文化的概念としての「サイン」について，子どもの理解を発達させる意図をもっているといった事例が考えられる（意図された学習対象）。このために，子どもは多くの活動で活性化され，子どもがサインやテキストと出会い，それらを結びつけるための一定の経験に従事することになる。保育者は，この過程で大きな影響を与える。つまり，それが実際に生じた学びの過程である。適切に定着した（a touchdown in time）結果とは，ある特定の子どもが，その子どもの能力が証明される（生きられる）その時に表現することができる何かのことである。その結果は，条件が変化した3日後には，異なっているかもしれない。このことは，学習対象は全体性を含むということである。

なぜなら，各側面は他の側面に依存しているからである。

遊びと学習に対する伝統的見解

　幼児教育においては，遊びを幼い子どもたちの生きた生活の実践的側面として捉えるという合意がある。だが実際には遊びと学習は区別されている。

　遊びにおいて，子どもは主導権を握る存在である。遊びはまた，喜びにあふれ，活気があり，子どもの興味によって推し進められるものだと考えられている。遊びは過程志向的（process-oriented）であり，子どもは身体的，情緒的，知的に活動的であると捉えられている。子どもは目標（goals）を設定しており，その目標は子どもが願えばいつでも変えることのできるものである。

　一方，学習は，たいてい保育者によって計画され，目標志向的（goal-orientated）であると同時に成果志向的（product-orientated）でもある（保育者やカリキュラムによって）。子どもの認知的発達は最も重要であり，保育者は積極的にそこで起こっていることをコントロールする（Pramling & Asplund, 2003）。われわれは常に，子どもは遊んでいる時に学ぶのだと主張しているが，われわれは，子どもたちが保育者によって決められたある特定の課題に取り組もうとする時は，子どもたちに遊んでほしいとは思わないのである。

　アメリカ合衆国の連邦研究審議会（National Research Council）は，幼児教育分野の著名な20人の研究者に対し，今日われわれが「幼児の学習」について知っていることについての結論を出すために質問を行った。『学習への熱望（Eager to Learn）』（2001）という本の中で，その結論は次のように示されている：

・幼児は理解することができ積極的に知識を積み上げていく。
・発達は経験に依存し，経験に対して応答的である。
・乳幼児期の教育（education）と養護（care）は同一のコインの表裏である。

- 認知的，社会−情緒的，身体的発達は，成長の相補的，相互支援的な領域であり，すべてが，就学前期に積極的な注意を必要とする。
- 保育者との応答的な人間関係は，幼児の学習への意欲と潜在能力を育む。
- どんなカリキュラムや教授学的アプローチも，最も優れていると特定されることはない。
- よく計画され，質の高い保育プログラム―そこではカリキュラムの目的は明細に記され領域全体にわたって統合されている―に参加する子どもたちは，よりよく学び，正規の学校教育の複雑な要求を習得することにもよく備えができる傾向にある。

　これは保育プログラムへの参加者としてのわれわれにとって乳幼児についての知見の興味深い要約であり，同意する。だが，420頁にわたるこの本全体において，遊びについての記述はわずか2文である。これは遊びと学習とを切り離して考えていることを意味している。
　一方，報告書は，幼児教育は，学校の教科のような伝統的な教科活動ではなく，興味の中心やテーマあるいはプロジェクト等どのようによばれようと，一層それらに焦点が当てられていること，しかし，そこでの学習対象は，意義深い文脈に乗せられていることを示している。レッジョ・エミリア・アプローチは，このより統合された乳幼児教授法の一例であろう。そこでは，子どもたちには多くの自由があり，選択することができるのである(Rinaldi, 2001)。しかしながら，「選択」は，フレーベルの時代から幼児教育において主要な要素であった。
　今日われわれは，質の側面が，子どもの学習にとって決定的なものだということを知っている。ここでは，保育者の資格，保護者との協働，プログラムの目的と活動，構造的側面（たとえばクラスの子どもの人数など）が重要な役割を果たすことになるのである（Asplund, Kärrby, & Pramling, 2001 ; Gustavsson & Myhrberg, 2002）。

遊びについての最近の捉え方

　遊びは乳幼児の学習の一側面であるということが自明のことと考えられている。遊びと学習はいまだに分離されており，保育カリキュラムでは問題視されることはない（Karlsson-Lohmander & Pramling, 2003）。

　遊びは定義するのが難しい――そして，定義されるべきではないと，ヴィトゲンシュタイン（Wittgenstein, 1971）は言う。彼は，遊びは編み込まれた全体ではなく，あらゆる定義がともにより大きな全体を構成するような意味のバリエーションこそが遊びであるという。

　しかしながら，今日の遊びの捉え方には，2つの対立する説がある。一方で，遊びはある分野では受容されてきた。たとえば，いくつかの国では，遊びは小学校のカリキュラムにも含まれている。またICT（情報通信技術）は，遊びを年長の子どもの生活に持ち込んだ。会社などの最初のミーティングは，それが「創造の日」やその他似通った名称でよばれようとも，たいてい遊びの日なのである。

　他方，幼児教育はより学校志向的になり，遊び志向的でなくなっていることも指摘されている。読み書きは，多くのアメリカの幼稚園で主要な焦点となってきている（Olfman, 2003）。スウェーデンでは，就学前クラス（6歳児）がどのように小学校の時間構造を取り入れてきたか，また，読み書き（literacy）のような，より多くの学校の教科をどのように導入してきたかを見ることができる（Pramling, 印刷中）。ブライアン・マーフィ（Murphy, 2004）は，アイルランドのカリキュラムが，どれほど子どもと遊び中心であるか述べている。しかし問題は，その実践が，保育者の知識を伝達するものになっていることである。これは，この分野（幼児教育）には，2つの対立する説があることを意味しており，そこで問われるのは，どちらがより多くの力をもつことになり，それにより，将来の乳幼児期のプログラムを，形成するようになるのだろうか，ということである。

遊び研究からわかったこと

　遊びは主として学習にかかわる領域とみなされている（de Jonghe, 2001）。しかし，研究によって示された他の重要な主張は，子どもたちは遊んでいるとき抑制的であり，そのことは学習においても重要である，というものである（Hadley, 2002）。

　社会的，情緒的，認知的側面は，子どもたちの遊びの中で同時に関与している。これはまた，子どもたちは自分の遊びの経験から，これらの領域すべてにおいて発達することを意味する（Johnson, Christie, & Yawkey, 1999）。また，「心の理論」の分野では，子どもは遊びの中で他者を理解することを学ぶという（Astington, 1998）。マルザノ（Marzano, 1998）も，メタ認知は学習の「エンジン」（原動力）であるとしている。子ども同士の間のすべての相互作用と交渉は，それをわれわれが「遊び」とよぼうが「学習」とよぼうが，自分自身と仲間についての気づきを起こさせるのである。

　子どもたちが遊んでいる時，彼らは多くのことを覚えておかなければならない。ある子どもはある役割を演じるかもしれないが，ほかの子がどんな役割なのか，あるものが別の何を表しているのかも覚えていなければならない。これは，遊びにおいては，同時に多様な要求に注意を集中していなければならないことを意味している―理論の面では，これらは学習においても重要であるとされている（Runesson, 1999 ; Marton & Tsui, 2004）。

　他の興味深い研究結果は，「遊びはその場で集団の即興（アドリブ）を創りだす」というものである（Sawyer, 1997）。以前の経験がはたらく過程としての感覚遊びの従来の方法と比較して，ソーヤ（Sawyer）は，子ども集団は相互作用のなかで，共同で新しい経験を創りだしている，と示唆している。これは何か新しいものが創られていることを意味している―それは，以前の経験を掘り返しているのではないのである。ちょうどわれわれが「学習」を新しい理解の出現と考えるように，ソーヤの研究においてわれわれは，「遊び」について同様の考え方を見ることができる。これは「学習者の共同体

(communities of learners)」（Lave & Wenger, 1991）という概念や，「相互学習 (learning from each other)」（Williams, 2001）という概念にも関係している。子どもは，遊びの中でコミュニケーションをするが，彼らはその進行中の遊びについてのメタコミュニケーションをし，遊びの方向づけをする（Knutsdotter Olofsson, 1993）。これにはメタ語用論的次元が含まれ，それは遊びの中でのコミュニケーションに用いられる（Sawyer, 1997）。

「フロー（flow）」は，遊び研究において今でも登場する概念である。「フロー」とは，子どもが遊びのような状況に参加し，巻き込まれ，夢中になっている状態を指す。筆者（私）は，この考えは，チクセントミハイ（Csikszentmihayli, 1992）の大人の世界のフローの概念とつながっているのではないかと考えている。

「生涯学習」の概念は広まっているが，現在サットン・スミス（Sutton-Smith, 1997）のような研究者たちは，生涯にわたるプロジェクトとしての「遊び」について語り始めている。それを要約すると，遊びの概念は広げられており，様々な方法で刷新・更新されている。それは，「幼い子どもたちの学習」に基づく諸理論あるいは諸観点とよく一致した捉え方であるといえる（Pramling & Asplund, 2003）。

遊びながら学ぶ子ども

もし私たち大人が，子どもの視点に立とうとするなら，それは困難で，常に成熟した大人の技能と知識と結びつけて考えてしまう（Pramling, 2004）。われわれは，子どもが一日のうちのある時間は「遊び」，別の時間は「学習」と分けて活動するところを見ることはない。われわれは，子どもが遊びながら学んでいるのを見るのである。ヒャルマル（Hjalmar, 16か月）を見てみよう。

　　ヒャルマルは，台所の大きな引出しを開けている。そこに入っているす

べてのものを探っている。オーブンのすべてのボタンを押している。それから彼は，たくさんの台所用品を取りだした。すべてのプラスチックボールは大きさ順にまとめられている。彼は試しては何度か気が変わったりしていた。次に彼はその台所用品とボールを引き出しに戻し始めた。突然彼は重いものを持つようなふりをして「オーオー」とうなりながら，かがみこんで両手でプラスチックボールを持ち上げた。それを2回行った。

　この活動（プロジェクト）全体は，ヒャルマル自身によって始められ，彼は自分で決定し，それを楽しんでいるようだった。彼が引き出しに近づいたのは初めてのことである。彼は探究し，われわれは，彼が大きさを比較することに数学の基礎をみることができる。だが，同時にわれわれは，彼が，ボールが重いようなふりをして持っているのも見ることができる。筆者の意見では，ここで見られるのは，遊びと学習を同時に行っている子どもの姿である。ヒャルマルが遊んでいる時，彼は自分の心の中に対象をもっている，それはわれわれが学習において，子どもたちがもたねばならないと主張するものと同じである。子どもたちの遊びは，常に何かに，つまり対象（遊びたいこと）に焦点が当てられている。子どもがその過程でアレンジし，交渉をする時に実行される側面がある。最後に，生きた対象（lived object）である，それは（子どもがそこで終わるものとしての）結果そのものであるかもしれないし，子どもが何かを経験する時のそのやり方にみることができるようなもの—たとえば「適切に定着したもの」（touchdown in time）である。

　遊びながら学ぶ子どもは，2つのレベルで意味をつくり，コミュニケーションをし，相互作用する。そして遊び—学習の源泉としてバリエーションを用いる。そのとき知識は，子どもと子ども自身の世界との間の内的関係となるのである。これは，文脈，経験，状況，親密さ，他者との関係など，多くのことを意味し，子どもが自分をとりまく世界を意味あるものにしていくことに影響を与えることを示唆している（Hundide, 2003）。これはポストモダン的視点の議論ではない。そうではなく，子どもたちは内的心理的過程の一

部として知覚されるのである。しかし，その文化の中での環境と経験は，あらゆる状況に影響をもたらしているのである。

　遊びながら学ぶ子どもとして意味を作ることは，何かが子どもによって始められようが大人によって始められようが，ここでは，子どもの視点に立つことと関係づけられる。ここで意味しているのは，子どもは，意味を創造するためには，自分自身を言語的あるいは身体的に表現することによって貢献しなければならない，ということである。言い換えるなら，これは，意味を作ることに参加することを通して達成されるのである（Pramling & Sheridan, 2003）。このことは，保育者にある要求をすることになる。第一に，保育者は，子どもについての一般的知識（子どもの発達）を習得しなければならないし，かつ，特定の子どもに焦点を当てた知識（家族・日々の経験・興味など）をもたねばならない。保育者はまた，子どものことを聴き，観察する努力をしなければならない，そして子どもが見ているものを見て，それを解釈しようとしなければならない。そして，それぞれの子どもの経験・知識・能力を尊重しなければならないのである。

　2つのレベルでのコミュニケーションと相互作用があるということは，遊びと「発達教授学（development pedagogy）」とよばれている特定の教育学的アプローチが，2つのレベルのコミュニケーションに基づいていることを意味する（Pramling & Asplund, 2003）。子どもたちが遊んでいる時，彼らは*自発的*に，前述したコミュニケーションとメタコミュニケーションを用いている。学習アプローチにおいてそれに等しいものは，*保育者に援助されること*によって，子どもたちの興味が，何かについて考え，省察（reflecting）することに焦点が当てられるということである。そして，子どもたちが自分の考えを言語や描画やその他の方法で表現したときに，保育者は，子どもたちの注意を，子どもがどのように考えたのかに向けさせる。これが学習のメタ認知的側面である（たとえば，Pramling, 1996）。このことは，保育者の課題は，子どもにとって見えないことを見えるようにすることであることを意味している。遊びと学習の第三の共通点は，遊びと学習双方の源泉となるバリエー

ションである。

バリエーションは遊びと学習の源泉である

　サットン・スミス（Sutton-Smith, 1997）は，その著書「The Ambiguity of Play（遊びの曖昧さ）」（1997）において，最初に，人間発達のモデルとして生物学的進化に言及しており，そこで，精密さよりも柔軟性（*flexibility*）が重要であると記している。進化は豊かな変化（*flourish change*）と潜在的可能性（*latent possibilities*）によって特徴づけられる—このようなやり方で，遊びも学習も記述されうるのである。

　彼のバリエーションについての第二の原理は，過剰（*abundance*）である。シナプスを過剰生産する身体スキルである。それと同じように，遊びと学習は多くの多様な可能性の終わりなき再生産である。柔軟性は，ここでは，生物学的世界にとってのキーワードである—すなわち，偉大な柔軟性なくして，遊びも学習も不可能である！

　　突然，私はこの情報のかけらの中に，遊びの役割を理解するために役立つ比喩をみたのである。脳が高度の潜在能力を予めもっているように，遊びも同じである。脳は，これら（シナプス）の結合をもっているが，それらが行動において実現されないかぎり，その多くは死に絶えてしまうだろう。遊びにおいても同様で，新しい結合が実現される時さえ，それらは，最初は，日常の現実と同じではない。諸行為は，その使用や価値を説明するレトリックあるいは実践がなされるまでは，日常の現実にはならない。それゆえ，発達の初期における遊びは，現実にそれ程依存しなくても脳の潜在能力の出現を援助することであろう。この場合，その機能は，脳と行動の両方において，遊びがなかった場合に蓄えたであろうよりも，潜在的にそこにある変異性（*variability*）を，よりよく蓄えることであろう。ピアジェの遊び理論は，もちろんその正反対である。彼は，それらが遊びにおいて強固なものになるのは，現実生活の調節によって結合が確立され

た後でのみであると述べている。この論文では，遊びのもう一つの機能を考えている，おそらく最も重要なものは，新しい結合の実現と，子ども時代の潜在的な変異性の拡張であろう（Sutton-Smith, 1997）。

遊びにおけるバリエーションの一つの形態は，空想と現実の間の揺らぎである―それは，学習においては，具体的状況といかに思考が（何か具体的ではないものの）理解に向けて越えていくかの間の揺らぎに対応する。「遊び」と「学習」は，どちらも時間的および空間的なバリエーションをもっている。

サットン・スミス（Sutton-Smith）はまた，遊びを，新生児の生物学的プロセスとして，また文化のバリエーション（音楽・踊り・歌など）として述べている。彼はまた，「遊びのスキル」が日常のスキルへ移行することがあること，また，子どもたちが，遊びにおいて演じ方のレパートリーを創りだすことについても主張している。しかしながら，われわれの観点からは，バリエーション（variation）が分化（differentiating）の基礎を創りだすことを意味するという他の視点もある。分化は，学習と同様に遊びにおいても重要なものである。

バリエーションについて考えてみよう。類似性（similarity）とバリエーションの双方が，子ども期の認知発達のいくつかの決定的に重要な局面に対して根本的なものとなる。そこには，ある学習対象，あるいは現象をその他のものから区別する能力が含まれている。それは言い換えれば，カテゴリー化の過程の基礎でもある。たとえば，幼児が，単に1つの花を花として名づけること以上に，花の概念を理解できるようになるためには，その子が，われわれが花とよんでいるものを構成する必要不可欠な特徴を区別するような花のバリエーションを経験することが必要である。しかしながら，単に子どもに花の多様性を経験させるだけでは不十分である。子どもはまた，花はその他の植物，たとえば低木や草などと違っているという経験を必要とする。徐々にその子は，バラの重要な特徴とそのほかの花の特徴とを区別しなが

ら，花の種類の概念を理解することができるようになるだろう。たとえ幼児が花の概念を理解する前に，バラが花であると認識できたとしても，おそらく彼らは，バラを構成するものを理解することはできないだろう。

　この事例は，内容の他の次元にも確実に当てはまる。保育施設や小学校で重要なルールを学べるようになるためには，ルールに個人的な意味がなければならない，それは，異なる状況下でもそのルールが（ルールは不変のままで）用いられることによって帰納されるのだ。また，このルールは，いろいろな意味をもつこと（バリエーションがあること）も明らかにしなければならない。最後に，このルールは，他のルールと区別できる決定的な特徴をもたねばならない。たとえば，「すべての子どもの平等への権利」というのもルールになりうる。これは，一人ひとりの子どもにとって意味あるものになる必要があるのだが，この価値のルールが，子どもにとってより深い意味をもつようになるためには多くの異なる文脈で議論され，様々な状況で交渉される必要がある。

　われわれが擁護してきたバリエーションという考え方は，「学習」というものを，ある子どもが作りだすやり方の多様性として，そして，ある子ども集団が一つの同じ現象，同じ問題や概念を考える際の方法の多様性として定義づける。子どもがあるひとつの現象，問題，内容を考える時の，その方法の多様性（variety）は，それ自身が指導過程（teaching process）の内容なのである（Pramling, 1990, 1994 ; Doverborg & Pramling, 1995 ; Doverborg & Pramling, 1999, 2000）。言い換えれば，保育者は，特定の知識，技能，理念，現象を子どもに見えるものとするための方策としてバリエーションを利用するのである。子どもがあるトピックや現象について様々な方法で考える時，子どもはそのトピックや現象のバリエーションと，そこから導かれる様々な異なった意味を認識することができるようになるのである。

　学習と同様に遊びは，それらに行為，人，物，状況，時間，動機が必要だと考える人々によって，ある社会の中で構成される。筆者が議論してきたことは，幼児教育においては，遊びと学習を，多くの共通点をもった同等の次

元で捉えることである。

遊びは学習と同じではない

　筆者は，遊びを学習として，あるいはその逆のものとして捉えるために議論しているのではない。そうではなく，「学習」の中には「遊び」的次元があり，「遊び」の中には「学習」的次元があること，それは幼児の「学習と発達（learning and development）」に取り組むために重要であることを議論しているのである。

　これらの次元とは，*創造性（creativity）*であり，それはすべての学習の目的の源泉と考えられている。これが意味するのは，すべての「学習」は個人にとって新しい何かを創造する問題—つまり，何かを，新しいあるいはわずかに違った方法で経験することである（Next Generation Forum, 2000）。「まるで〜のように*（as if）*」という概念は，しばしば「遊び」に関係づけられる概念である—だが，この概念は，遊びにおいてと同様に学習においても重要なのである（Vaihinger, 2001）。これは，学習の課題もまた，自分の思考を超えて挑戦できるようになるために，子どもにとって「まるで〜のような」の次元をもたなければならないことを意味する。

　エレン・ランガー（Ellen Langer, 1997）の「*思慮深さ（mindfulness）*」という概念は，遊びと学習のもうひとつの次元である。思慮深さは「何かに対して気づき，認識し，注意深くなること」を意味するとしている。応答的になり関心をもつことは，学習においてと同様，遊びにおいても重要である。

　私が取り上げる最後の概念は，アンナ・クラフト（Craft, 2003）の*可能性の思考（possibility thinking）*である。遊びにおいては，子どもは常に可能性を扱っている，だが自己を周囲の世界と関係づけるこの方法は，学習においても重要である。

　これらの概念について真剣に議論することは，遊びと学習を強く関係づけることを意味している。幼児教育のすべての活動でそうした可能性に気づくことは，保育者にとってはよく問題になることである。

ここで述べたような考え方に関与している保育者とのアクション・リサーチからの経験によると，保育者は，「私は常に，遊びは子どもがそこから何かを学ぶものだと考えてきました。でも学習の中に遊びの側面をみたことがありません」と言う。別の保育者は，最近彼女はグループ全体の計画された活動をあまりしていないと言う。なぜなら大人数のグループではコミュニケーションと相互作用を用いるのは困難だからだと（Johansson & Pramling, 草稿）。保育者が言っているのは，彼らは即興や，子どもとの相互作用や子どもの声に耳を傾けるための部屋（room）を創らなければならないということである。

下の写真の2人の女児のことを五感を用いて考えてみよう。

ヒョルディス（Hjördis；6歳）とフリンダ（Frinda；5歳）は，筆者のリビングルームで遊んでいる。他の家族は庭で食事をしているところである。だれかが尋ねた。「女の子たちはどこ？」私が探しに行って，そこで見つけたのが上の写真である。

彼女たちはそこにいて，家の中で見つけたすべての傘を色や形に従って並べていた。そして，私のすべての陶器の食器を出してパーティごっこをしていた。

われわれは，彼女たちが，この状況を整えて生みだした時の会話や話し合

いを想像することしかできない。フリンダはヒョルディスから何かを学んだのだろうか，またその逆は？　私が知っているかぎり，彼女たちがこの独特のアレンジを試みたのは初めてのことである。彼女たちは一緒に何を考案したのだろうか？　どのようにしてこのアイデアが出てきて，どのようにして形づくったのだろう。われわれにはこれはよくわからないが，彼女たちがいかに創造的であるかが伺える。そしておそらくここには「まるで〜のように」の側面が存在し，二人の心豊かな（mindful）子どもたちは，その可能性の思考（possibility thinking）に導かれたのだろう。

しかしながら，われわれにわかる唯一のことは，この状況は，*遊びながら学ぶ子どもの特徴だということである！　─子どものものの見方は遊びと学習を統合させるのだ。*

では，目標（goals）はどこにあるのか？

幼児教育の目標は，カリキュラムの中で，また保育者の心の中において定義されている。これは，保育者が環境を構成する方法と，どのような種類の経験が子どもに与えられるのかが，子どもが自分の周りの世界を知るための学習とその可能性にとって決定的なものであるか，を意味している。カリキュラムは，保育者によって内在化され生きたものとされなければならない。これは，保育者は，子どもの環境のあらゆるところに可能性を見いださなければならない，ということを意味する（Pramling & Asplund, 2003 ; Doverborg & Pramling, 1999）。保育者はまた，挑戦的で豊かな環境をつくらなければならない（Siraj-Blatchford, 1999）。これは，状況・課題・遊び環境を創りだすために，自分の知識を用いることを含む（Doverborg & Pramling, 1995）。

筆者が議論しているアプローチの主な特徴の一つは，保育者はどのようにして学習対象へと子どもの認識を方向づけることができるかということである。あるレベルでは，幼児教育での学習対象は，価値と規範，技能と能力

(capabilities)，そして，周囲の世界の様々な側面を理解することへと関係づけられている。これは，学習対象は，教育システム全体を通して同じであることを意味しているが，保育者からみると，そこには異なるレベルの複雑さがある。

　子どもの視点からは，後に学校で掛け算を理解するのと同じぐらいに，数の概念を把握することは複雑である。それらは，学習の様々なレベルにある同じ学習対象のすべての次元においていえることである。これは，就学前期は教科志向的であるべきだということを意味するのではなく，たとえば読み書き，算数，科学，文化などの基礎的な次元やさらにより一般的な次元，たとえば民主主義・ジェンダー問題・社会的で情緒的で知的なコンピテンス，が存在しなければならないことを意味している。

　学習対象は，学校システム全体を通して共通している。しかしながら，その学習をどのようにするのか（act of learning）は異なるのである！

学習行為

　子どもはどのように学ぶのか，ということへの関心が，なぜ歴史を通じてかくも強いものであるのか，それには理由があるのかもしれない（Bruce, 1987）。乳幼児は学齢児とは異なる，学齢児になること，それは，多くの子どもにとって，指示を受けそれに応答するために教師を待つことを意味するのであるが，そのことを学んでいないということだけが理由ではない。子どもは「本来」活動的である。彼らは常に「現在進行中」である！　このことは，保育者にある一定の要求をもたらす。その要求とは，「子どもに特定の学習対象に興味をもたせること」であり，また，「子どもの興味を引きつけること」である。これらすべては，保育者が子どもの世界へ波長を合わせることを求めるのである。シライ・ブラッチフォードら（Siraj-Bratchford et al, 2002）は，「共有された持続可能な思考」（shared sustainable thinking）が，子どもの学習にとって一つの重要な質の要素であると議論している。これは，

保育者と子ども，子ども同士が，コミュニケーションと思考のために同じ目的（対象）を共有することを意味している。これについては，多くの研究がたぐいまれな成果を出している（Kärrby, 1986 ; Doverborg & Pramling, 2000 ; Pramling, 1983）。

遊びと同様に学習にとっても，保育者の役割は同じように重要である。世界を意味づける過程を継続するためには，援助と着想（inspiration）を与えること，子どもの意欲と願望に挑戦し促すことが重要である。そして，コミュニケーションのプロセスに焦点が当てられるべきである。

結論

遊びと学習に関連した，目標志向的な視点に立った幼児教育へのアプローチでは，保育者に，子ども中心であることと学習の対象に方向づけられることを求めている。それはまた，子どもたちに自己決定権を保持し，学習対象に注意を払うことを求めている。たとえば，子どもに自分で探究してほしいと考えていることに子どもの注意が向かうことに保育者が焦点を当てるやり方ができるか，という事態はそれにあたる。

保育者と数人の子どもが，きのこについてのテーマに取り組んでいる。この特別なきのこは，スウェーデン語で「アガリック（agaric）」とよばれてい

図2-補-2　きのこについて話している5歳児の絵

る。ある子どもはそれについて2行で説明している。その女の子は，きのこには毒があると述べることから始めた。保育者は，心の中にカリキュラム上の対象をもっていた。それはシンボルについての学習と知識である。保育者は女の子に尋ねた：「あなたはほかの子に，この毒きのこのことをどうやって知らせるの？」（シンボル）。女の子の答え：「お知らせを書くわ！」「小さい子は字を読めるかしら？」と保育者が尋ねる。すると女の子は，きのこの絵を描き，それが危険であることを記号で表すためにきのこの上に×印を書いた。保育者はさらに女の子に質問する。「食べられるきのこか毒きのこかを知る（学ぶ）方法はほかにあるかしら？」。女の子は，母親がもっている，きのこについての本について話した。保育者は対話を続けた：「ほかにわかる方法はあるかしら？」。女の子は言った。「もしあなたが，よいきのこ（karljohan mushroomやbolete）を見分けられることを学べば，あなたはそれらを見つけることに注意を払うようになって，毒きのこは見ないようになるわ」。

　あなたが注意や関心を向けていること――それは，あなたが，そのことについての意味（学習）を創りだそうとしていることである。それが，大人の視点からは「遊び」であれ「学び」であれそうである。これは「発達教授学」の主要な特徴の一つである。保育者の役割の一つは，子どもにそのことについての理解を発達させてほしいと望んでいる学習の対象に，子どもの注意を向けさせることである。このことが遊びの中で起ころうと，学習の中で起ころうとも同じことだ。目標志向型の就学前保育において，遊びと学習を統合できるようにすることは，遊びながら学ぶ子どもに創造性，選択性，主導権，省察（熟考）などの余地を与えることを意味する。しかしそれだけではなく，学習対象に注意深くなり，1日中，すべての活動を，周囲の世界の様々な側面についての子どもの理解を発達させるために活用しようとすることをも意味している。

　学習に欠けていることは何であろうか。一見すると，それは「みたて（as if）」という次元である。だが一方で，今日われわれは，学習は「いまここ」

(here and now) を超えたものであることを知っている。ここにわれわれは，多かれ少なかれ同じ意味をもった2つの概念である遊びと学習をもつにいたるのである。

訳者注：
1) スウェーデンでは，preschool (förskola) は就学前の保育施設の総称として使われている。スウェーデンでは，幼稚園 (lekskola) と保育所 (daghem) は，1970年代の初頭に社会省・保健福祉庁（一元行政）のもとに統合され，家庭保育室 (familje daghem) や公開保育室 (öppenförskola) も含めて preschool (förskola) とよぶようになった。男女平等が普及して専業主婦のいない国となり，1998年から保育施設はすべて教育科学省・学校庁の所管に移行した。すなわち生涯学習（教育制度）の第1段階に位置づけられたのでる。現在では就学前保育施設 (preschool ; förskola) の大半は日本でいう公立保育所（全日制）である（民間保育園の数は少ない）。教育省の管轄になってからは，英語では early childhood education（幼児教育）を使用することが多い。本文中の preschool の訳は，文脈に応じて，「就学前保育」「保育施設」「保育所」を使い分けている。ちなみに，preschool class「就学前クラス」，preschool education「就学前教育」は，学校併設施設での6歳児の教育を意味する。
2) スウェーデンの保育者養成は，伝統的に大学（教育省管轄）の幼児教育学科（幼稚園教師の養成）で行われてきた。以前は2年半の単科大学での専門養成であったが，3年制になり，現在は3年半ないし4年制の国立総合大学（教育学部）で養成されている。保育現場では（小学校教師と同様に）teacher (lälare) とよばれ，保育カリキュラムの作成等，保育内容に責任をもっている。クラスには teacher の他に，食事の世話など teacher の補助者として仕事をする高等学校の職業コース（2年課程）を卒業した職員（barnvårdare : nursery-nurse）が配置されている。本文では teacher は，保育施設で働く教師を指している。日本では幼保二元行政のため，幼稚園教師と保育所保育士の両者を総称する場合には，文書では一般に「保育者」を使用している（現場ではどちらも「先生」とよばれているが）。最近では「保育者論」「保育者の専門性」等が研究課題になっている。そのため本論文では，teacher を「保育者」と訳した。

3) early childhood education and care（ECEC）は，幼児教育・保育と訳した。幼稚園と保育所の歴史が示すように，以前はすべての国が二元行政であったし，現在でもまだ多くの国が二元行政下にある。また，幼稚園はeducation（教育省所管），保育所はcare（保健福祉省所管）と区別する傾向があった。現在ではどちらかの省に一元化している国が増えている。しかし，保育施設（とくに全日制保育）の保育内容を意味する時には，education and care「教育と養護」が一般的に使用されている。日本の保育所保育指針も，保育の特性を「養護と教育が一体となって」と記している。ちなみに，OECDは就学前の保育施設を総称してECECとしているが，ユネスコはECCE（early childhood care and education）を使用している。
4) 本論文中，イタリック（斜体）の所は原文に即した表記である。

あとがき

　フィンランドの教育がもてはやされている。経済協力開発機構（OECD）の実施する学力調査でよい成績をあげていることがその理由だ。その結果からフィンランドで行うことは何でもよいかのような雑な議論もなされているようだ。それと比較して，「日本の子どもたちの学力は下降気味，これはなんとかしなくちゃならない」と「ゆとり教育」の見直しが叫ばれている。そもそもそれが「ゆとり」のある教育だったかどうかも疑わしいが，全国学力テストの復活や受験を重視したカリキュラムの実施に正統性を与える口実としてその結果は重宝されている。だが，OECDの実施したその学力調査問題は，日本でこれまで重視されてきた暗記中心の問題ではなく，限定つきながら自由な発想を問うものであった。暗記中心の問題はできるが，自由な発想を必要とする問題ができないという日本の子どもたちのテスト結果は，実をいえば日本の教育がその目指した所に沿ってうまくいっていたともいえるものだ。なのに，その結果からさらにそうした暗記や機械的応答力を重視した教育に力を入れようという主張には明らかに矛盾がある。

　確かにフィンランドの保育園や小学校を訪れてみると日本との違いに驚く。私が訪問した保育園はまるで小さな教会のような建物であった。小部屋で仕切られており，食事をとるところは家庭のダイニングキッチンのようであった。園長は最上階に案内してくれ，「ここは一年に一度しか開けない部屋だ」といって微笑みながら中を見せてくれた。そこは雪が降る12月の「あの日」，子どもたちに夢を与える部屋として使われる。その園長はこ

の園に長年いるという。そこは公立施設だが，長く異動せず一つの場所でじっくりと園を育てているという。

　こうして見てみても，日本との差は大きい。コンクリート造りの大きな建物，大部屋，保育者一人あたりの子どもの数の多さ，新人保育者の離職率の高さ，ベテラン保育者の少なさ，管理職の短期の異動，保育活動そのものの差を語る前にその環境の違いを十分考える必要がある。そして何より驚くのは，子どもの保育料，学費がただなことである。保育園，幼稚園から大学院までその費用は無料で，給食費もいらない。ある小学校のランチルームで給食を頂いたが，まるでホテルのレストランのようであった。子どもたちは広々としたカフェテリアでテーブルを囲んで楽しそうに食べていた。先生方もその中の一つのテーブルで談笑しながら食事をしていた。表向きを見て羨んでも仕方がないが，まさに子どもたちは国を挙げて大切に育てられている気がした。保育者も大学院で教育を受けている人が多い。それによって，保育者のまなざしにはその実践を対象化する研究眼が加えられることになるのであろう。

　両者の子どもの成長を支援する環境，資源配置，その過程を精査せずに，結果だけを論じても意味はない。ましてやそれぞれの場所における独自性を無視して，形だけ真似てもうまくいくはずがない。結論ははっきりしている。日本の保育，教育環境は貧弱なのである。子どもたちの未来に投資される予算の何と少ないことか。予算が少ないということが物理的環境の劣悪さの主因だ。「多様性」というコトバがもてはやされる時代である。だが，「多様性」を保障するにはゆとりがなければならない。保育者一人あたりで担当する子どもが5人の場合と10人の場合では，一人ひとりの子どもに対するかかわり方が異なるのは当然のことである。日本語を母語としな

い子どもたちが増えていても相変わらず，その子たちに対する保育や教育は十分保障されているとは言い難い。

　「無駄」の排除が公的な事業において，今やキャッチフレーズのようになっている。その思想は保育や教育の世界にもどんどん入り込んでいる。「無駄」の排除や「合理化」を一般論として叫び続けることは，個々の保育所や保育者に過重な負担を求め，結局はそれが離職や保育所環境のさらなる劣悪さを生みだすことにもつながりかねない。確かに一般的には「無駄」をなくすのは悪いことではない。しかし，必要なものまでも「無駄」といってしまいかねない現状には憂慮すべきものがある。子育てほど一見「無駄」としか思えないものはないかもしれない。子どもには栄養を与えれば生命を維持できるのに，なぜそれ以上のことをする必要があるのかと極論を言うこともできるだろう。目標が定まったものに対してはそれに適切な手段を予め定めることができる。手段となるものへの投資と最終的に達成されるべき目標との間に直線的な関係が見えれば，それは経済的で合理的な決定だと言われる。しかし，子どもたちの未来は予め決定できないものだ。到達目標が設定されない子どもの成長に対して合理的な資源配置や投資を闇雲に主張することにはそもそも無理がある。必要な「無駄」は社会の豊かさを示す。保育の論理が脆弱である時，「合理化」の声に対抗できない。必要な「無駄」とそうでない「無駄」との違いを見極める上で必要なことが保育実践の研究には求められている。本書に寄稿してくれた仲間とともに実践研究をすることの社会的な意味を改めて考えていきたい。

　さて，本書は突然の出会いの中で生まれた。まだ私が札幌の大学に在職していた時，本シリーズの編者をされている青木久子氏と磯部裕子氏，それに今回編集の労をとってくれた萌文書林の服部直人氏が研究室を訪ねて

来られ，この企画が成立することになった。内容については一切私の方で自由にしてよいということで今回のような構成になった次第である。したがって，本書の内容について，すべての責任は私にある。長年，保育実践に携わってこられた方々から声をかけて頂いたことは名誉なことであるが，その期待に応えられたかどうかわからない。編者としては課題ばかりが見えてきて，寄稿していただいた各章担当者の思いを十分汲んだものとなっているかどうか，それも甚だ心許ない。編集担当者の服部直人氏には細部にわたって細かなサポートをして頂いた。これらの人々の支援がなければ本書は日の目を見ることはなかっただろう。これらの方々に厚く御礼申し上げたい。また，本書を手にとっていただいた読者には，本書の欠けている部分を補う優れた実践と実践研究を期待したい。

　　　　　　　　　　　　　　　桜の下　多くの子らが入園する頃に
　　　　　　　　　　　　　　石黒広昭

【文 献】

〈第1部第1章・第2章〉

Aries, P.(1980).「子供」の誕生:アンシァン・レジーム期の子供と家族生活(杉山光信・杉山恵美子, 訳). 東京:みすず書房.(Aries, P.(1960). *L'enfant et la vie familiale sous l'Ancien Regime*. Paris : Editions du Seuil.)

Beach, K. (1993). Becoming a Bartender : The Role of External Memory Cues in a Work-directed Educational Activity. *Applied Cognitive Psychology*, **7**, 191-204.

Bronfenbrenner, U. (1996). 人間発達の生態学:発達心理学への挑戦(磯貝芳郎・福富護, 訳). 東京:川島書店.(Bronfenbrenner, U. (1979). *The ecology of human development : experiments by nature and design*. Cambridge, Mass. : Harvard University Press.)

Brown, J. S., Collins, A., & P. Duguid (1988) Situated cognition and the culture of learning. *Institute for Research on Learning Report*. No. IRL 88-0008.

Bruner, J. S. (1993) 心を探して:ブルーナー自伝(田中一彦, 訳). 東京:みすず書房. Bruner, J. S. (1983). *In Search of Mind : Essays in Autobiography*. NewYork : Harper & Row, Publishers.

Bruner, J. S. (1968). *認識能力の成長:認識研究センターの協同研究 上下*(岡本夏木[ほか], 訳). 東京:明治図書出版.(Bruner, J. S. (1966). *Studies in cognitive growth : a collaboration at the Center for Cognitive Studies*. NewYork : John Wiley & Sons Inc.)

Burner, J. S. (1998). *可能世界の心理*(田中一彦, 訳). 東京:みすず書房.(Burner, J. S. (1986) *Actual minds, possible worlds*. Cambridge, Mass. : Harvard University Press.)

Cole, M. (2002). 文化心理学(天野 清, 訳). 東京:新曜社.(Cole, M. (1996). *Cultural psychology : A once and future discipline*. London, England : The Belknap Press of Harvard University Press.)

Driere, O. (1993). Re-searching psychotherapeutic practice. In Chaiklin, S. & Lave, J. (Eds.), *Understanding practice : Perspectives on Activity and Context*. Cambridge ; New York : Cambridge University Press, 104-124.

Engeström, Y. (1999) Learning by expanding : Ten years after. http://lchc.ucsd.edu/MCA/Paper/Engeström/expanding/intro.htm (2008年1月6日)

Freire, P. (2001) 希望の教育学(里見 実, 訳). 東京:太郎次郎社.(Freire, P. (1992). *Pedagogia* da *Esperanca : um reencontro com a pedagogia do oprimido*, 2nd edition. Paz e

Terra.)
Gesell, A.（1966）. 乳幼児の心理学：出生より5歳まで（山下俊郎, 訳）. 東京：家政教育社.（Gesell, A.（1940）. *The first five years of life. : A guide to the study of the preschool child.* New York : Harper & Brothers publishers.）
Griffin, P. & Cole, M.（1984）. Current activity for the future : The zo-ped. In Rogoff, B. & Wertsch, J. V.（Eds.）, *Children's Learningn in the "Zone of Proximal Development"*. San Francisco : Jossey-Bass. 45-64.
Holtzkamp, K.（1980）. 一般心理学に潜在する人間学的前提（阿部淳吉, 訳・前田嘉明［ほか］, 編訳）. 心理学と人間像（講座 現代の人間学5）（pp.187-243.）東京：白水社.
Holzkamp, K.（1991）Experience of Self and Scientific Objectivity. In Tolman, C. W. & Wolfgang, M.（Eds.）, *Critical Psychology : Contributions to an Historical Science of the Subject*, 65-80.
Holzkamp, K.（1995）*Lernen : Subjektwissenschaftliche*. Grundlegung. Campus Verlag GmbH.
Illich, I.（1977）脱学校の社会（東 洋・小澤周三, 訳）. 東京：東京創元社.（Illich, I.（1971）*The deschooling society*. Penguin Books Ltd.）
本田由紀.（2007.5.20）.「子育て」をめぐる格差と混乱 社会政策学会第114回大会（東京大学本郷キャンパス）発表報告資料.
生田久美子.（1987）.「わざ」から知る. 東京：東京大学出版会.
Ishiguro, H.（1984.1）. Discourse Analysis of Japanese Children, *Descriptive and Applied Linguistics : Bulletin of the ICU Summer Institute in Linguistics*.（International Christian University.）, **17**, 13-24.
石黒広昭.（1996）. 実践の中のビデオ, ビデオの中の実践. 保育の実践と研究. **1**（2）. 4-13.
石黒広昭.（1998）. 心理学を実践から遠ざけるもの. 佐伯・宮崎・佐藤・石黒（編）, 心理学と教育実践の間で（pp.103-156）. 東京：東京大学出版会.
石黒広昭（編著）.（2001a）. *AV機器をもってフィールドへ：保育・教育・社会的実践の理解と研究のために*. 東京：新曜社.
石黒広昭.（2001b）. 発達に対する社会歴史的アプローチ. 中島義明（編）, 現代心理学「理論」事典（pp.406-427）. 東京：朝倉書店.
石黒広昭・内田祥子・長谷川まどか・池上愛・東重満・松本真樹.（2004）. 放課後保育実践の社会的組織化に関する研究：KODOMOプロジェクト・プレイショップ報告. 北海道大学大学院教育学研究科紀要, 北海道大学大学院, 札幌, **95**, 29-71.
石黒広昭.（2005）. 実践を領る「実践にむかう」研究のために. 鹿毛雅治（編著）, 教育心理学の新しいかたち（pp.177-202）. 東京：誠信書房.

石黒広昭・竹内身和. (2007). 教室で読むということ：社会・歴史的な異種混交活動としての授業. 立教大学文学部教育学科年報, 立教大学, 東京, 50, 23-36.

石黒広昭. (出版準備中). 発達に対する社会歴史的アプローチ：認知の社会的起源と発達の最近接領域. 現代心理学「事典」事典. 東京：朝倉書店.

神田橋條治. (1990). 精神療法面接のコツ. 東京：岩崎学術出版社.

倉橋惣三. (1976). 育ての心（上）. 東京：フレーベル館.

Lave, J. & Wenger, E. (1993). 状況に埋め込まれた学習 (佐伯 胖, 訳). 東京：産業図書. (Lave, J. & Wenger, E. (1991). *Situated learning : Legitimate peripheral participation*. Cambridge : Cambridge University Press.)

Leont'ev, A. N. (1967). 子どもの精神発達 (松野 豊・西牟田久雄, 訳). 東京：明治図書出版. (Leont'ev, A. N. (1965). Проблемы, развития психики.)

McDermott, R. (1980). Profile : Ray L. Birdwhisell *The KINESIS report : News and views of nonverbal Communication*. **2** (3), 1-16.

向谷地生良. (2006). 「べてるの家」から吹く風. 東京：いのちのことば社.

西阪 仰. (1997). 相互行為分析という視点. 東京：金子書房.

Obukhova, L. F. (1976). 子どもの思考の発達段階 (天野幸子・藤岡完治・森岡修一・水野正憲, 訳). 東京：明治図書出版. 海外名著選, **72**. (Obukhova, L. F. (1976). *Этапы развития детского мышле.*)

Petrie, H. G. (1985). メタファーと学習 (高頭直樹抄, 訳). 現代思想, **13** (12), 208-226. (Petrie, H. G. (1979). *Metaphor and Learning in Metaphor and Thought*. Cambridge : Cambridge University Press.)

Piaget, J. (1954). 児童道徳判断の発達 (大伴 茂, 訳). 臨床児童心理学：3. 東京：同文書院.(Piaget, J. (1930). *Le jugement moral chez l'enfant*. Paris : Presses universitaires de France.)

プラトン. (1994). メノン (藤沢令夫, 訳). 岩波書店.

Reed, S. E. (2000). アフォーダンスの心理学：生態心理学への道 (細田直哉, 訳). 東京：新曜社. (Reed, S. E. (1996). *Encountering the world : toward an ecological psychology*. New York : Oxford University Press.)

齋藤喜博. (1963). 授業：子どもを変革するもの. 東京：国土社.

白波瀬佐和子. (2007.5.20) 子どものいる世帯の経済格差に関する国際比較. 社会政策学会第114回大会（東京大学本郷キャンパス）発表報告資料.

Stevens, J. (1993). An observational study of skilled memory in waitresses, *Applied Cognitive Psychology*, **7**(3), 205-217.

Suchman, L. A. (1987). *Plans and Situated Actions : The problem of human machine communication*. Cambridge ; New York : Cambridge University Press.

田中享英.(2004).メノンの問いとソクラテスの問い.ギリシャ哲学セミナー（編），ギリシャ哲学セミナー論集, **1**, 48-66.

Teo, T.（1998）. Klaus Holzkamp and the rise and decline of German critical psychology. *History of Psychology*, **1**(3), 235-253.

手取義宏.（1997）.防衛的学習と拡張的学習：ホルツカンプの学習理論について（山住勝広・上野たかね・手取義宏・馬場　勝）.*学びのポリフォニー：教科学習の最近接発達領域*（pp.107-121）.東京：学文社.

浦河べてるの家.（2002）.*べてるの家の「非」援助論：そのままでいいと思えるための25章*.東京：医学書院.

浦河べてるの家.（2005）.*べてるの家の「当事者研究」*.東京：医学書院.

Vygotskii, L. S.（2001）.*思考と言語*（柴田義松，訳）.東京：新読書社.（Vygotskii, L. S.（1934/1996）. *мышление и речь ; Myshlenie i rech.*）

Wertsch, J. V., NcNamee, G. D., McLane, J. B., & Budwig, N. A.（1980）. The Adult-Child Dyad as a Problem-solving System, *Child Development*, **51**, 1215-1221.

山岸俊男.（1999）.*安心社会から信頼社会へ：日本型システムの行方*.東京：中央公論新社.

結城　恵.（2001）.フィールドに基づいた理論の構築を目指す.石黒広昭（編），*AV機器をもってフィールドへ：保育・教育・社会的実践の理解と研究のために*（pp.101-120）.東京：新曜社.

〈メタアクト〉

佐藤良明.（1985）.メタローグ：ハウ・マッチ・ドウ・ユー・ノウ？.*現代思想*, **13**(12), 96-102.

〈メタアクト1〉

稲垣忠彦・岩崎禎子・牛山栄世・河合隼雄・佐伯ゆたか・佐藤　学・竹内敏晴・谷川俊太郎・津守　真・野村庄吾・渡辺　実.（1991）*障害児教育：発達の壁をこえる（シリーズ授業10）*.東京：岩波書店.（同対応授業ビデオ）

石黒広昭・内田祥子・北　聡子・杉山晋平.（2003）.探求のためのトランスクリプト：「津守実践」に対する協働トランスクリプト作成過程の分析.*北海道大学大学院教育学研究科紀要，北海道大学大学院，札幌*, **89**, 239-277.

津守　真.（1997）.*保育者の地平：私的体験から普遍に向けて*.京都：ミネルヴァ書房.

〈メタアクト2〉

石黒広昭.（1999）. Sharing voice：発達の最近接領域構成のための言語的リソース. *日本発達心理学会第10回大会*. 大阪学院大学, 大阪.

Ishiguro, H.（2002）. "When does a zone of proximal development extend?：Nurse takes a 'sharing voice' to imitate the voice of a child's future" *5th ISCRAT congres*s（June 18-22, 2002, Amsterdam）.

Freire, P.（1982）. *伝達か対話か：関係変革の教育学*（里見　実［ほか］, 訳）. 東京：亜紀書房.（Paulo, F. *Educacao como pratica da liberdade：Extension o Comunicasion*.）

Ochs, E.（1979）. Transcription as Theory In Ochs, E. & B. Schieflin（Eds.）*Developmental pragmatics*. New York：Academic Press. Inc.

Vygotskii, L. S.（2001）. *思考と言語*（柴田義松, 訳）. 東京：新読書社.（Vygotskii, L. S.（1934/1996）. *мышление и речь ; Myshlenie i rech*.）

〈第2部第1章〉

Ainsworth, M. D. S., Blehar, M. C., Waters, E., & Wall, S.（1978）. *Patterns of attachment：A psychological study of the strange situation*. Hillsdale, NJ：Erlbaum.

Ahnert, L., Pinquart, M., & Lamb, M.（2006）. Security of Children's Relationships With Nonparental Care Providers：A Meta-Analysis. *Child Development*, **74**, 664-679.

Belsky, J.（1990）. Parental and non-parental child care and children's socio-emotional development：A decade in review. *Journal of Marriage and the Family*, **52**, 885-903.

Bowlby, J.（1976）. 母子関係の理論Ⅰ愛着行動（黒田実郎・大羽　蓁・岡田洋子, 訳）東京：岩崎学術出版社.（Bowlby, J.（1969）. *Attachment and loss. vol. 1. Attachment*. New York：Basic Books.）

Crittenden, P. M.（1985）. Social networks, quality of parenting and child development. *Child Development*, **56**, 1299-1313.

Dunn, J.（1988）. *The beginning of social understanding*. Cambridge, Massachusetts：Harvard University Press.

Goldberg, S.（2000）. *Attachment and Development*. London：Arnold.

Goossens, F. A., & van IJzendoorn, M. H.（1990）. Quality of infants' attachments to professional caregivers：Relation to infant-parent attachment and day-care characteristics. *Child Development*, **61**, 832-837.

Emde, R. & Bachsbaum, H. K.（1990）. Didn't you hear my mommy? Autonomy with connectedness in moral self emergence. In D. Cicchetti, & M. Beeghly（Eds.）, *The Self in transition : Infancy to childhood*（pp.35-60）. Chicago : The University of Chicago Press.

遠藤利彦．（2005）．アタッチメント理論の基本的枠組み．遠藤利彦・数井みゆき（編），ア
　タッチメント：*生涯にわたる絆*．（pp.1-31）．京都：ミネルヴァ書房．

遠藤利彦・田中亜希子．（2005）．アタッチメントの個人差とそれを規定する諸要因．遠藤
　利彦・数井みゆき（編），アタッチメント：*生涯にわたる絆*（pp.49-70）．京都：ミネルヴ
　ァ書房．

繁多　進．（1987）．*愛着の発達：母と子の心の結びつき*．東京：大日本図書．

繁多　進．（2002）．「反発性」を支えるアタッチメント：根ヶ山論文へのコメント．*心理
　学評論*, **45**, 411-413.

Harlow, H. F.（1958）. The nature of love. *American psychologist*, **13**, 673-685.

Harrison, L. J., & Ungerer, J. A.（2002）. Maternal employment and infant-mother attachment security at 12 months postpartum. *Developmental Psychology*, **38**, 758-783.

Howes, C.（1999）. Attachment relationships in the context of multiple caregivers. In J. Cassidy & P. R. Shaver（Eds.）, *Handbook of attachment : Theory, research, and clinical applications*（pp. 671-687）. New York : Guilford.

Howes, C., Hamilton, C. E., & Philipsen, L. C.（1998）. Stability and continuity of child-caregiver and child-peer relationships. *Child Development*, **69**, 418-426.

石黒広昭．（2001）．ビデオデータを用いた相互行為分析-日本語非母語児を含む「朝会」
　の保育談話．石黒広昭（編），*AV機器をもってフィールドへ：保育・教育・社会的実践
　の理解と研究のために*（pp.121-142）．東京：新曜社．

金田利子．（2004）．*生活主体発達論：生涯発達のパラドックス*．滋賀県：三学出版．

河原紀子．（2003）．食行動の発達をとらえる指標の検討．*日本応用心理学会第70回大会論
　文集*, 38.

河原紀子．（2004）．食事場面における1〜2歳児の拒否行動と保育者の対応：相互交渉パ
　ターンの分析から．*保育学研究*, **42**, 112-120.

河原紀子．（2006）．1〜2歳児における道具を使って食べる行動の発達過程．*応用心理学研
　究*, **31**, 98-112.

川田　学・塚田みちる・川田暁子．（2005）．乳児期における自己主張性の発達と母親の
　対処行動の変容：食事場面における生後5ヶ月から15ヶ月までの縦断研究．*発達心理
　学研究*, **16**, 46-58.

数井みゆき．（2005）．保育者と教師に対するアタッチメント．遠藤利彦・数井みゆき
　（編），アタッチメント：*生涯にわたる絆*．（pp.114-126）．京都：ミネルヴァ書房．

近藤清美．（2006）．愛着理論の臨床適用について．日立家庭教育研究所メモリアルシンポ

ジウム配布資料.
Kopp, C. B. (1989). Regulation of distress and negative emotions developmental view. *Developmental Psychology*, 25, 343-354.
久保田まり. (2003). 乳幼児期の親と子のかかわり. 無藤　隆・岩立京子 (編), *乳幼児心理学* (pp.15-29). 京都：北大路書房.
Kuczynski, L., Kochanska, G., Radke-Yarrow, M., & Girnius-Brown, O. (1987). A Developmental interpretation of young children's noncompliance. *Developmental Psychology*, 23, 799-806.
Main, M., & Solomon, J. (1990). Procedures for identifying infants as disorganized/disoriented during the Ainsworth Strange Situation. In M. T. Greenberg, D. Cicchetti, & E. M. Cummings (Eds.), *Attachment in the preschool years : Theory, research and intervention* (pp.121-160). Chicago : University of Chicago Press.
National Institute of Child Health and Human Development Early Child Care Research Network. (1997). The effect of infant child care on infant-mother attachment security : Results of the NICHD study of early child care. *Child Development*, 68, 860-879.
Negayama, K. (1993). Weaning in Japan : A longitudinal study of mother and child behaviours during milk-and solid-feeding. *Early Development and Parenting*, 2, 29-37.
根ヶ山光一. (1999). 母親と子の結合と分離：アタッチメント理論の検討を通して, 東洋・柏木惠子 (編), *社会と家族の心理学* (pp.23-45). 京都：ミネルヴァ書房.
根ヶ山光一. (2002). 霊長類を通してみたヒト乳幼児の母子関係：反発性の視点から. *心理学評論*, 45, 399-410.
根ヶ山光一. (2006). 発達行動学の立場から. *そだちの科学*, 7, 18-23.
則松宏子. (1999). 食事場面における拒否行動と母子相互交渉：0歳から3歳の場合. *日本発達心理学会第10回大会発表論文集*, 458.
則松宏子. (2000). 乳幼児における拒否行動とその状況分析：日仏比較研究から. *日本発達心理学会第11回大会発表論文集*, 75.
Oppenheim, D., Sagi, A., & Lamb, M. E. (1988). Infant adult attachments on the kibbutz and their relation to socioemotional development 4 years later. *Developmental Psychology*, 24, 427-433.
Parritz, R. H. (1996). A descriptive analysis of toddler coping in challenging circumstances. *Infant Behavior and Development*, 19, 171-180.
Sagi, A., Lamb, M. E., Lewkowicz, K. S., Shoham, R., Dvir, R., & Estes, D. (1985). Security of infant -mother,-father, and-metapelet attachments among kibbutz-reared Israeli children.

Monographs of the Society for Research in Child Development, 50, 257-275.
坂上裕子. (1999). 歩行開始期における情動制御：問題解決場面における対処行動の発達. 発達心理学研究, 10, 99-109.
坂上裕子. (2002). 歩行開始期における母子の葛藤的やりとりの発達的変化：母子における共変化過程の検討. 発達心理学研究, 13, 261-273.
坂上裕子. (2003). 歩行開始期における母子の共発達：子どもの反抗・自己主張への母親の適応過程の検討. 発達心理学研究. 14, 257-271.
坂上裕子. (2005). 子どもの反抗期における母親の発達. 東京：風間書房.
Schneider-Rosen, K., & Wenz-Gross, M. (1990). Pattern of compliance from eighteen to thirty months of age. *Child Development,* 61, 104-112.
Schwarz, J. C., Strickland, R. G., & Krolick, G. (1974). Infant day care : Behavioral effects at preschool-age. *Developmental Psychology*, 10, 502-506.
Sroufe, A. L. & Walters, E. (1977). Attachment as an organizational construct. *Child Development*, 56, 1-14.
鈴木佐喜子. (1999). 現代の子育て・母子関係と保育. 東京：ひとなる書房.
高橋惠子. (1984). 自立への旅だち：ゼロ歳～二歳児を育てる. 東京：岩波書店.
van IJzendoorn, M. H., Sagi, A., & Lambermon, M. W. E. (1992). The multiple caretaker paradox : Data from Holland and Israel. *New Directions for Child Development,* 57, 5-24.
Vaughn, B., Gove, F. L., Egeland, B. (1980). The Relationship between Out-of-Home Care and the Quality of Infant-Mother Attachment in an Economically Disadvantaged Population. *Child Development*, 51, 971-975.
Wenar, C. (1982). On negativism. *Human Development*, 25, 1-32.
山田洋子. (1982). 要求―拒否と自己の発達. 教育心理学研究, 30, 38-48.
山本登志哉. (2001). 幼児期前期の友だち関係と大人の関わり：遊び集団ができるまで. 無藤 隆（編）, 保育・看護・福祉プリマーズ5 発達心理学（pp.55-72）. 京都：ミネルヴァ書房.

〈第2部第2章〉
安曇幸子・吉田裕子・伊野 緑. (2003). でた！かっぱおやじの舞台裏：扉を開いた保育園. 東京：サンパティック・カフェ.
Berk, L.E., & Winsler, A. (2001). ヴィゴツキーの新・幼児教育法：幼児の足場づくり（田島信元・田島啓子・玉置哲淳, 編訳）. 京都：北大路書房.（Berk, L.E., & Winsler, A. (1995). *Scaffolding Children's Learning*. Washington, DC : National Association for the

Education of Young Children.）

Bronström, S.（1992）. Quick response : an ethnographic analysis of a drama-game in a Danish preschool. *The quarterly newsletter of the laboratory of comparative human cognition*, **14**（1）, 17-25.

Bronström, S.（1999）. Drama games with 6-year-old children : Possibilities and limitations. In Y. Engeström, R. Miettinen, &R-L. Punamaki.（Eds.）, *Perspectives on activity theory*（pp.250-263）. Cambridge : Cambridge University Press.

Dobervorg, E., & Pramling, I.（1998）. テーマ活動：その理論と実践（泉　千勢, 訳）. 東京：大空社出版部.（Dobervorg, E., & Pramling, I.（1996）. Learning and development in early childhood education.）

El'konin, D. B.（1989）. 幼稚園期の子どもの遊びの心理学的諸問題（神谷栄司, 訳）. 神谷栄司（編）, ごっこ遊びの世界：虚構場面の創造と乳幼児の発達（pp.132-160）. 京都：法政出版.（El'konin, D. B（1947）.）

El'konin, D. B.（2002）. 遊びの心理学（天野幸子・伊集院俊隆, 訳）. 東京：新曜社.（El'konin, D. B.（1987）.）

Engeström, Y.（1999）. 拡張による学習：活動理論からのアプローチ（山住勝広[ほか], 訳）. 東京：新曜社.（Engeström, Y.（1987）. Learning by expanding : An activity-theoretical approach to developmental research. Helsinki : Orienta-Konsultit.）

Fujino, Y.（2007）. A study of young children's folktale understanding through an exploration play : on the relation between emotion and imagination in play. Poster presented at the 17th annual conference of European Early Childhood Education Research Association, Praha, CZ.

藤野友紀.（2007a）. 幼児の探険遊びにおけるストーリーの協同的理解過程：KODOMO projectプレイショップ報告. *日本心理学会第71回大会発表論文集*, 1054.

藤野友紀.（2007b）. 幼児の探険遊びにおけるストーリーの共同的理解・創出過程. *日本教育心理学会第49回大会発表論文集*, 13.

Groos, K.（1976）. *The play of man*. New York : D.Appleton.（Groos, K.（1901）.）

Haight, W.L. & Miller, P. J.,（1993）*Pretending at home : Early development in a sociocultural context*. Albany State University of New York Press.

Hakkarainen, P.（2004）. Narrative learning in the Fifth Dimension. *Outlines*, **1**, 5-20.

Hendrick, J.（2000）. レッジョ・エミリア保育実践入門：保育者はいま，何を求められているか（石垣恵美子・玉置哲淳, 監訳）. 京都：北大路書房.（Hendrick, J.（1997）. *First steps toward teaching the Reggio way*. New Jewsey : Prentice-Hall, Inc.）

石黒広昭.（1998）. 心理学を実践から遠ざけるもの：個体能力主義の興隆と破綻. 佐伯

胖・佐藤　学・宮崎清孝・石黒広昭, *心理学と教育実践の間で*（pp.103-156）. 東京：東京大学出版会.

石黒広昭・内田祥子・長谷川まどか・池上　愛・東　重満・松本真樹.（2004）. 放課後保育実践の社会的組織化に関する研究：KODOMOプロジェクト・プレイショップ報告. *北海道大学大学院教育学研究科紀要*, 北海道大学大学院, 札幌, **95**, 29-71.

石黒広昭・内田祥子・小林　梓・東　重満・織田由香.（2005）. 遊びの中での想像と情動：KODOMOプロジェクトプレイショップ報告（3）「月の探険」. *北海道大学大学院教育学研究科紀要*, 北海道大学大学院, 札幌, **97**, 181-223.

岩附啓子・河崎道夫.（1987）. *エルマーになった子どもたち：仲間と挑め, 心躍る世界に*. 東京：ひとなる書房

神谷栄司.（1989）. *ごっこ遊びの世界：虚構場面の創造と乳幼児の発達*. 京都：法政出版.

加用文男.（1982）.「遊びを指導する」ということについて. *心理科学*, **6**（1）, 33-40.

加用文男.（1991）. 子どもの精神発達における科学と文学の問題. 山崎愛世・心理科学研究会（編著）, *遊びの発達心理学：保育実践と発達研究をむすぶ*（pp. 224-257）. 東京：萌文社.

Lindqvist, G.（1995）. *The Aesthetics of Play : A Didactic Study of Play and Culture in Preschools*. Stockholm : Gotab.

O'Connell, B., & I. Bretherton.（1984）. Toddlers' play alone and with mother : The role of maternal guidance. In I. Bretherton（Ed.）, *Symbolic play*（pp.337-68）. New York : Academic.

Pramling, I.（1991）. Learning about "the shop" : an approach to learning in preschool. *Early childhood research quarterly*, **6**, 151-166.

Singer, D.G., & Singer, J.L.（1997）. *遊びがひらく想像力：創造的人間への道筋*（高橋たまき・戸田須恵子・無藤　隆・新谷和代, 訳）. 東京：新曜社.（Singer, D.G., & Singer, J.L.（1990）. *The house of make-believe : play and the developing imagination*. Cambridge : Harvard university press.）

Smolucha, F.（1992）. The relevance of Vygotsky's theory of creative imagination for contemporary research on play. *Creativity Research Journal*, **5**, 69-76.

高濱裕子.（1993）. 幼児のプラン共有に保育者はどのようにかかわっているか. *発達心理学研究*, **4**（1）, 51-59.

田丸尚美.（1991）. 探険遊びとファンタジー. 山崎愛世・心理科学研究会（編著）, *遊びの発達心理学：保育実践と発達研究をむすぶ*（pp.201-223）. 東京：萌文社.

内田祥子・長谷川まどか・石黒広昭.（2005）. こどもとおとなによる虚構世界の協働創造過程の研究：KODOMOプロジェクト・プレイショップ報告（2）. *北海道大学大学院*

教育学研究科紀要, 北海道大学大学院, 札幌, **96**, 93-119.
Vygotsky, L. S.（1989）. 子どもの心理発達における遊びとその役割（神谷栄司, 訳）. 神谷栄司（編）, ごっこ遊びの世界：虚構場面の創造と乳幼児の発達（pp.2-34）. 京都：法政出版.（Vygotsky, L. S.（1933）.）
Vygotsky, L. S.（2002）. *子どもの想像力と創造*（新訳版）（広瀬信雄, 訳）. 東京：新読書社.（Vygotsky, L. S.（1930）.）
Wood, D. J., Bruner, J. &, Ross. G.（1976）. The role of tutoring in problem solving. *Journal of Child Psychology and Psychiatry*, **17**, 89-100.

〈第2部第3章〉

Bollnow, O. F.（1978）. 問うことへの教育. *問いへの教育*（増補版）（森田　孝・大塚恵一, 編訳）（pp.181-205）. 東京：川島書店.（Bollnow, O. F.（1976）Erziehung zur Frage.）
Boulding, E.（1988）. *子どもが孤独でいる時間*.（松岡享子, 訳）東京：こぐま社（Boulding, E.（1962）. Children and Solitude. PA.：Pendle Hill）
Bowlby, J.（1976）. *母子関係の理論I 愛着行動*（黒田実郎[ほか], 訳）.（pp.212-252）. 東京：岩崎学術出版社.（Bowlby, J.（1969）Attachment and Loss, Vol. 1 Attachment. The Tavistock Institute of Human Relations.）
Engestoröm, Y.（1999）. *拡張による学習*（山佳勝弘[ほか], 訳）. 東京：新曜社.（Engestoröm, Y.（1987）. *Learning by expanding*. Helsinki：Orienta-Konsultit.）
Jones, E., & Nimmo, J.（1994）. *Emergent Curriculum*（pp.7-16）. Washinton DC：National Association for The Education of Young Children.
Langeveld, M. J.（1974）. *教育と人間の省察：M・Jランゲフェルド講演集*（岡田渥美・和田修二, 監訳）（p.122）. 東京：玉川大学出版部.
大場牧夫.（1992）. *保育内容総論：保育内容の構造と総合的な理解*（p.35）. 東京：萌文書林.
大場幸夫.（1996）. 保育臨床の問題として事例を考える. 事例研究. *児童臨床研究センター研究報告*, 大妻女子大学家政学部児童臨床研究センター, 東京, **2**, 26-34.
大場幸夫.（1998）. 保育臨床の再点検（3）保育カンファレンスの見直し. *日本保育学会第51回大会研究論文集*. 日本保育学会. 92-93.
Rogof, B.（1990）. *Appreticeship in thinking：Cognitive development in social context*. Oxford：Oxford University Press.
Merleau-Ponty, M.（1996）. 眼と精神（滝浦静雄・木田　元, 訳）（pp.257-283）. 東京：みすず書房.（Merleau-Ponty, M.（1964）. *Eloge de la Philosophie L'oeil et l'esprit*. Paris:Editions

Gallimard.)

南 博文.（1994）.保育の場における事例研究.発達, **58**（15), 14.京都：ミネルヴァ書房.

正木 正・相馬 勇.（1958）.*教育的真実の探究：へき地に生きる教師の記録*（p.392）.東京：黎明書房.

三隅二不二・阿部年晴.（1974）.参加観察法.続 有常・苧坂良二（編）.*心理学研究法10 観察*（p.140）.東京：東京大学出版会.

森上史朗.（1982）.園内研修における保育者の成長.*保育学年報*.東京：日本保育学会.74-83.

Polanyi, M.（1985）.*個人的知識：脱批判的哲学をめざして*（長尾史郎，訳）（pp.61-62, pp.282-307）.東京：ハーベスト社.（Polanyi, M.（1977）.*Personal Knowledge*. Chicago：The Univercity of Chicago Press.)

佐木みどり.（2000）.幼稚園「生活」を共につくることについて1：保育技能検討の視点から.*日本保育学会第53回大会研究論文集*.日本保育学会.186-187.

佐木みどり.（2005）.*保育における「子どもを見る」ことの考察*（pp.13-15, pp.148-150）.東京：相川書房.

佐木みどり.（2006）.保育とアートの協動的な学習の可能性を探る－演劇の場合：保育者と専門家との協働から考える保育方法についての検討.*日本発達心理学会第17回大会発表論文集*.日本発達心理学会.203.

高瀬常男.（1975）.実践研究の意義.実践研究の方法と課題.続 有常・高瀬常男（編）.*心理学研究法, 13 実践研究*（pp.1-35）.東京：東京大学出版会.

田中美保・桝田正子・吉岡晶子・伊集院理子・上坂元絵里・高橋陽子・尾形節子・田中都慈子・田代和美.（1996）.保育カンファレンスの検討：第1部 現場の立場から考える，第2部 研究者の立場から考える.*保育学研究*, **34**（1）.29-42.

戸田 功.（1990）.保育研究において方法を問うことの意味.*保育研究*, **11**（2）.32-41.東京：建帛社.

Vygotsky, L. S.（1962）.*思考と言語* 上下.（柴田義松，訳）.東京：明治図書出版.（Vygotsky, L. S.（1934）Мыщенце и Речъ（1978）Mind in Society. In M. Cole et al.（eds）, Harvard :Harvard Univeesityr Press.

Wood, D., Bruner, J. C., & Ross, G.（1976）. The Role of Tutoring in Problem Solving. *Journal of Child Psychology and Psychiatry,* **17**, 89-100.

〈第2部第4章〉

秋田喜代美.（1996）.教師教育における『省察』概念の展開.*教育学年報5 教育と市場*.

東京:世織書房.
アトム共同保育所.(1997).*大人が育つ保育園:アトム共保は人生学校*.東京:ひとなる書房.
Cole,M.(2002).*文化心理学:発達・認知・活動への文化-歴史的アプローチ*(天野 清,訳).東京:新曜社.(Cole,M.(1996).*Cultural Psychology : A Once and Future Discipline*. Cambridge, MA : Belknap Press of Harvard University Press.)
Cranton, P.*おとなの学びを拓く:自己決定と意識変容をめぐって*(入江直子・豊田千代子・三輪建二,訳).1999.東京:鳳書房.(Cranton, P.(1992).*Working with adult learners*. Tronto : Wall & Emerson.)
Cranton, P(2004).*おとなの学びを創る:専門職の省察的実践をめざして*(入江直子・豊田千代子・三輪建二,訳).東京:鳳書房.(Cranton, P(1996).*Professional Development As Transformative Learning : New perspectives for Teachers of Adult*. San Francisco : Jossey-Bass.)
Engeström, Y.(1999).*拡張による学習*(山住勝弘[ほか],訳).東京:新曜社.
(Engeström, Y.(1987). Leraning by Expanding An activity-theorical approach to developmental research, Helsinki : Orienta-Konsultit.)
Freire, P.(1979).*被抑圧者の教育学*(小沢有作[ほか],訳).東京:亜紀書房.(Freire, P.(1970). *Pedagogy for the Oppressed*. New York : Penguin Books Ltd.)
学童保育指導員専門性研究会(編)(2001).*学童保育研究〈第1号〉特集 子どもの発達と放課後空間*.京都:かもがわ出版.
学童保育指導員専門性研究会(編)(2002).*学童保育研究〈第2号〉特集 放課後の生活・遊びと子どもの発達*.京都:かもがわ出版.
学童保育指導員専門性研究会(編)(2003).*学童保育研究〈第3号〉特集 学童保育における指導を考える*.京都:かもがわ出版.
学童保育指導員専門性研究会(編)(2004).*学童保育研究〈第4号〉特集 家族・子ども・子育て支援と学童保育*.京都:かもがわ出版.
学童保育指導員専門性研究会(編)(2005).*学童保育研究〈第5号〉特集 学童保育の専門性と指導員の資格化*.京都:かもがわ出版.
学童保育指導員専門性研究会(編)(2006).*学童保育研究〈第6号〉特集 学童保育実践における集団づくり*.京都:かもがわ出版.
学童保育指導員専門性研究会(編)(2007).*学童保育研究〈第7号〉特集 学童保育指導員の業務内容*.京都:かもがわ出版.
学童保育指導員専門性研究会(2008).*学童保育研究〈第8号〉特集 地域で考える放課後*

子どもプラン. 京都：かもがわ出版.
堀尾輝久.（1971）. *現代教育の思想と構造*. 東京：岩波書店.
石黒広昭.（編著）.（2004）. *社会文化的アプローチの実際*. 東京：北大路書房.
小出まみ.（1999）. *地域から生まれる支え合いの子育て*. 東京：ひとなる書房.
Mezirow, Jack（1991）. *Transformative Dimensions of Adult Learning*, San Francisco：Jossey-Bass.
M. Bakhtin（2002）. 芸術のことばの文体論1. バフチン言語論入門（桑野隆・小林潔, 訳）. 東京：せりか書房.（Михаил Михайловиу Бахтц'н.（1930）*Стилистика художественной речи*（Что такое язык?）*Литературная учеба*, No2.）
宮崎隆志.（1992）. *地域関連労働の形成論理：社会教育労働と住民自治*. 山田定市・鈴木敏正編著. 東京：筑波書房.
尾崎　新.（1999）. *「ゆらぐ」ことのできる力：ゆらぎと社会福祉実践*. 東京：誠信書房.
尾崎　新.（2002）. *「現場」のちから*. 東京：誠信書房.
Schön, D. A.（2001）. *専門家の知恵：反省的実践家は行為しながら考える*（佐藤　学・秋田喜代美, 訳）. 東京：ゆみる出版.（Schon, D. A.（1983）. *The Reflective Practitioner How Professionals Think in Acition*. New York：Basic Books.）
浦河べてるの家.（2002）. *べてるの家の「非」援助論*. 東京：医学書院.
山本敏郎.（2004）. 地域生活指導としての学童保育実践. *学童保育研究〈第5号〉*. 京都：かもがわ出版.
横川和夫.（2001）. *不思議なアトムの子育て：アトム保育所は大人が育つ*. 東京：太郎次郎社.

〈補章〉

Asplund Carlsson, M., Kärrby, G. & Pramling Samuelsson, I.（2001）. *Strukturella faktorer och pedagogisk kvalitet i barnomsorg och skola-En kunskapsöversikt*. Skolverkets monografiserie. Stockholm：Liber.
Astington, J.W.（1998）. Theory of Mind Goes to School. *Educational Leadership*, 56（3）, 46-48.
Bruce, T.（1987, 2005 3rd ed.）*Early childhood* Education. London：Hodder Arnold.
Bruce, T.（2004）*Developing Learning in Early childhood*. London：Paul Chapman Publishing.
Csikszentmihayli, M.（1992）*Flow：The Psychology of Happiness*. London：Rider.
Craft, A.（2002）. *Creativity and early years education*：A lifewide foundation. London：Continuum.

de Jonghe, I. (2001). International state of the art on children's playing. Leen Schillermans Research Centre Child & Society. http://www.ndo.be

Doverborg, E. & Pramling, I. (1995). *Mångfaldens pedagogiska möjligheter. Att arbeta med att utveckla barns förståelse för sin omvärld.* Stockholm : Utbildningsförlaget.

Doverborg, E. & Pramling Samuelsson, I. (1999). *Förskolebarn i matematikens värld.* Stockholm : Liber.

Doverborg, E. & Pramling Samuelsson, I. (2000). *Att förstå barns tankar. Metodik för barnintervjuer* (2nd re. ed.). Stockholm : Liber.

Fröbel, F. (1995). *Människans fostran.* Lund : Studentlitteratur.

Gustavsson, J.E. & Myhrberg, E. (2002). *Ekonomiska resursers betydelse för pedagogiska resultat : en kunskapsöversikt.* Skolverkets monografiserie. Stockholm : Liber.

Hadley, E. (2002). Playful Disruptions. *Early Years*, 22 (1), 9-17.

Hundeide, K. (2003). From early interaction to class-room communication. I A. Arnesen, *The Resilient Child.* Oslo : The Norwegian Therapost Association.

Johansson, E. & Pramling Samuelsson, I. (Manuscript). Lärarens strategier för att använda interaktion mellan lek och lärande.

Johnson, J.E., Christie, J.F. & Yawkey, T.D. (1999). *Play and Early Childhood Development.* Harlow, England : Longman.

Karlsson-Lohmander, M.L. & Pramling Samuelsson, I. (Eds.). (2003). *Researching Early Childhood : Care, play and learning. Curricula for early childhood education, Vol. 5.* Göteborg University : Department of Education.

Knutsdotter-Olofsson, B. (1993). *Varför leker inte barnen?* Stockholm : HLS.

Laevers, F. (1993) Deep level Learning-an exemplary application on the area of physical knowledge. *European Early childhood Education Research Journal*, volume 1, No.1 : 53-68.

Langer, E. (1989). *Mindfulness.* Cambridge, Mass. : Persens Books.

Langer, E. (1997) *The Power of Mindful Learning.* Harlow, England : Addison/Wesley Publishing Company.

Lave, J. & Wenger, E. (1991). *Situated learning : legitimate peripheral participation.* Cambridge, Mass : Cambridge University Press.

Marton, F., Tsui, A, et al. (2004). *Classroom discourse and the space of learning.* Mahwah : Lawrence Earlbaum.

Marzano, R.J. (1998). *A Theory-Based Meta-Analysis of Research on Instruction.* Aurora, Colorado : Midcontinent regional Educational Laboratory. http://www.mcrel.org/products/

learning/meta.pdf

Ministry of Education and Science in Sweden (1998a). *Curriculum for pre-school. Lpfö 98.* Stockholm : Fritzes.

Ministry of Education and Science in Sweden. (1998b). *Curriculum for the compulsory school, the preschool class and the after school centre.* Stockholm : Fritzes.

Murphy, B. (2004, 23-24 April). *Irish Infant Classroom Practice-A case of imaginary play.* Paper presented at the OMEP's European meeting, Dublin.

National Research Council (2001). *Eager to Learn. Educating Our Preschoolers.* Washington : National Academy Press.

Next Generation Forum (2000). *Next Generation Annual Report 2000. First Draft.* Billund : Next Generation Forum (*http://www.nextgenerationforum.org*).

Oberheumer, P. (2004). *International Perspectives on Early Childhood Curricula.* Paper presented at OMEP's World Congress-One World : Many childhoods, Melbourn, 22-25 July.

Olfman, S. (2003). (Ed.). *All Work and No Play... : How Educational Reforms Are Harming Our Preschoolers.* Westport : Praeger Publishers.

Pramling Samuelsson, I. (In press). Teaching and Learning in Preschool and the First Years of Elementary School in Sweden. In J. Einarsdóttír & T.J. Wagner (Eds.), *Nordic Early Childhood Education.* International Perspectives on Educational Policy, Research and Practice, K.M. Borman (Series Editor). Information Age Publishing.

Pramling, I. (1983). *The Child's Conception of Learning.* Göteborg : Acta Universitatis Gothoburgensis.

Pramling, I. (1990). *Learning to Learn.* A study of Swedish Preschool Children. New York : Springer Verlag.

Pramling, I. (1994). *Kunnandets grunder. Prövning av en fenomenografisk ansats till att utveckla barns sätt att uppfatta sin omvärld.* [*The foundations of knowing. Test of a phenomenographic effort to develop children's ways of understanding their surrounding world.*] Göteborg : Acta Universitatis Gothoburgensis.

Pramling, I. (1996). Understanding and Empowering the Child as a Learner. In D. Olson & N. Torrance, *Handbook of Education and Human Development : New Models of learning, teaching and schooling.* Oxford : Basil Blackwell.

Pramling Samuelsson, I. & Asplund Carlsson, M. (2003). *Det lekande lärande barnet-I en utvecklingspedagogisk teori.* Stockholm : Liber.

Pramling Samuelsson, I. & Sheridan, S. (2003). Delaktighet som värdering och pedagogik.

Pedagogisk Forskning i Sverige. Tema : Barns perspektiv och barnperspektiv, 1-2, 70-84.

Pramling Samuelsson, I. (2004). How do children tell us about their childhood? Early Childhood Research & Practice (ECRP). http://ecrp.uiuc.edu/v6n1/index.html

Pramling Samuelsson, I. & Sheridan, S. (2004). Recent Issues in the Swedish preschool. *International Journal of Early Childhood*, 36 (1), 7-22.

Rinaldi, C. (2001). Documentation and Assessment : What Is the relationship? In *Making Learning Visible. Children as individual and group learners*, pp. 78-93. Reggio Emilia, Italy : Reggio Children and Project Zero.

Runesson, U. (1999). *Variationens pedagogik*. Göteborg : Acta Universitatis Gothoburgensis.

Sawyer, R.K. (1997). *Pretend play as improvision. Conversation in the preschool classroom.* Mahwok, NJ : Earlbaum.

Sutton Smith, B. (1997). *The Ambiguity of Play*. London : Harvard University Press.

Siraj-Blatchford, I. (1999). Early Childhood Pedagogy : Practice, Principles and Research. In P. Mortimor, *Understanding Pedagogy and its impact on learning*, pp. 20-45. London : Paul Chapman.

Siraj-Blatchford, I. et al. (2002). *Researching Effective Pedagogy in the Early Years*. University of Oxford : Department of Educational Studies.

Skolverket (2003a). *Uppföljning av max-taxa, allmän förskola, mm*. /Follow up of the max-tax-reform, compulsory preschool etc./ Skolverkets rapport till Utbildningsdepartementet.

Skolverket (2003b). Beskrivande data om barnomsorg, skola och vuxenutbildning. /Discribing facts about the educational system./ Stockholm : Fritzes.

Stern, D. (1985). *The interpersonal world of the child*. New York : Basic Books.

Stern, D. (1991). *Ett litet barns dagbok*. Stockholm : Natur & Kultur. Kärrby, G. (1986).

Vaihinger. H. (2001, [1924]). *The philosophy of "as if" : A system of the theoretical, practical, and religious fictions of mankind*. (6th rev. ed., C. K. Ogden, Trans.). London : Routledge.

Williams, P. (2001). *Barn lär av varandra. Samlärande i förskola och skola*. (Göteborg Studies in educational Sciences 163.) Göteborg : Acta Universitatis Gothoburgensis.

Wittgenstein, L. (1971). *Tractatus Logico-Philosophicus*. London : Routledge & Kegan.

【索 引】

〈ア 行〉

early childhood education（幼児教育）
　……………257
early childhood education and care
　（ECEC）：幼児教育・保育　…258
愛育養護学校　………………………64
秋田喜代美……………………………197
足場づくり（scaffolding）…124，191
遊び（play）…116, 235, 241, 243, 250
遊びながら学ぶ子ども……245，246，253
遊びのエスノグラフィー研究……116
遊べない子どもたち………………218
アタッチメント……………………115
アタッチメント対象としての保育者
　………………97
アタッチメント理論　…………90，91
阿部年晴……………………………154
アメリカ合衆国の連邦研究審議会
　………………241
安全　…………………………………49
安定型　………………………………94
アンナ・クラフト…………………251

ECCE（early childhood care and education）………………258
意識の貸与（loan）…………………56
石黒広昭……………………………21，232
一時的に対象を欠いた
願望という奇妙な状態…………207
一般的互酬性………………………215
一般的互酬性ルール………………213
居場所…………………………46，175
インタビュー………………………203

ヴィゴツキー（Vygotsky）…117，121，146，191
ヴィトゲンシュタイン（Wittgenstein）
　………………243

エインズワース（Ainsworth）…93，95
エスノメソドロジー　………………34
education and care「教育と養護」…258
エリコニン（El'konin）……123，124
エレン・ランガー（Ellen Langer）
　………………251
エンゲストローム（Engeström）…233
遠藤利彦……………………………93

大場幸夫……………………152，189

〈カ 行〉

回避型　………………………………94
カウンセラー的看方　………………29
抱え　…………………………………44
格下げ行動　…………………………29
学習（learning）………235，241，250
学習活動……………………………233
学習活動システム…………………230
学習活動システムとしての保育会議

……………230	教育 ……………44
学習者の共同体	教授学習 ……………60
（communities of learners）………244	共同遊び……………129
学習者への転落 ……………59	共同学童保育形態……………202
学習と発達（learning and development）	虚構場面 ……………119, 120
……………251	均衡的互酬性……………215
拡張的な学習 ……………61	ゲゼル（Gesell）……………52
拡張による学習……………191	研修会 ……………150, 186
学童保育……………201	
学童保育指導員の力量形成……………194	行為の中の省察……………195
数井みゆき ……………97	行為の中の知……………195
ガソリンスタンド型の伝達 ………87	公開保育室（öppenförskola）……257
固い応答 ……………73, 74	コール（Cole）……………199
学校化された社会 ……………48	心の理論……………244
活動システム ………132, 225, 229	子育て……………201
活動システムとしての学童保育実践	子育て仲間……………228
……………204	子育ての協同化としての学童保育
活動システムの発展……………230	……………200
活動理論……………198	子育ての集団化（協同化）……………202
家庭保育室（familje daghem）……257	個体能力主義 ……………24, 29, 126
可能性の思考（possibility thinking）	個体能力主義的な視座 ……………34
……………251	ごっこ遊び……………125
神谷栄司……………126	こどもクラブ……………134
加用文男……………127, 133	〈サ　行〉
河原紀子……………105	
監視社会……………48	最近接発達領域 …51, 53, 57, 60,
神田橋條治 ……………44	191, 229
カンファレンス ……………135, 150	齋藤喜博……………28
	坂上裕子……………102
機械的平等論……………215	先取り的に模倣 ……………85
技術的合理性……………195	サットン・スミス（Sutton-Smith）
「技術的合理性」モデル …………196	……245, 248, 249
「気になる」子ども ………173, 174	3歳児神話……………90

シェアリング・ボイス
　（sharing voice）……………78，85
時間の中で診る ………………………27
資源 ………………………………………34
自己主張・反抗行動……………………100
実践観察 ………………………154，155
実践コミュニティ ……………216，225
実践コミュニティの発展………………230
実践参加観察 …………………154，155
実践モデル……………………………193
実践を見る（caring）……21，27，28
実践を診る（diagnosing）……21，25
実践を観る（observing）………………21
指導員 …201，220，223，225，226，
　　　　　231
児童クラブ……………………………204
児童自立援助ホーム ……………………46
自由遊び………………………………131
自由か統制か…………………………127
自由保育………………………………157
就学前保育 ……………………235，237
就学前保育施設（preschool;förskola）
　………………………257
集団遊び………………………………221
集団的主体……………………………209
主体性（subjectivity）………………32
状況論的認識論 …………………………34
情緒の絆 …………………………………91
情動制御と反発性……………………102
ショーン（Schön） …194，195，197
食事場面における
　子どもと養育者の反発性………103

シライ・ブラッチフォードら
　（Siraj-Bratchford et al）………254
白波瀬佐和子 ……………………………43
知り直し（unlearn） …………………36
思慮深さ（mindfulness）……………251
事例研究………………………………152
ジレンマ …………………………………19
新自由主義 ………………………………43
信頼 ……………………………49，71，212
侵略 ………………………………………60

「垂直的」関係 …………………………57
スウェーデン …………………235，236
スウェーデンの社会…………………237
スキーマ………………………………199
ストレンジ・シチュエーション法
　（Strange Situation Procedure：SSP）
　………………………93

省察的実践家論………………………194
設定保育………………………………157
選択メカニズム………………………199

相互学習（learning from each other）
　………………………245
相互脅威社会 ……………………………49
相互行為分析…………………………105
相互行為論的視座 ………24，29，33
相互行為論的視点 ………………………25
創造性（creativity）…………………251
想像の意味づけ………………………138
想像的探検遊び ……116，135，144，
　　　　　145，147

ソーヤ（Sawyer）……………244
ソクラテス ……………57, 58
育ちに寄り添う………………166

〈タ　行〉

対話的関係……………………211
竹内身和 ………………………36
多声的対話……………………229
多声的な媒介関係……………212
多様な場で診る ………………26
探求のパラドックス …………57
探検遊び………………………132
断片的で脱文脈的な知識……193

津守真 ………………64, 72, 74

抵抗 ……………………………60
抵抗／アンビバレント型 ……94
ていねいな応答 ………73, 74
テーマ学習（temaarbete）…235
テーマ活動……………………131
適切な行動 ……………………16
デザイン合理性を育てる教育……198

当事者研究 ……………………30
ドライアー（Dreire）………32
ドラマ遊び（drama play）…132, 133
ドラマゲーム…………………131
トランスクリプトの書式 ……81
トランスクリプトを作る ……67, 76

〈ナ　行〉

内化（internalization）………51

内的作業モデル ………………93
何が起こっていたのか？ ……84

二重の二重性 …………127, 129
乳児保育とアタッチメントとの関係
　　　　　　……………………96
乳幼児健診 ……………………25
乳幼児の学習のためのカリキュラム
　　　　　　……………………239

根ヶ山光一 ……………………99

能動性 …………………………73
能動性を育てる ………………73
能力に先立つ遂行（performance
　before competence）……52, 57, 58
能力の発現 ……………………51

〈ハ　行〉

バークとウィンスラー
　（Berk & Winsler）………124, 125
ハーロウ（Harlow）…………103
媒介物（midiating tool）……30
ハウ（Howes）………………97
パウロ・フレイレ（Paulo Freire）…6
ハッカライネン（Hakkarainen）…132
発達教授学（development pedagogy）
　　　　　　……………247, 256
発達支援 ………………………50
発達診断 ………………………25
発達心理学 ……………………51
パメラ・オーバーヒューマー
　（Pamela Oberhuemer）……238

バリエーション（variation）……249
反省的対話の能力………………198

非対話的な問題解決………………221
一人親………………………………42
被保育者……………………………61

フィールドノーツ…………………79
藤野友紀……………………………133
ブライアン・マーフィ（Murphy）
　………………………………243
プラムリン（Pramling）……131, 235
〈ふり〉という対処方略…………114
ブルーナー（Buruner）………52, 56
プレイショップ……………40, 134
プレイワールド（playworld）……132
フレーベル（Fröbel）………236, 239
preschool（förskola）………………257
preschool class
　「就学前教育／クラス」………257
ブロンフェンブレンナー
　（Bronfenbrenner）………………5
文化的学習…………………………57
文化的共同遊び……116, 130, 131, 147
文化的テキスト……………………146

べてるの家…………………………30

保育…………………………………44
保育環境……………………………41
保育実践研究………………………191
保育者………………………………149

保育者のジレンマ…………………17
保育者の成長………………………40
保育所………………………………238
保育所（daghem）…………………257
保育所保育指針……………………123
保育心理学………10, 32, 62, 148
保育の実践研究……………………152
保育料最高額の改革………………237
防衛的な学習………………………61
冒険遊び・ほんと？遊び…………132
暴力…………………………………221
ボウルビィ（Bowlby）…90, 91, 92
母子（親子）関係における反発性
　…………………………………99
ポランニー（Polanyi）……………187
堀尾輝久……………………………232
ホルツカンプ（Holzkamp）…32, 61
本田由紀……………………………43

〈マ　行〉

松木健一……………………………232
マップ………………………173, 182
学び直される知（unlearned knowledge）
　……………………………36
学び直すこと（unlearn）…………37

三隅二不二…………………………154
導かれた参加………………………191
南博文………………………………152
宮崎隆志……………………………233
看る（caring）………………………28
診る（diagnosing）…………………25
観る（observing）…………………21

民話……………………116

向谷地生良……………………31
無秩序・無方向型……………95

メタアクト（metaact）………63
メタ認知……………………244

モノローグ的な関係……………206
問題行動……………………11
問題の個人化…………………24
問題を設定する………………196

〈ヤ　行〉

山本敏郎……………………233
山本登志哉…………………114

揺さぶり……………………44

幼児教育……………………235

幼稚園（lekskola）……………257
幼稚園教育要領………………123
欲求状態……………………207
寄り添う……………………159

〈ラ　行〉

ランゲフェルド（Langeveld）……188

リソース……………………34
リンキスト（Lindqvist）……126，133

ルール……………………119，120

レイヴとウェンガー（Lave & Wenger）
　　　　　　　　　……………38

〈ワ　行〉

ワーキングプア………………43
ワーチ（Wertsch）……………53
枠組み実験……195，197，199，223

本巻編者・著者紹介 （執筆順）

石黒広昭（いしぐろ　ひろあき）〈編著者〉〈第1部 全章，メタアクト〉
〈最終学歴〉慶應義塾大学大学院社会学研究科博士課程単位取得退学
〈学位〉博士（教育学）
〈現職〉立教大学文学部教授
〈専門領域等〉発達心理学，発達実践論，学習論
〈所属学会〉International Society for Cultural and Activity Research（ISCAR），American Educational Research Association（AERA），日本発達心理学会,日本心理学会,日本教育心理学会
〈主な著書〉『心理学と教育実践の間で』（共著,1998,東京大学出版会），『AV機器をもってフィールドへ―保育・教育・社会的実践の理解と研究のために』（編著,2001,新曜社），『社会文化的アプローチの実際―学習活動の理解と変革のエスノグラフィー』（編著,2004,北大路書房）

河原紀子（かわはら　のりこ）〈第2部 第1章〉
〈最終学歴〉京都大学大学院教育学研究科博士後期課程単位取得退学
〈学位〉博士（教育学）
〈現職〉共立女子大学家政学部専任講師
〈専門領域等〉発達心理学，保育学
〈所属学会〉日本発達心理学会，日本保育学会，日本心理学会，日本応用心理学会
〈主な著書〉「食事場面における1～2歳児の拒否行動と保育者の対応」（2004,保育学研究,42），「1～2歳児における道具を使って食べる行動の発達過程」（2006,応用心理学研究,31），『やさしい発達心理学』（共著,2008,ナカニシヤ出版）

藤野友紀（ふじの　ゆき）〈第2部 第2章〉
〈最終学歴〉京都大学大学院教育学研究科博士後期課程中退
〈学位〉修士（教育学）
〈現職〉札幌学院大学人文学部准教授
〈専門領域等〉発達心理学，保育学
〈所属学会〉日本発達心理学会，日本保育学会，日本乳幼児教育学会，日本心理学会
〈主な著書〉「ヴィゴツキー理論から見た発達保障」（2003,障害者問題研究,31），「保育における劇遊び導入の発達的意義」（共著,2004,北海道大学大学院教育学研究科紀要,93），「『支援』研究のはじまりにあたって」（2007,子ども発達臨床研究〈同附属子ども発達臨床研究センター〉,1）

佐木みどり（さき　みどり）〈第2部 第3章〉
〈最終学歴〉大妻女子大学大学院博士課程単位取得退学
〈学位〉博士（保育学）
〈現職〉学校法人佐木学園揖斐幼稚園副園長
〈専門領域等〉保育学，幼児教育学，保育臨床学
〈所属学会〉日本保育学会，日本発達心理学会，OMEP日本委員会
〈主な著書〉『保育における「子どもを見る」ことの考察』（2005,相川書房）

宮崎隆志（みやざき　たかし）〈第2部　第4章〉
〈最終学歴〉北海道大学大学院教育学研究科博士課程中退
〈学位〉博士（教育学）
〈現職〉北海道大学大学院教育学研究院教授
〈専門領域等〉社会教育学
〈所属学会〉日本社会教育学会，日本教育学会，学童保育指導員専門性研究会
〈主な著書〉「社会的排除と社会教育」（共著，2006 日本社会教育学会），「成人学習論における記録分析の課題と方法」（2007, 日本社会教育学会紀要, 43）

イングリッド・プラムリン・サミエルソン
（Ingrid Pramling Samuelsson）〈第2部　補章〉
〈最終学歴〉イェテボリ（Göteborg）大学大学院 教育学研究科 博士課程修了
〈学位〉博士（教育学）
〈現職〉イェテボリ大学大学院 教育学研究科 児童研究専攻 教授，OMEP世界総裁
〈専門領域等〉幼児教育
〈所属学会〉Organisation Mondiale pour L'Education Prescolaire (OMEP), European Early Childhood Education Research Association (EECERA), Nordic Educational Research Association (NERA)／Nordisk förening för pedagogiska forskning (NFPF)
〈主な著書〉Learning to Learn. A study of Swedish Preschool Children. (1990, New York: Springger Verlag.) ,Konsten att lära barn estetik. （共著, 2008, Stockholm: Norstedts Akademiska Förlag.）

泉　千勢（いずみ　ちせ）〈補章訳・訳監修〉
〈最終学歴〉大阪教育大学大学院 学校教育研究科 修士課程修了
〈学位〉修士（教育学）
〈現職〉大阪府立大学 人間社会学部 教授
〈専門領域等〉保育理論，発達心理学
〈所属学会〉日本保育学会，日本心理学会，日本発達心理学会，日本乳幼児教育学会，日本福祉学会，OMEP日本委員会
〈主な著書〉『スウェーデンの保育方法－テーマ活動』（単訳著, 1998, 大空社），『スウェーデンにみる個性重視社会』（共著, 2002, 桜井書店），『ヨーロッパの保育と保育者養成』（監修編訳著, 2004, 大阪公立大学共同出版会），『新訂保育原理』（共編著, 2005, 東京書籍）

林　ゆう子（はやし　ゆうこ）〈補章訳〉
〈最終学歴〉大阪府立大学大学院 人間社会学研究科 博士前期課程修了
〈学位〉修士（社会福祉学）
〈現職〉大阪府立大学大学院 人間社会学研究科 博士後期課程
〈専門領域等〉保育実践論，多文化保育
〈所属学会〉日本保育学会，日本乳幼児教育学会，OMEP日本委員会
〈主な著書〉『乳幼児保育カリキュラムの国際比較』（訳, 2005），『保育施設での学びとの出会い―雰囲気，子ども観，学び観の間の相互作用―』（訳, 2007），『レッジョ・エミリア・アプローチ』（訳, 2008）以上，『社会問題研究』（大阪府立大学人間社会学部社会福祉学科）

〈シリーズ〉
〈編　者〉
青木久子
青山学院大学大学院修士課程修了
幼稚園教諭より，東京都教育庁指導部　都立教育研究所統括指導主事，国立音楽大学教授 兼 同附属幼稚園長職等を歴任。
現在，青木幼児教育研究所主宰。

磯部裕子
聖心女子大学文学部教育学科卒業
8年間幼稚園教諭職を経，青山学院大学大学院後期博士課程満期退学。
現在，宮城学院女子大学児童教育学科教授。

〈装幀〉レフ・デザイン工房

幼児教育　知の探究 6
保育心理学の基底

2008年5月15日　初版発行©

検印省略	編著者	石　黒　広　昭
	発行者	服　部　雅　生
	発行所	株式会社　萌文書林

〒113-0021　東京都文京区本駒込6-15-11
TEL(03)-3943-0576　FAX(03)-3943-0567
URL:http://www.houbun.com
E-mail:info@houbun.com

落丁・乱丁本はお取替えいたします。　振替口座　00130-4-131092

印刷／製本　シナノ

ISBN978-4-89347-106-2　C3037